U0937412

CITY
INTEGRATED MARKETING

城市整合营销

董嘉鹏◎著

图书在版编目（CIP）数据

城市整合营销/董嘉鹏著. —北京：经济管理出版社，2015.10
ISBN 978-7-5096-3979-5

Ⅰ. ①城… Ⅱ. ①董… Ⅲ. ①城市市场—市场营销 Ⅳ. ①F713.581

中国版本图书馆 CIP 数据核字（2015）第 232508 号

组稿编辑：申桂萍
责任编辑：梁植睿　侯春霞　高娅
责任印制：黄章平
责任校对：王　森

出版发行：经济管理出版社
（北京市海淀区北蜂窝 8 号中雅大厦 A 座 11 层　100038）
网　　址：www. E-mp. com. cn
电　　话：（010）51915602
印　　刷：三河市延风印装有限公司
经　　销：新华书店
开　　本：720mm×1000mm/16
印　　张：15.5
字　　数：295 千字
版　　次：2015 年 10 月第 1 版　　2015 年 10 月第 1 次印刷
书　　号：ISBN 978-7-5096-3979-5
定　　价：49.00 元

谨以此书献给我的姐姐和姐夫

序　言

城市是人类社会发展的“引擎”，是现代经济活动、社会活动、政治活动的基本环境，是建立社会生产和生活关系、消费关系的基础，是当代人类生活的象征，是一个区域政治、经济、文化、社会生活的集聚地和主要载体。城市的出现是人类文明和社会经济发展的产物，作为一种物质和意识的双重载体，它的发展有其普遍规律和必然趋势。城市的发展和变化与每一个居民的生活紧密相关，这一点每个人都感受颇深。但是目前全球范围内许多城市正面临着一系列较为严重的危机，如城市特点退化、失业率居高不下、金融资本不足，这导致城市居民人口减少、投资退出、收入减少；究其原因，可能在于全球竞争带来的经济、技术领域的转型变化，以及政府权责的转移变化。

中国的发展正在经历城市化和全球化两大浪潮。城市化进程伴随着人口向城市的大量迁移和经济、社会活动向城市的进一步聚集。中国现代城市化始于20世纪80年代，自此以来，中国城镇化脚步飞速加快，全国城市化水平提高，涌现出若干特大城市群与一系列中小城市。2013年末，中国内地总人口为136072万人，其中城镇常住人口73111万人，中国城镇化率达到了53.7%，比上年提高了1.1个百分点；其中户籍人口城镇化率[①]为35.7%。从建制市的角度看，截至2013年底，我国共有建制市657个，随着县改市和镇级市的放开，预计全国建制市的数量还将迅速增加。中国作为世界上人口最多的发展中国家，2010~2030年的20年内，将会迎来前所未有的城市化进程，足以成为深刻影响21世纪世界经济、社会发展进步的最重要的两个进程之一；另一个最重要的进程是美国科技的继续发展。全球化进一步打破了区域合作的限制，加强了全球范围内经济要素的整合。正如世界银行前副行长布吉尼翁所说，一方面，城市化的巨大力量将会重新塑造发展中国家，为其提供机遇和挑战；另一方面，全球化将成为驱动经济增长和发展的强劲动力，因为全球化促进了全球性的资本流动和商品交换，无论

---

① 户籍人口城镇化率是按户籍人口计算的城镇化率，是相对常住人口城镇化率的概念。我国目前的户籍人口城镇化率为35.7%，不仅远低于发达国家80%的平均水平，也低于人均收入与我国相近的发展中国家60%的平均水平。按照城镇化规划，2020年我国户籍人口城镇化率将达到45%。

发达地区还是欠发达地区均处在相互竞争的环境中。

根据世界城市发展规律，当一个国家的城市化率超过30%以后，城市将进入高速发展时期。城市化率从30%到70%是一国城市化的飞跃发展时期。随着城市化进程的加快，在这个大背景下，中国现有的城市格局肯定要重新洗牌，无论是重量级的大城市，还是数以百计的中小城市，都面临着如何调整自身定位、谋求自身发展的问题。每个城市都迫切需要支持自身发展的资金、技术、人才、政策、知名度等资源，城市之间为了稀缺资源的争夺而展开不同程度的竞争将成为必然。改革开放以来，市场经济不断发展、日渐成熟，竞争成为时代的主题。市场中的竞争是全方位的，有企业之间的竞争、国家之间的竞争、个人之间的竞争、行业之间的竞争，当然更有城市地区之间的竞争。

产业布局的全球层次化发展以及新的国际分工格局的形成凸显了竞争作为全球经济发展主导机制的作用，在此竞争过程中，地区和城市在全球经济发展中的作用日益突出，国家力量有所减小，城市竞争成为主要表现形式。全球化时代的到来，使城市竞争的范围不仅包括同国的城市，而且还扩展到国际上的城市之间。各城市开始积极招商引资，推销自己的优势。中国各个大中小城市逐步成为外国公司来华投资或者国内大型企业投资的目的地。每一个城市要打造良好的居住、旅游或者投资环境，实现城市的快速发展，就需要不断吸引目标群众的注意，获得必要的要素和资源优势，城市之间的竞争也就更加激烈。

经济全球化、区域一体化、发展多元化、信息全球化的影响使国家和国家之间、区域和区域之间、城市和城市之间面临越来越激烈的竞争。资源竞争、资金竞争、人才竞争、市场竞争都促使每个城市为满足城市受众的需求，不断认清城市发展的规律，建立一套科学有效的城市管理和运用机制，以适应当前城市发展的市场环境，向顾客提供个性化、多样化的城市产品和服务。而且中国加入世界贸易组织以来城市活动已从区域、国内竞争扩展到国际竞争的领域，各种资源也随之向区域化乃至全球化流通；因此各个城市之间的竞争程度既随着竞争对手范围的扩大而目标复杂，也随着竞争层次的提升而形式多样。在此环境下，城市营销成为产业新国际分工和国际产业布局演化过程中争取较有利地位、获取城市更大收益的重要战略途径。

城市的竞争力取决于自身内在质量与外在包装宣传的双重作用。想要提升城市竞争力，起源于市场经济竞争的营销是一个必不可少的重要手段。正是在这样激烈的竞争与城市化进程不可逆转的大格局中，现代“城市营销”这个概念顺应时代而产生，让人感受到它越来越重要的战略意义。现在已经有越来越多的城市参与到波澜壮阔的城市营销活动序列中来，特别是人们认识到营销带来的发展先机以及能够随之带来的特色发展优势，于是“城市营销”一时间成为我国当代城市经营中最有活力的词汇之一。

人类最古老的城市营销活动来自于欧洲。早在15世纪的文艺复兴时期，部分具有较为发达的商品经济的城市如佛罗伦萨、热那亚，已经注意到有必要管理好自己的城市品牌。20世纪初期，现代城市营销理念兴起于美国。由于想吸引更多的投资者在城市建厂从而促进本地劳动力的就业，南部多个联邦州纷纷宣称自己拥有远远超过其他城市的经营资源，并进一步采取一系列成本相对较低的营销战略以谋求自身利益最大化。1970~1980年，美国国家经济遭遇了严重滞胀，城市之间出现了抢夺企业的剧烈竞争，因为企业已经成为在地点选择时更具有谈判权力的一方。因此城市逐渐发展出系统的营销目标，通过更为全面的详细的竞争战略和市场需求调查分析研究建立一套完善的城市营销战略体系。1990年之后，为了寻找相对自己更为适合、更能发挥出自己竞争优势的市场，实现城市综合经济的和谐发展，寻找内在的潜在优势就成为城市营销的新任务，用以获得尽可能多的收益。

同样，在1980~1990年，我国城市开始了初步探索的营销行为，通过非常具有吸引力的财税政策和成本较低的土地、劳动力等生产要素吸引了外界投资者。但到了20世纪90年代中期，有些城市意识到产品市场细分的重要性，意识到必须整合原本无差异的分散城市产品，而专注于符合地方特色、适应顾客切实需求的差异化营销产品，于是它们开始着重分析自身竞争力、市场需求状况，以制定更为合理的城市营销战略。特别是进入21世纪，我国许多城市开始采用一系列的城市营销战略措施，出现了许多颇富创意的营销广告。

Hubbard（1996）认为，“城市营销”这个概念和行为的出现有重要原因：首先，现代城市随着全球经济日新月异的深刻调整出现了种种问题。发达国家原本赖以自豪的核心产业受到了非常明显的全球化危害，制造工业的城市竞争力由于全球商业大形势的突变和工业化趋势的反转而不断下降，从而导致大量的就业岗位流失，劳动力岗位受到了技术的取代；于是城市的财政税基受到侵蚀而日益出现增大的财政压力，居民失业率上升导致贫困加剧，城市生活的环境质量退化显著，城市危机随之出现。现在，不少失去了传统工业优势的发达国家中央政府和地方城市都目标一致，通过新的发展战略措施以重新吸引外部投资者，恢复当年的经济产业雄风。其次，随着生产要素在国际市场的自由流动，处于其中的城市也要就自身定位重新做出调整。现代经济活动的区位并不受是否接近自然资源地和市场的约束，反而更多受到劳动力成本的驱动，于是从发达经济体向新兴经济体转移制造业的前所未有的变化以及伴随全球流动资本增长而增强的灵活经济区位趋势导致了城市新秩序的形成。在这个新秩序中，全球的城市间游移着多样化的工作岗位，也涌现出各种投资机会，因此，每一个老城市都应该对自身在世界的新城市秩序中的定位进行深刻反思，推翻原来展示出来的危机重重的破旧形象，重建自己的崭新面貌。

20 世纪 70 年代末之后，许多西方国家的国家治理价值取向已经从竞争转变为平等，国家对经济、社会的治理思想模式由国家主导的凯恩斯主义转向新自由主义的竞争模式。与之相随的就是西方城市的治理政策思路与价值取向也发生了深刻变化，城市不再由政府完全主导，而是由像企业家作用那样的市场经济治理模式来实现进步。而且，世界环境也使得城市职能发生了截然不同的调整，一体化的全球化经济使得城市之间对一系列关键而稀缺的资源争夺越发白热化，这些资源包括资本、人才、品牌、政策、机遇等。世界经济的发展必然会带来城市竞争这一难以回避的困境，必然催生城市营销热火朝天的开展。城市也需要竞争力，这种竞争力固然取决于自身的内在质量，但也需要外在的包装宣传。城市营销是应对这种复杂激烈的国内外局势变化的有效武器，是城市发展所必需的助推器。为了更好地实施城市营销，城市管理者必须首先确定城市营销的目标市场，认真分析城市自身的优点和缺点、面临的威胁和机遇，针对目标市场创造一个内涵丰富而非简单的城市营销过程。与西方国家具有上百年丰富经验的城市营销相对比，目前我国许多地方政府的管理者对城市营销这个概念非常陌生，我国城市营销活动起步很晚，还没有一套完整、有效的理论指引。本书的研究就是为我国城市的营销实践展示目前学术界丰富的研究成果，以及城市营销的丰富实践经验。研究城市营销，是一项兼具深刻现实意义与理论价值的重要工作。

城市在竞争中夺取最大胜利的秘诀在于最大程度地获取并维系自己的竞争优势。能否充分利用现有的资源，并在此基础上进一步将这种先天资源条件培育成真正的资源竞争优势，成为城市管理者的工作重心。换言之，城市管理者必须围绕着“营销资源”这个核心概念，要懂得对资源进行最优化的配置，科学地管理和应用资源，使之服务于城市的全面营销，这也是研究的关键。而且，各个城市应该基于自己所掌握的异质性的营销资源，实事求是、因地制宜地采用合适的营销策略。我国不少城市在城市营销方面仍然属于“门外汉”，缺乏对基本理念、基本方法、基本路径的深入、准确的了解、把握；往往不考虑自己所拥有的资源优势，而去盲目模仿和迁移其他城市基于它们自身资源优势的营销策略，导致城市定位不准确，竞争千篇一律，营销效果大打折扣。与此同时，一些城市以卓有成效的营销活动为自身发展谋得了丰裕资源和显著绩效，为其他城市树立了城市营销的榜样。成功城市的实践表明，尽管面临着城市发展的激烈竞争，一个城市依然可以依赖自己所处的城市环境中的营销资源，将能够提供各种营销资源的政府、企业、游客、居民等行为体以及历史传统文化资源整合起来，通过整合营销，实现城市整体价值的增值。宁波市就是城市营销的成功者之一，将这一类成功城市发展经验进行总结，对其他城市开展城市营销具有重要的指导意义。

本书就是在这样的背景因素之下，针对城市营销进行的深度分析。本书第一章对城市与城市成长问题进行了介绍；第二章对城市营销及其四大主流学派以及国内城市营销实践与理论研究进展进行了介绍；第三章从资源依赖视角阐述了资源与城市营销的关系；第四章分析了城市营销的动力机制、模式、原则与步骤，并建立了城市营销的“资源—整合—增值”AGIL分析框架；第五章阐述了城市营销的价值增值过程与创意城市的理论与实践；第六章以宁波市为研究对象，分别从系统协同机制、数据包络分析、模糊综合评价、回归分析的角度对城市营销绩效进行了实证研究；第七章以案例分析的方式，对上海市、成都市和宁波市的城市整合营销进行了介绍；第八章对国际知名城市阿姆斯特丹、纽约、慕尼黑与新加坡的城市营销实践进行了介绍。希望本书的研究成果，能够在中国的城市化建设浪潮中和中国城市的全球化竞争中起到实际的指导作用。

董嘉鹏

2015年9月

目　录

第一章　城市与城市成长

城市是经济发展到特定阶段的产物，并随着经济的持续发展而不断发展与演变。本章对城市的基本概念进行了界定，并对城市的起源学说与发展阶段进行了介绍。产业构成、人口与城市功能是构成城市的三大核心要素，本章对各核心要素的具体内容进行了阐述。随后，本章介绍了欧美城市早期形态城邦的出现与中世纪以来的城市成长、现代城市集群的发展，以及美国的城市成长管理理论；介绍了中国古代城市的出现与近现代城市的成长，以及城市成长中存在的问题与我国城市成长管理的对策。

第一节　城市及其起源

一、城市概念的界定

城市是一个庞大的系统，是包含着人类各种活动的复杂有机体，其要素、结构、层次、功能的复杂性和形式多样性，决定了城市定义和内涵的多元性。关于城市的概念，中外学者从经济、社会、历史、地理、生态、建筑等不同角度，做过众多定义，但迄今尚未得出一个公认的定论。

城市经济学者认为，城市是一个有限地域内集聚的经济实体、社会实体、物质实体的有机系统；城市是人们为生存和发展，经过创造性劳动加以利用和改造的物质环境，是社会劳动分工以来产生的一种比乡村更具人性化的社会载体，它创造着比乡村更高的生产力，享受着更高水准的生活方式；城市是区域政治、经济、文化的中心，是区域经济增长极，是人类集聚的最佳形式。英国经济学家巴顿认为，城市是一个坐落在有限空间内的各种经济市场——住房、劳动力、土地、运动等——相互交织在一起的网状系统。城市学家麻库斯·维巴在他的《城市类型学》一书中说：所谓城市，如同巨大一体的定居村落，家家紧连着定居。赫斯认为，城市是具有相当面积、经济活动和住户集中，以致在私人企业和公共部门产生规模经济的连片地理区域。

社会学者认为，城市是指大多数居民从事工商业和其他非农业劳动的社区，是人类居住、生活、工作的基本社区之一。城市中的职业结构比农村丰富和多样化，工作节奏和生活节奏比农村快，人口密度和人口流动比农村大，人口的异质性比农村大。

地理学者认为，城市是发生于地球上的一种宏观现象，有一定的空间性、区域性和综合性；城市是第二、第三产业人群集中区域，是国民经济空间与劳动人口投入点和结合点。法国著名城市地理学家菲利普·潘什梅尔认为，城市既是一个景观，一片经济空间，一种人口密度，也是一个生活中心和劳动中心，更具体地说，也可能是一种气氛、一种特征或者一个灵魂。

建筑学者认为，城市空间结构与社会结构的结合，是一个复杂的建设工程综合体，是各种工程建筑物和各种管线系统的汇集地。系统学者认为，城市是一个以人为主，以空间利用为特点，以聚集经济为目的的集约人口、集约经济、集约文化、集约信息的地域系统，是一个与周边地区进行人、物、信息交流的动态开放系统。

美国著名城市理论家刘易斯·芒福德认为，“城市不只是建筑物的群体，它更是各种密切相关经济相互影响的各种功能的集合体，它不单是权力的集中，更是文化的归极”。在他看来，城市的定义，不在于它的物质形式，更重要的是它的传播和延续文化的功能。他指出：“如果我们仅只研究集结在城市墙范围以内的那些永久建筑物，那么我们就根本没有涉及城市的本质问题。我认为，要详细考察城市的起源，我们就必须首先弥补考古学者的不足之处，他们力求从最深的文化层中找到他们认为能表明古代城市结构秩序的一些隐隐约约的平面规划。我们如果要鉴别城市，那就必须追溯其发展历史。”正是从这个角度出发，他把城市的实质理解为人类的化身，认为城市乃是人类之爱的一个“器官”，因而最优化的城市经济模式应是关心人、陶冶人。他深刻地揭示了城市的本质和社会功能。

二、马克思、恩格斯的城市理论

早在19世纪中叶，马克思和恩格斯就对城市及其经济和社会发展做过研究，对城市起源、城乡对立运动及城乡差别的远景有过深刻的论述。尽管受历史条件限制，马克思、恩格斯不可能集中研究和全面阐述城市发展理论，但城市作为社会经济关系的中心，特别是在资本主义社会，城市作为“资本化生产的地点”、“生产资本的地点”和无产阶级运动的发源地，受到马克思、恩格斯的高度重视，他们从历史发展的不同阶段，说明城市所具有的不同社会性质和特点，揭示了城

市产生和发展的一般趋势。世界和中国城市发展的现实，证明马克思、恩格斯关于城市发展的理论是正确的，也符合城市发展的历史实际和要求。

（一）从生产力发展、社会分工来论证城乡的分离和城市的产生

马克思、恩格斯把城市的产生与人类文明的产生、国家的产生以及民族的产生看作同一过程。他们认为城市不是从来就有的，它是社会生产力发展到一定阶段的产物。城市产生的决定性因素是分工，是社会生产力。在《德意志意识形态》中，马克思、恩格斯指出："某一民族内部的分工，首先引起工商业劳动和农业劳动的分离，从而也引起城乡的分离和城乡利益的对立。"城市的出现，是适应生产力发展的要求。"物质劳动和精神劳动的最大的一次分工，就是城市和乡村的分离。城乡之间的对立是随着野蛮向文明的过渡、部落制度向国家的过渡、地方局限性向民族的过渡而开始的，它贯穿着全部文明的历史并一直延续到现在。"马克思特别强调，城市发展的历史就是城乡分离和对立的历史。虽然在不同历史时期和不同国家，城乡对立具有不同的特点，但在私有制条件下，城乡分离和对立是不可避免的。"一切发达的、以商品交换为媒介的分工的基础，都是城乡的分离。可以说，社会的全部经济史，都概括为这种对立的运动。""用石墙、城楼、雉堞围绕着石造或砖造房屋的城市，已经成为部落或部落联盟的中心；这是建筑艺术上的巨大进步，同时也是危险增加和防卫需要增加的标志。"马克思、恩格斯还指出："随着城市的出现也就需要有行政机关、警察、赋税等，一句话，就是需要有公共的政治机构，也就是说需要一般政治。在这里居民第一次划分为两大阶级，这种划分直接以分工和生产工具为基础。"并且指出集中是城市的本质特点，"城市本身表明了人口、生产工具、资本、享乐和需求的集中；而在乡村里所看到的却是完全相反的情况：孤立和分散"。

（二）从工业的发展来看待近代工业城镇的出现

马克思对现代城市的形成过程、特点和结构做过深入的经济分析，指出："大工业在农业领域内所起的最革命的作用，是消灭旧社会的堡垒'农民'，并代之以雇佣工人。因此，农村中社会变革的需要和社会对立，就和城市相同了。最陈旧和最不合理的经营，被科学在工业上的自觉应用代替了。农业和工场手工业的原始的家庭纽带，也就是把二者早期未发展形式联结在一起的那种纽带，被资本主义生产方撕断了。"马克思、恩格斯还认为，新型城市的产生，同样也是社会生产力发展的结果，是资本主义大工业的伴生物。恩格斯写道："大工业企业需要许多工人在一个建筑物里共同劳动；这些工人必须住在附近，甚至在不大的工厂近旁，他们也会形成一个完整村镇。他们都有一定的需要，为了满足这些需要，还须有其他的人，于是手工业者、裁缝、鞋匠、面包师、泥瓦匠、木匠都搬到这里来了。这种村镇里的居民，特别是年轻的一代，逐渐习惯于工厂工作，逐渐熟悉这种工作；当第一个工厂很自然地已经不能保证一切希望工作的人都有工作的时候，工资就下降，结果就是新的厂主搬到这个地方来。于是村镇就变成小城市，而小城市又变成大城市。城市越大，搬到里面来就越有利，因为这里有铁路，有运河，有公路；可以挑选的熟练工人越来越多；由于建筑业中和机器制造业中的竞争，在这种一切都方便的地方开办新的企业，比起不仅建筑材料和机器要预先从其他地方运来的比较遥远的地方，花费比较少的钱就行了；这里有顾客云集的市场和交易所，这里跟原料市场和成品销售市场有直接的联系。这就决定了大工厂、城市惊人迅速地成长。”马克思赞扬“城市的建造是一大进步”，可以综合“利用自然力和许多其他的生产力”。“城市的繁荣也把农业从中世纪的简陋状态中解脱出来了。不仅耕地面积扩大了，而且染料植物以及其他输入的植物品种也种植起来了，这些植物需要比较细心的栽培，对整个农业起了良好的影响”。到近代，城市冲破了城围的限制，正如恩格斯在描绘伦敦时所说，现代的城市不知道从何处开始，界限在哪里。近代城市都是开放性的，与外界有广泛的经济联系、资金的投放与吸收、技术的引进与输出、产品的进口与出口、劳动力的流入与流出，使城市与周围地区经济连成一片，成为一个综合有机体。

（三）充分肯定城市的进步性及作用，明确提出“乡村城市化”的重要思想

马克思在《政治经济学批判》中指出：“古典古代的历史是城市的历史，不过这是以土地财产和农业为基础的城市；亚细亚的历史是城市和乡村无差别的统一（真正的大城市在这里只能干脆看作王公的营垒，看作真正的经济结构上的赘疣）；中世纪（日耳曼时代）是从乡村这个历史舞台出发的，然后，它的进一步发展是在城市和乡村的对立中进行的；现在的历史是乡村城市化，而不像在古代那样，是城市乡村化。”马克思还指出：“资产阶级日甚一日地消灭生产资料、财产和人口的分散状态，使人口密集起来。”集中的结果，使生产资料社会化，生产过程社会化，生产产品社会化，从而使政治、军事堡垒的中世纪城市一跃成为区域经济活动的中心和生产要素的聚集地，使城市在城乡关系中的依附地位变成主导地位，使农村变成了自己的附庸。

（四）用“城市地区”把近代城市与历史上的城市区别开来

城市地区是拥有许多不同等级城市的城市密集区。恩格斯分析了当时英国的郎卡郡拥有波乐顿、普雷斯顿、威根、柏立、罗契得尔、密得尔顿、海华德、奥尔丹、埃士顿、斯泰里布兰等城市，这些城市人口 3 万人、7 万人、9 万人不等，指出“每个城市都有自己的特点”。“城市彼此发生了联系引起了各城市间在生产上的新的分工，在每一个城市中都有自己特殊的工业部门占着优势”。在城市区域内会形成一个在社会、经济、文化中起核心作用，能带动全地区前进的中心城市。许多中心城市中，又会有一个或几个全国性的中心。“在一个国家内，货币市场集中在一个主要地方，而其余的市场大多按照分工分散在各地”。马克思、恩格斯指出这些大城市“聚集着社会的历史动力。”

（五）预见城市发展的历史趋势

恩格斯根据当时英国工业城市不断扩大的趋势，预见了城市地域的扩展，城市与城市之间将连成一片。英国的每一个工业区都会变成一个巨大的工业城市，而曼彻斯特和利物浦会在瓦灵顿和牛顿附近的某个地方碰头。马克思、恩格斯分析在无产阶级革命取得胜利后，新社会的城市发展任务是“促使城乡之间的差别逐步消失”。“城市和乡村之间的对立也将消失。从事农业和工业劳动的将是同样的一些人，而不再是两个不同的阶级。”“消灭城乡之间的对立，是社会统一的首要条件之一，这个条件可取决于许多物质前提，而且一看就知道，这个条件单靠意志是不能实现的（这些条件还需详加探讨）。”恩格斯还指出：“大工业在全国的尽可能平衡分布，是消灭城市和乡村分离的条件，所以从这方面说，消灭城市和乡村的分离，这也不是什么空想。”但他们又清醒地认识到消灭城乡差别不是一朝一夕可以办到的事情，认为大城市遗留的各种后果，完全消灭可能是一个长期的过程。他们针对资本主义城市的弊病做过尖锐的批评和抨击。

三、城市的起源

城市的产生和发展是一个历史的过程。城市作为一种复杂的经济社会综合体，不可能是在某一天突然出现的，而是有个逐渐演进的过程，必须经过一段漫长的历史发展时期。考古资料证明，世界最早的城市是位于约旦河注入死海北岸的古里乔，距今已有9000年左右。考古学家发现，那里堆积着从中石器时代到青铜器时代晚期多达17层的文化层，遗址范围达4万平方米。《圣经》上称为“棕榈之城”，曾繁荣一时。从第17层发现有厚1.5米、高9米的围墙围绕居住遗址，并有瞭望塔，约有2000人居住。

关于城市的起源，国内外学者有不同的解释，从而形成了不同的起源学说。到目前为止，大体有以下六种说法：

一是防御说。认为古代城市的兴起是出于防御的需要。在居民集中居住的地方或氏族首领、统治者居住地修筑墙垣城郭，形成要塞，以抵御和防止别的部落、氏族、国家的侵犯，保护居民的财富不受掠夺。《吴越春秋》有云：“筑城以卫君，造郭以卫民。”前文已述及，过去的城皆有城墙，且大多不止一重，因而有内城、外城之别。内城供皇帝高官居住，外城则居住平民百姓。建筑城郭的主要目的是防御外敌侵犯。同时兼有防御水患的意义，这是从军事和安全角度阐释城市的起源。

二是社会分工说。认为随着社会大分工逐渐形成了城市和乡村的分离。第一次社会大分工是在原始社会后期农业与畜牧业的分工。不仅产生了以农业为主的固定居民，而且带来了产品剩余，创造了交换的前提。第二次社会大分工是随着金属工具的制造和使用，引起手工业和农业分离，产生了直接以交换为目的的商品生产。使固定居民点脱离了农业土地的束缚。第三次社会大分工是随着商品生产的发展和市场的扩大，促使专门从事商业活动的商人出现，从而引起工商业劳动和农业劳动的分离，并形成城市和乡村的分离。

三是集市说。认为由于商品经济的发展，形成了集市贸易，促使居民和商品交换活动的集中，从而出现了城市。此说突出了“市”的功能，认为随着社会生产的发展，人们手里有了多余的农业畜牧业产品，需要集市进行交换，之后逐渐固定，聚集者越来越多，就先有了“市”，后来将周围建墙围起，便又有了“城”，则城市就此形成。这是从经济学角度阐释城市的起源。

四是私有制说。认为城市是私有制的产物，是随着奴隶制国家的建立而产生的。

五是阶级说。认为从本质上看，城市是阶级社会的产物，是统治阶级奴隶主、封建主用以压迫被统治阶级的一种工具。

六是地利说。用自然地理条件解释城市的产生和发展。认为有些城市的兴起是由于地处商路交叉点、河川渡口或港湾，交通运输方便，自然资源丰富等优越条件的原因。

上述种种说法，都从不同角度、不同层次对城市的起源做出了回答。但最根本的原因，需从经济上去寻找。城市是生产力发展到一定历史阶段的产物，城市的发展也离不开生产力的发展。归根结底，城市的产生取决于自然、地理、经济、社会、政治、文化等诸方面的因素。

四、城市形成的判断标准

依据中外早期城市发展的历史实际情况，总结学术界关于城市形成标准的相关讨论及其观点，从城市的要素、本质和定义出发，通过归纳、概括和抽象，可对城市形成的标准进行新的更为全面的把握。具体来说，如果一个区域符合判定城市形成十项标准中半数以上的标准，就可以认为该区域已发展成为一个城市。只有这样，才可能既保证了判断城市形成的有效性，又注意到了城市形成发展的区域差异。

一是区域范围内政治、宗教、文化等的中心聚落的形成。城市是不同于乡村的一种聚落，它的出现是人类早期社会发展变化的反映。技术的进步和农业的发展，为剩余产品的出现提供了条件，私有制开始出现，财富形成积聚，阶级对立出现，国家形成。与这种变化相伴随、相适应，城市作为新兴聚落应运而生并得

到发展。城市一出现就充当了一定区域内政治权力的中心场所，同时在人类早期崇尚宗教祭祀的社会氛围中，城市又有可能是区域范围内宗教祭祀和地方文化的中心所在。区域范围内政治权力、宗教祭祀、地方文化等的综合或者某一方面的中心聚落的出现，是城市形成的标志之一。

二是军事防御功能得到加强的聚落的出现，其中多以城墙的兴建为标志。随着社会历史的进步，城市聚落开始形成。城市聚落是作为区域政治、宗教、文化等的中心而存在的，在社会剧变、战事频繁的时代，出于保卫政权和其他利益的需要，加强防御外来侵略的能力，就成为新建的城市聚落的必然要求。城市聚落适应了这种社会变化的需求，其军事防御功能得到了进一步的加强。城墙是作为新兴聚落军事防御能力不断加强的防御设施而出现的，城墙在中国城市和中国社会的历史发展中发挥了重要的作用，具有独特的历史地位。在中国，城墙一直极为重要，以至城市和城墙的传统用词是合一的，“城”既代表城市，又代表城垣。在帝制时代，中国绝大部分城市人口集中在有城墙的城市中，无城墙的城市中心至少在某种意义上不算正统的城市。然而，城墙只是城市防御功能得到加强的一种（并非唯一的一种）实施方式，除此而外，也可利用山川地形险要等作为城市有效的军事防御手段，城墙不是城市的本质特征，城墙不能单独用作城市特别是早期城市形成的标志。刘易斯·芒福德指出：“密集、众多、包围成圈的城墙，这只是城市的偶然特征，而不是它的本质特征。”

三是国家和文明的形成。城市、国家、文明的起源、形成的历史进程具有同步性的特点，因而，城市、国家、文明等的形成标准就可以相互借用或互为参照。城市的形成可以作为国家、文明形成的标准或参照，同样，国家、文明等的出现也可以作为城市形成的重要标志之一。如有学者将城市、文字和金属器物的出现作为文明形成的标志，又有学者将国家与王权的出现、金属工具的使用等作为城市形成的标准。

四是人口的聚集数量和密度要大于所在区域内的乡村。从乡村与城市的差异来看，城市是人口更为集中的地方，人口的数量一般也要多于所在区域内的乡村，人口的密度一般也要高于所在区域范围内的乡村。人口的数量和密度不仅是城市形成与否的重要标准之一，而且也是衡量和判定城市发展规模与水平的重要指标。

五是人口构成有别于乡村。与乡村聚落的人口构成有所不同，城市的人口构成要更为复杂。从社会生产角度来说，城市中已聚集一定数量的非农业人口和非生产人口；从职业构成来看，城市人口有农业人口、手工业人口和管理人口等的区分；从社会地位来看，城市人口有社会阶层和阶级的明显划分。人口构成的渐趋复杂是城市形成的重要标准之一。

六是财富聚集与消费中心。城市是区域空间范围内人类社会活动的中心，城市本身表明了人口、生产工具、资本、享乐和需求的集中。与乡村不同，城市是资本和财富的聚集之地，也是享乐和消费的中心。城市的经济中心职能除了表现为商贸中心外，也表现为财富与消费的中心。在不同国家和地区，由于所处历史地理环境的差异，城市的经济中心职能的表现也因此有所侧重或有所不同，有的更多地表现为财富与消费的中心，有的则主要表现为商业与贸易的发展。在中国，早期城市有作为权力中心而派生出的经济中心的职能，主要表现为社会物质财富的聚敛中心和消费中心。可以说，财富的聚集、消费中心的出现是城市聚落形成的标志之一。

七是大型聚落和建筑物的出现。与乡村聚落有所差异，新兴的城市聚落在规模上一般要大于所在区域内的乡村聚落；在城市聚落范围内，大型建筑开始出现，有些甚至是典型的标志性建筑。城市聚落中这些新的现象的出现，是城市作为区域范围内政治权力、宗教祭祀、经济发展、人口聚集等的中心的必然要求，反映了人类社会的巨大进步。大型聚落和建筑物的建造，是判断城市形成与否的标准之一。由于这一标准表现为具体的实物，因而成为考古学上研究判定早期城市的重要依据。

八是金属器物的出现。从石器过渡到金属器物（铜器）时代，不仅反映了人类技术水平的提高，更反映了由技术水平的巨大发展而引起的深层次的社会性质的变革。正因如此，金属器物的出现便被作为社会发展的重要标志。城市的形成也是随着技术的革新以及由此带来的社会的剧变而完成的，正是从这一角度考虑，金属器物的出现便被列入了城市形成的诸多标准中。

九是文字的发明和科学的形成。文字的出现和科学的形成是以技术的进步和生产的发展为基础的，是与人类社会的发展进步和文明时代的到来相伴随的，因此，文字的出现和科学的形成被视作文明形成的标志之一；同样，文字的创造和科学的产生便也可以作为在社会整体发展基础上出现的城市聚落形成的标准之一。

十是市场和贸易的形成。市场和贸易是构成城市空间和社会经济的重要方面，市场的出现和贸易的形成是判定城市形成与否的重要标准之一，对此，以英国学者柴尔德为代表的西方学者进行了大量的论述。然而，市场和贸易的形成仅是城市经济职能的一个方面而并非全部，但这并不影响市场和贸易的形成可作为断定城市形成与否的标准之一。不同国家和地区以及不同的相对独立的地理区域单元内，由于地理环境的差异、民族的不同以及历史发展道路的不同，使得城市的起源、形成和发展也有所不同。因而，不可刻板地用统一的、固定的、没有变化的标准模式去判定城市的形成与否，否则，将抹杀不同地域城市发展的独特个性。

五、城市发展的阶段

城市的发展经历了古代、近代和现代三个阶段的历史过程。

（一）古代城市（远古至 1760 年）

古代城市主要是指奴隶社会和封建社会时期的城市，也包括原始社会后期的城市。这一时期城市的主要特征是：①城市所处位置大都是交通便利之处，成为商品市场和贸易中心以及农产品的集散地。②手工业匠人在城市的专业化和集中化趋势不断增强，城市对乡村和周围地区的影响逐渐扩大，成为手工业生产的集中地。③城市的规模主要取决于其自身的经济实力和对外的吸引能力，总体规模较小、数量很少。④城市消费规模超过生产规模，城市的消费主要靠农村的地租和税负来支撑，这时，城乡关系是对立的。古代城市的这些特征使城市功能逐步多样化，一些城市管理问题也开始突出，相应的法律条文也开始产生。

（二）近代城市（1760~1950 年）

18 世纪欧洲的工业革命揭开了城市革命性发展的序幕。近代城市发展的显著特征是：①城市是机器大工业生产的中心，集聚效应使生产原料、劳动者、资金以及市场信息等生产要素迅速向城市集中，带动了城市交通、市场的发展，使之同时成为商业贸易的中心。②城市规模扩张，人口数量和用地猛增。城市迅速的发展，同时表现出两种倾向：一方面城市各种先进的公用设施与市政工程，逐步出现并迅速普及，促进了城市的发展；另一方面出现了“城市病”。③城市成为行政管理中心，城乡对立、差距拉大。

（三）现代城市（1950 年至今）

第二次世界大战结束以后，世界进入了现代城市的发展阶段。这一阶段城市发展的主要特点有以下几个方面：①城市日益成为现代经济活动的中心，成为人类主要的聚居地。②城市空间组合上发生了巨变，要求城市朝着高质量和多功能方向发展。③城乡融合、差别缩小。④城市成为第三产业和高新技术的中心。⑤城市是世界经济联系网的基本节点。⑥城市空间成为区域形态的基本构成。⑦城市生态在社会可持续发展中的地位更为重要。

六、城市化发展的五阶段论

根据城镇人口增长系数 K 的变化规律及城市化发展水平的高低，整个城市化过程可以划分为五个阶段：前城市化阶段、城市化前期阶段、城市化中期阶段、城市化后期阶段、成熟城市社会阶段。

第一阶段：$K < 0.5$，为前城市化阶段。$K < 0.5$ 意味着城镇人口的增长规模小于乡村人口的增长规模，城市化水平很低，增长缓慢，甚至没有增长。这一时期

的经济发展一般处于农业社会。

第二阶段：0.5≤K<1，为城市化前期阶段。K≥0.5 是城市化水平快速提高的起点，与此相适应，这时的区域经济发展一般处于工业化的前期阶段。K≥0.5 意味着城镇人口的增长规模超过乡村人口的增长规模，这是城市化过程中的第一个重要转折点，意味着城市化开始进入快速增长时期。这一时期，由于乡村人口规模相对庞大，尽管其增长规模小于城镇人口的增长规模，但乡村人口的绝对量仍然增长着。这一时期的经济发展一般处于工业化的前期阶段，是轻工业大发展的时期，由此引致的劳动力第一次转移浪潮正是推动城镇人口增长系数跨过 0.5 这一历史性转折点的基本动力。

第三阶段：K≥1，为城市化中期阶段。K≥1 意味着总人口的增长全部表现为城镇人口的增长，乡村人口的绝对规模开始由上升转为下降态势。这是城市化过程中第二个重要的转折点，它意味着工业化过程中非农产业吸收劳动力的能力大大提高，以至于随之而来的乡村人口进入城镇的规模大于乡村人口自然增长的规模。这一时期的经济发展一般处于工业化的中期阶段，重工业化过程正在不断深化，第三产业获得大规模发展，由此引致的乡村劳动力转移的第二次浪潮正是将城镇人口增长系数提升超过 1 的基本动力。实现城镇人口增长系数由小于 1 到大于 1 的转变，具有十分重要的现实意义。乡村人口绝对下降，意味着农村土地的人口压力开始减少，人地矛盾开始缓和，农业的规模化和现代化经营的条件正在形成，从而使农业产业开始由低效率向高效率转换，从事农业与非农产业的收入差距开始减少，城乡二元结构得以淡化。而这正是城市化和城乡一体化的重要物质基础。另外，城镇人口的持续大规模增长可以为城镇第三产业的发展提供广阔的市场，城镇经济的繁荣又进一步增加其吸纳劳动力的能力。因此，通常乡村人口绝对量由增长转为下降，意味着城市化开始进入良性循环，并往往会真正进入高速成长阶段。

第四阶段：城镇人口比重 Q≥50%，初步进入城市化社会，或者称为城市化后期阶段。城镇人口比重 Q≥50%，表明城镇人口绝对量超过乡村人口，意味着该国家（或地区）已经初步实现城市化。随着乡村富余劳动力两次转移浪潮的接替跟进，迅速使城市化水平达到并超过 50%，超过一半的居民得以生活在城市，这是城市化过程中第三个重要的转折点。与工业化相联系，这一时期处于工业化的中后期阶段，技术密集型的制造业和新兴第三产业迅速发展，成为支持城市化水平进一步提高的主要产业。由于这一时期的经济发展已经由高速增长转向低速持续的推进阶段，因此城市化水平也开始由高速增长向低速增长过渡，城市化速度会低于城市化的前期和中期阶段，但高于成熟的城市社会。

第五阶段：城镇人口比重 Q≥65%或者 Q≥70%，进入成熟城市化社会阶段。

这一时期，工业化已经走到尽头，进入后工业化社会或现代社会，现代城市文明广为普及，城乡居民只存在居住空间及就业岗位的差别，生活水平和生产生活方式基本趋于一致，城乡一体化作为城市化的终极目标已经成为现实。这时，城镇人口增长系数一般在1左右小范围变动，城乡人口格局呈现基本稳定的态势。

第二节　城市核心要素

一、城市产业构成

产业结构是城市社会再生产过程中形成的各产业之间及其内部各行业之间的比例关系和结合状况。由于可以从不同的角度对城市产业进行分类，城市产业结构也就具有多重内涵。按照社会产品的最终用途，可把城市产业分为生产生产资料的第一部类和生产消费资料的第二部类，城市产业结构即是指两大部类之间的比例关系和结合状况。在实际经济生活中，两大部类划分法被具体化为农、轻、重划分法，因而城市的产业结构也就是农业、轻工业、重工业之间的比例关系和结合状况。根据不同的城市产业部门对某种生产要素的依赖程度，可将城市产业划分为劳动密集型产业、资本密集型产业和技术密集型产业，城市产业结构也就是城市中劳动密集型产业、资本密集型产业和技术密集型产业之间的比例关系和结合状况。

城市性质和经济技术发展水平对城市的产业构成有重大作用。不同性质的城市，如综合性经济中心城市和专业性城市，其产业结构、部门结构，以及与此相连的劳动就业结构、技术结构和组织管理结构等，都会有所不同。相同性质的城市，在不同的经济技术发展水平条件下，其产业构成也会不同。经济技术发达国家与发展中国家相比，城市服务部门所占比重，前者较后者要高得多。城市经济的发展，要求城市内的各种产业配置合理，比例协调，特别是保持城市基础经济部门和城市服务部门的合理比例，使城市生产、市政建设、居民生活相互协调和发展。

二、城市人口

人口是指那些与城市的活动有密切关系的人们，他们常年居住生活在具体城市的范围之内，构成该城市的社会主体，是城市经济发展的动力，是城市建设的参与者，也是城市服务的对象；他们依靠城市来维持生计，也是城市的主人。一个城市的人口总量包括城市市区和郊区（不包括市辖县）的农业人口和非农业人口，包括有常住户口和未落常住户口的人，以及被注销户口的在押犯、劳改、劳教人员等，但总人口中通常不包括现役军人、人民武装警察；我国城市人口以公安部门统计数为准。现代城市人口往往呈现出如下特征：首先，城市人口集中程度高，而且绝大多数人口从事非农产业；其次，城市人口中三教九流无所不有，人们从事不同的职业并分化为不同的阶层，呈现出多元化的特点；再次，城市家庭规模小型化、结构简单化，人们有更多的精力和时间投入家庭外的社会活动；最后，不同阶层、行业等背景的人为保护自身利益或为实现自己的兴趣和价值取向，往往以一定的方式组成一定的社团群体，表现出城市人口较强的社群性。

城市的发展取决于城市的人口素质和文化，而影响城市人口数量和素质的因素包括自然因素、社会经济因素和政治因素。

（1）自然因素。这是最基础也是最重要的因素，一个地区自然环境的好坏对城市的功能、规模和社会经济发展起着决定作用，也就间接影响了城市人口的数量及素质。影响城市人口的自然因素包括气候、水源（淡水）、地形、地理位置、土壤和资源等。气候条件的好坏、水资源的供应状况，在很大程度上是人口自然聚集和城市建设必须要考虑的关键性前提因素。具有广袤的外围平坦空间和丰沛水资源的地区，相对更容易发展成为人口高度集中的大城市；而气候条件的恶化与水资源供应的短缺，将严重阻碍城市人口总量的进一步增长。

（2）社会经济因素。该因素是建立在自然因素上的，是影响城市人口的又一基础性因素。包括经济、交通、通信、文化教育、医疗卫生等。

（3）政治因素。政治因素体现国家意志，对城市发展有着直接影响。包括国家政策、战争和政治变革。通常来说，国家如果对特定区域产业发展和城市规模扩张采取扶持措施，将直接推动城市规模的快速扩张；而对城市人口总量规模的严格控制，则会直接约束、限制城市人口规模的增长。城市政治地位的变化也将对城市人口规模有决定性的影响，一国的首都和区域行政中心，将具有很强的人口吸引能力，而迁都则有可能立即减少原首都所在城市的人口总量。

三、城市功能

城市功能是指城市这种特定的组织形式对经济文化等社会活动产生的影响及发挥的作用。社会学中功能主义学派认为，城市为人类提供重要的生活环境，是现代人类文化创造和传播的中心，他们将人类社区视为一个整体，城市社区的各种制度规范以及习俗相互配合，以维持城市生活的协调进行。文化人类学者强调城市的文化功能，他们认为城市功能在于对人类文化的保全、整合传递乃至创造。城市历史地理学认为，城市功能变迁是城市兴衰的决定性因素。因为一个城

市发生了变化，我们一定可以从城市的政治功能、交通功能、经济功能、文化功能的变化上找到最后的答案。城市管理学理论则提出城市功能主要体现在其所具有的承载体、依托体、中心主导性、职能特殊性等方面，认为城市功能体现为文化承载体、社会生活依托体和经济中心。城市地理学和城市规划学认为城市功能指某城市在国家或区域中所起的作用或承担的分工。从经济基础理论来看，一个城市的全部经济活动包括基本部分和非基本部分，其中城市功能的着眼点是经济活动中的基本部分。城市功能是一个复合体，包含城市承担的功能类型和功能作用的空间范围，不同类型的功能具有不同的服务空间范围。因此，在不同的空间尺度上起主导作用的城市功能类型不同。不同的功能类型与其服务空间共同构成城市的功能体系。

城市功能作为一种属性，表现在城市经营管理过程中各实施要素的性质及其相互间的关系；作为一种能力，是城市运营对城市自身发展和区域发展所产生的影响强度；作为一种效用，必须依赖于特定的城市实体地域及其经营管理过程，同时表现在其对国家或地区及其自身的政治、经济、文化生活中所产生的关系、能力及作用，是城市生命力之所在。城市功能是城市存在的本质特征，是城市系统对外部环境的作用和秩序；是主导的、本质的，是城市发展的动力因素。自然条件，是城市功能形成和发展的基础；城市的经济实力及其主导产业对城市功能形成具有重要影响；城市的历史传统、行政区划和中央政府的城市功能规划对城市功能选择构成直接约束。城市主要功能有：生产功能、服务功能、管理功能、协调功能、集散功能、创新功能。

（一）城市功能的特征

1. 整体性

城市功能是各种功能相互联系、相互作用而形成的有机结合的整体，而不是各种功能的简单叠加。各种城市功能作为城市整体功能的一部分，按照城市整体功能的目的发挥着各自的作用。而且，各种城市功能的性质和作用是由它们在城市功能整体中的地位和规定性所决定的，它们的活动受整体和部分之间关系的制约。因此，必须着眼于城市全部功能的整体性和系统性来对待城市整体功能中的每一功能要素。

2. 结构性

城市的整体功能是由其内在结构决定的，这种城市的内在结构是指城市系统的经济、政治、社会、文化等各要素之间、各要素与系统整体之间互相联系、互相作用的方式。城市内部包含着多种要素，而且城市的每一个要素都表现出一种功能，城市各个要素的有机结合才能形成城市的整体结构，各个要素表现的功能的有机结合才能形成城市的整体功能结构。

3. 层次性

城市功能具有明显的层次性，城市功能是由不同层次的子系统构成的大系统，其中城市功能的子系统相对它的下一层次的小系统而言又是母系统。城市功能系统和子系统隶属关系不同而形成的等级，就是城市功能的层次。不同层次的城市功能既有共同的运动规律，又有自己特殊的运动规律。不同层次的城市功能既互相依存、互相作用，又互相区别、互相制约。

4. 开放性

城市的各种功能都是相对一定的外围区域而言的。伴随着经济发展，一定区域内的物流、人流、资金流、信息流通过各种方式汇集于城市，经过城市的优化组合产生了能量集聚效应和放大效应，从而形成了城市的各种功能。而城市功能的发挥过程，实质上是城市与外部发生物质、能量和信息交换的过程。因此，城市功能的形成和发挥作用的过程，是全方位开放的过程。

（二）城市功能的类型

1. 共同功能

共同功能是所有城市都具备的功能，表明的是城市的共性，区分的是城市与乡村的界限。

2. 特殊功能

特殊功能并不是每个城市都具有的功能，是为某一个城市或某类城市所特有的功能，表明的是城市的个性，区分的是城市之间的界限，决定着某一个或某一类城市的性质和在一定时期的发展方向，如外贸进出功能、交通枢纽功能、旅游中心功能。

3. 综合功能

综合功能是指一个城市同时具有多种并且有机结合的主导功能，每一种主导功能的作用范围和影响都比较大，如首都、省会、首府的大城市或特大城市都具有综合功能。

4. 主导功能

主导功能是指在城市诸功能中处于突出地位和起主导作用的功能，影响或左右城市的其他功能的运行，甚至决定着城市的性质和发展方向。如生产功能。

（三）现代城市的主要功能

1. 城市生态功能

城市生态功能，是指城市在一个国家或地区所承担的满足人类（包括当代和后代）自身生存和发展需要而在资源利用、环境保护等方面所承担的任务和所起的作用，以及由于这种作用的发挥而产生的效能。它是城市生态系统在满足城市居民的生产、生活、游憩、交通以及服务等活动中所发挥的作用，具体表现为城

市的生产功能、生活功能和还原功能，通过物质循环、能量流动和信息的传递功能，以“生态流”的方式，将城市的生产与生活、资源与环境、时间与空间、结构与功能以及与外部环境的关系以人为中心联系起来。城市的生态功能，一方面要实现资源的可持续利用，另一方面要保护环境的可持续发展，两者不可有所偏废。城市生态功能的发挥，是要改变目前的城市生产模式和生活模式，尽量减少自然资源的耗用，减少人均生态基区，减少输入城市的物质与能量；同时提高资源的使用效率，尽量用最少的资源实现最大的产出，减少有害物质（废水、废气、固体废弃物）的产出。衡量城市生态功能的标准就是衡量城市的资源使用效率、废弃物的处理效率以及城市环境质量状况等，这可以通过一系列指标来反映。

2. 城市社会功能

城市社会功能，是指一个城市在一个国家或地区中所承担的满足人类（包括当代和后代）自身生存和发展需要而在社会关系和社会进步等方面所承担的任务和所起的作用，以及由于这种作用的发挥而产生的效能。社会功能包含内容是多方面的，如改善贫困状态、提供医疗设施、提供教育和就业机会、提高工资、追求社会公平等。总之，希望改善生活质量，在追求物质文明的同时，极大地提高精神文明，提升社会和人的整体素质。因为一个没有公平原则、没有高素质公民的社会是谈不上可持续发展的。

3. 城市经济功能

城市经济功能，是指一个城市在一个国家或地区中所承担的满足人类（包括当代和后代）自身生存和发展需要而在经济发展等方面所承担的任务和所起的作用，以及由于这种作用的发挥而产生的效能。城市经济功能是城市功能的重要组成部分，是城市其他一切功能的前提和基础。城市经济功能的大小和主导性优势，不仅反映一个城市在一定区域范围内的地位和作用，并且还反映出该城市的经济性质。社会经济是在不断变化发展的，城市功能也在不断变化发展，主导城市经济功能的因素也在不断地变化发展。城市经济功能包括主要经济功能和辅助经济功能。主要经济功能发挥的目的是为本城市以外地区服务的。辅助经济功能发挥的目的是保证城市的正常运行，为城市的生产和生活提供基本保障条件，是一般城市都具有的功能。辅助经济功能是主要经济功能的基础和保证，主要经济功能反映了城市的个性和特征，是城市发展的动力源，在一定程度上决定着辅助功能。从本质上讲，城市经济功能可以概括为聚集和扩散两大功能，这是对城市和城市以外地区所有经济往来、交易关联的高度概括。城市经济功能不仅仅包括集聚和扩散两个方面，它要求人们不仅重视经济增长的数量，更追求经济发展的质量。它要求人们改变以往的经济观念、生产模式和消费模式，强调节能和无污染生产，提倡崇俭消费，尽量使经济发展处于生态的可承受范围之内，达到经济效益与生态效益、经济效益与社会效益的统一。

4. 城市服务功能

城市服务功能，是指城市在一个国家或地区所承担的满足人类（包括当代和后代）自身生存和发展需要而在生产与生活型服务提供方面所承担的任务和所起的作用，以及由于这种作用的发挥而产生的效能。在21世纪的信息社会，对中心城市而言，经济、文化、科技、教育、交通运输、医疗与保健等中心地位的作用，不再仅仅取决于自己在这些方面的雄厚实力，而是要看能否凭借自己雄厚的实力，特别是在信息资源方面的优势，实现对上述领域各类活动流程的有效调控和组织；正是基于城市的调控和组织能力，使得城市能够有效调动城市所聚集的各类要素为城市居民提供消费性服务，为城市企业提供生产性服务。在当代社会中，信息服务、金融服务成为城市服务的重要内容。信息通信被认为是信息社会影响城市经济活动集聚的首要因素。现代科技和市场经济的发展，使城市的信息源、信息量急剧膨胀，人们的活动对各类信息的要求和依赖性日益增多，信息产业化已开始成为现实，城市作为信息中心的功能也逐渐凸显出来。城市信息中心化的直接原因就是城市的信息实现了网络化，使信息资源积聚于小小的方寸之地。21世纪的城市群空间关系正在由网络取代传统城镇体系的等级观念，城市特别是中心城市在群体空间中的等级与作用不仅取决于其规模和经济功能，而且也会取决于其作为复合网络连接点的作用。无论是企业还是个人，都对金融服务存在着广泛的需求，而现代金融资源大量集中在城市，这决定了现代城市必须在金融服务的提供上发挥主要作用。

5. 城市创新功能

城市创新功能，是指城市在一个国家或地区所承担的满足人类（包括当代和后代）自身生存和发展需要而在技术研发与创新、新产品与新服务的生产、文化与管理创新等方面所承担的任务和所起的作用，以及由于这种作用的发挥而产生的效能。在历史上，城市一直是创新的来源、新创意的诞生地，也是人类创造力的旺盛所在。历史上城市的创新主要有文化智能型、技术生产型、技术组织型三种。工业革命以来，第二、第三种类型的创新与日俱增，尤其是在中心城市中，第三种类型的创新越发重要。在20世纪，第一种及第二种的创新已经有混合的趋势；在21世纪的信息社会，三种城市创新类型混合发展的情形已经出现，而其中信息技术与调控组织相结合的城市创新扮演最关键的角色。现代城市是各类科研机构和各类人才的会聚之地，是研究与开发新技术、试制新产品的主要基地。在一些经济发达国家，一些新建的城市，如美国的硅谷和日本的筑波，规模不大但能量极大，不仅是国家的科技中心，甚至是世界性的科技中心。城市的这种科技中心作用是推动市场经济发展的主要力量。

第三节　欧美城市的成长

一、欧洲的古代城邦

城邦是由一个城市控制的区域，通常拥有主权。历史上的城邦通常是大文化圈的一部分，如古希腊城邦（如雅典、斯巴达）、迦南的腓尼基城邦（如泰尔、西顿）、中部美洲的玛雅城邦、丝绸之路上的小国（如撒马尔罕、布哈拉）和意大利城邦（如佛罗伦斯、威尼斯）。中国周代实行封建制度，分封的一些诸侯国有时也被称为城邦。欧洲历史上有两个重要的城邦时期——古希腊的城邦和文艺复兴时的意大利城邦，现代欧洲的文明都源自这些时期。然而，这些文明的城邦通常只存活很短时间，因为它们的土地和实力都不足以抵抗周围的外敌。此外，这些小区域组织在松散的地理和文化个体中互存，成为大国建立稳固势力的障碍。故此，它们最终必然融入更大的社会体系，以至民族和国家。目前，世界上只有新加坡、摩纳哥和梵蒂冈符合城邦的传统定义。一些主权国家内也有类似城邦的领土，如德国柏林、美国华盛顿特区和英国直布罗陀。

古希腊文明起源于公元前 2000 年的爱琴文明。爱琴文明先以克里特岛为中心，后以迈锡尼城为中心，两地都出现过奴隶制城邦。大约公元前 12 世纪，随着北方落后的多利安人的入侵导致迈锡尼文明毁灭，也宣告了爱琴文明的终结。此后希腊社会倒退到原始社会解体时期（公元前 11 世纪至公元前 9 世纪），反映这一时期的唯一文献是《荷马史诗》，故称为“荷马时代”。公元前 8 世纪至公元前 6 世纪古代希腊进入城邦时代。

（一）希腊城邦时代的形成与结束

城邦（City-state），希腊语称之为“Polis”，原指公民集体、城池，引申为城市、国家、城邦。古代希腊城邦一般是以一座城市为中心，连带周边乡村地区而形成的独立国家，以小国寡民、各邦独立自治为基本特征。它们的国土面积一般只有百余平方公里，人口数万；最大的城邦斯巴达面积 8000 多平方公里，人口 40 万左右。古代希腊形成数以万计的城邦，是当时希腊社会经济发展和文化进步的结果，也是希腊地理环境影响与制约的结果。公元前 8 世纪至公元前 6 世纪，希腊生产力进步，铁制工具广泛使用，手工业中铁器、铜器、陶器、纺织业和造船业都有了长足的发展。在对外贸易中，金属货币出现，希腊字母创制。生产力的发展，导致阶级分化加剧，人口流动增加，血缘关系的纽带渐趋松弛，氏族社会组织日趋解体，在希腊本土和海外殖民地，以地域为基础的国家应运而生。由于希腊的地理环境山地多、岛屿多等特点，希腊形成了 200 多个以某一建立于高地附近的城市为中心，连带周边部分乡村地区的“城邦”。这些城邦以贵族制、民主制为主，还有少数君主制、寡头制（少数贵族集体的统治，典型代表是斯巴达的贵族寡头制，国家权力集中在 30 人组成的元老院手中，公民大会和其他国家机关处于次要地位）、僭主制（指通过非法手段夺取政权的个人统治，本质上等同于君主制）。古代希腊人拥有自己共同的语言，大约在公元前 10 世纪初创制了完备的字母文字。最终导致希腊之间的交流趋于频繁，也使古希腊内部的民族认同感和归属感得以加强。而公元前 8 世纪至公元前 6 世纪，古希腊人掀起的规模巨大的海外殖民热潮，一方面使海外殖民城邦（按照母邦模式，但是政治上不依附母邦，保持独立自主）不断增加；另一方面推动整个地区范围内经济的互动发展，促进希腊城邦制度在海外的普及，扩大了希腊文化的影响。

公元前 5 世纪至公元前 4 世纪上半叶，是古代希腊历史上的“古典时代”。这是社会经济、政治、文化高度发展的繁荣时期，也是古代希腊城邦制度的全盛时期。这一时期的繁荣主要由于希腊自身生产力进步的长期积累，同时也得益于希波战争的胜利。希波战争捍卫了希腊的民族独立，扩大了希腊半岛与小亚细亚、黑海沿岸一带的经济联系，确保了希腊人在东地中海地区的政治优势和商业霸权，增强了希腊人的民族自信心和爱国热情，巩固了城邦社会的基础。

在古代希腊人建立的众多城邦中，影响最大而又最具典型意义的是雅典。雅典城邦以其政治民主、经济发达和文化繁荣而著称。斯巴达和雅典为了争夺在希腊的霸权，进行了伯罗奔尼撒战争（公元前 431 年至公元前 404 年），结果雅典失败，奴隶主民主政治遭到削弱。与此同时，位于希腊北部的马其顿王国崛起，国王腓力二世出兵打败雅典、底比斯等组成的希腊联军，确立了在希腊的霸权。继任者亚历山大建立了地跨欧、亚、非三洲的马其顿帝国，沿袭波斯帝国的统治机构和制度，希腊城邦政治制度告终。此时，欧洲城邦并没有完全终结，然而，作为一种政治制度，希腊城邦实际上已经消亡。此后，罗马统治时期仍在很大程度上保持了希腊城邦内部事物的独立性。欧洲也一直有独立城市的传统，如文艺复兴时期的佛罗伦萨、威尼斯。

（二）城邦的经济制度

城邦和城邦之间的交流，远在军事征服之前。出于自利目的的民间贸易，自发地通过各种零星接触，搜集信息并完成交易，而在交易的过程中，思想和制度形式得以交流并传播。汤因比指出：“希腊商人很有可能在希腊殖民者之前就到达了后来被征服的殖民地，并成为殖民者的向导。”从经济学观点看，城邦可以

看成重商主义的初级阶段。城邦的核心，是一批专门从事对外贸易的商人，其中一部分人同其他城邦的商人进行贸易。各个城邦之中所有参与商业关系的商人，构成商业经济。而这部分专业商人与外部世界的非商人（农民、地主、其他资源拥有者）之间的贸易，构成这个商业经济的背景。对一个封闭经济来说，自愿贸易使交易双方获益。商人存在的前提，是利用各种信息差距以及物价差距，完成商品之间的套利行为。但经济最终会达到某个稳定的平衡状态，套利所得到的收益也稳定下来，而不再高速增长。这时，商人要获得更高的利润，便必须寻找新的贸易对象和贸易渠道。于是，基于商人获利的本能，城邦的市场半径随之增大。伴随交易范围的扩大，中心城市也随之形成。随着这个过程不断开展，某些城邦逐渐变得强大，某些偏远的城邦则显得弱小。当两个城邦沿着各自的中心城市寻求新的贸易对象并不断扩大其贸易范围时，城邦间便发生接触。这表现在古代希腊便是大量的无休无止的联合结盟和称霸行动。战争的结果，除了使城邦之间迅速联合起来，成为同盟之外，也使城邦内部的居民愿意维持一定量的本地武装，这更进一步导致国家的武力强大。

在城邦之间的贸易过程中，两项使后世受惠甚多的制度成型并固定下来：法律制度和货币制度。法律制度主要是基于习俗形成的希腊商法，而不是基于指令经济形成的罗马法。商人之间调解争端的制度大多依赖于长期交易和不断博弈所形成的惯例，而成文的法律则多是由统治者制定并对其相对有利的指令。另一项更重要的发明是货币制度，按照希克斯的看法，货币先于铸币而产生。尽管货币制度和国家制度密切相关，但货币并不是作为国家的一种创造物而产生的。国家只不过是利用其强制力将这一习俗惯例独断并强化而已。商人也自行铸币，但拥有大量财富为后盾的国王所制造出来的铸币无疑更受欢迎，这是货币制度的形成。在希腊—罗马时代，主要货币是铸币。希腊—罗马时代的政府只能依靠暴力征税或者借债来解决财政赤字问题。可征收的税种，包括贸易税、土地税、人头税、财产税等。由于希腊—罗马的贸易范围极为广阔，从而征收贸易税的成本很高，同时，稽查富人财产也需要很大成本，因此，税收主要落在农奴及农民头上，即征收土地税和人头税。

（三）城邦的政治制度

城邦之间通常以结盟的方式保持政治、军事方面的联系，但原则上是独立自主的。城邦的居民一般分为三个等级：①拥有公民权，能参加政治活动的公民；②没有公民权的自由民；③没有政治权利和人身自由的广大奴隶。公民是城邦的统治集团，集体剥削和统治自由民和奴隶。由于希腊城邦是从原始社会进入阶级社会的最早国家形态，城邦政治制度在形式上往往带有氏族制残余。刚建立的城邦政权往往掌握在氏族贵族奴隶主手中，实行氏族贵族专政，采用贵族共和、贵族寡头等政体。在工商业较为发达的城邦，由工商业奴隶主领导，依靠自由民进行反对氏族贵族的斗争，他们通过政变推翻氏族贵族的统治，以具有个人独裁色彩的僭主政治取代氏族贵族的统治。当工商业奴隶主阶级的势力进一步壮大后，就以寡头政治或较为广泛的奴隶主民主政治来代替僭主政治。如农业城邦斯巴达实行奴隶主贵族寡头政治，工商业城邦雅典奉行奴隶主民主政治。

1. 斯巴达的政治制度

斯巴达实行奴隶主贵族寡头政体，由国王、公民大会、长老会议和监察官组成国家机构。国王有两个，分别由两个家族世袭。两个国王权力平等，往往互相牵制。国王平时主持国家祭祀，处理有关家族法案件；战时，一个国王坐镇国内，一个国王领兵外出作战。公民大会的实际权力不大，只是一个表决机关。年满 30 岁以上的男性公民都有权参加公民大会，选举长老会议成员和监察官，通过长老会议的提案。长老会议实际上是最高权力机关，讨论和决定一切国家大事，然后交公民大会通过，如不能通过，长老会议有权宣布公民大会休会。长老会议成员有 30 人，除两个国王为当然成员外，其余 28 人都是年逾六旬的贵族，任职终身，如有缺额仍须从年过 60 岁的贵族中补选。监察官有五人，由公民大会从贵族中选出。他们有监督和审理国王的不法行为、监督公民生活和镇压希洛人（即被斯巴达征服的部落居民）的反抗等权力。由于监察官的权力不断扩大，后来竟能代替国王主持长老会议和公民大会，成为国家的中枢机关。镇压希洛人是斯巴达首要的和经常的任务，监察官上任时要举行“宣战”仪式，进行集体搜捕和屠杀，并由此形成一套军事训练制度。男童 7 岁起就集中训练，18~20 岁的男青年须受军事教育并参加屠杀希洛人的活动，20 岁起成为正式军人，直到 60 岁退伍。斯巴达凭借强大的军事力量，于公元前 6 世纪中叶组成了伯罗奔尼撒同盟，控制了半岛上的各邦，成为维护希腊贵族政治的堡垒。

2. 雅典的政治制度

雅典以实行奴隶主民主政治著称。这种政治是经过平民与氏族贵族的长期斗争而逐步形成的。相传公元前 8 世纪氏族贵族执掌政权，公民分成贵族、农民、手工业者三个等级，唯有贵族才能担任官职。此后，设立执政官、贵族会议和公民大会等机构。执政官初为一人，后改为三人（公元前 7 世纪中叶扩大到九人），由公民大会从贵族中选举产生，一年一任，分掌内政、宗教、司法和军事。贵族会议是最高权力机关，其成员均出身于贵族，任职终身，决定国家大事，推荐和制裁执政官，审判刑事案件。

公元前 6 世纪初，平民与氏族贵族矛盾尖锐。公元前 594 年，首席执政官梭伦实行改革，除颁布“解负令”，除取消债务抵押制度外，还规定：按财产多寡把公民划分为四个等级，第一、第二等级的公民有资格当选为执政官；第三等级的公民可担任普通官吏；第四等级的公民无权担任官职，只有参加公民大会的权力；设立“四百人会议”和陪审会，由四个等级各选举100人组成“四百人会议”，为公民大会准备和提出议案并贯彻决议，陪审会的成员从四个等级的公民中选举产生，享有监督权和表决权，遂成为雅典的最高司法机关。按四个等级组织军队，第一、第二等级提供骑兵，第三等级提供重装步兵，第四等级提供轻装步兵或在海军服役。梭伦改革奠定了雅典民主政治的基础。

公元前560年，庇西特拉图用武力夺取政权，建立僭主政治。公元前527年，庇西特拉图之子希庇亚斯继位，因骄奢和暴政被驱逐，从而结束僭主政治。公元前508年，在平民与贵族的斗争中，首席执政官克利斯提尼在梭伦改革的基础上又一次改革：用地籍代替族籍，取消原有四个血缘部落，把雅典划分为10个地区部落（选区）和100个村庄；用“五百人会议”代替“四百人会议”，“五百人会议”由10个选区各推50名代表组成，负责管理国家日常行政事务，为公民大会准备议案和执行决议，后来成为雅典最重要的行政机关；创立“十将军会”，由10个选区各选一人组成，一年一任，轮流统率军队（其中一人为首席将军）；实行“贝壳放逐法”（也称“陶片放逐法”），规定公民大会可以通过投票决定放逐危害国家的人，以防僭主再起。克利斯提尼改革确立了雅典的奴隶主民主政治。

二、欧美城市的发展过程

（一）欧洲城市发展过程

1. 希腊、罗马时期的城市发展

西方的城市发展始于希腊。公元前600年时，希腊半岛及其附近岛屿上就有了许多城镇。随着希腊人向外扩展，城市在地中海沿岸地区陆续兴起。公元前5世纪时，雅典城的人口可能已达到30万人。希腊城内有卫城和人民会场。卫城是有权阶层的住地，人民会场是公民活动的地区。早期希腊城市缺乏规划，街道狭窄弯曲。但后来地中海周围希腊殖民地中的城市已有了棋盘式的街道格局。

罗马帝国兴起后，中心城市转向罗马城。公元前3世纪至公元前1世纪，罗马人口已达到百万。罗马城街道呈方格状，有豪华的王宫以及庙宇、仓库、图书馆、学校等公共建筑和繁荣的市场。贵族住宅中已有了取暖设备，城市给排水系统有了很大发展。随着罗马帝国的扩展，城市在阿尔卑斯山脉以北的地区得到迅速发展。许多欧洲城市是在罗马军营的基础上发展起来的，如英国的兰开斯特和温彻斯特。罗马在选择城址时已经注意到交通以及其他因素。尽管罗马帝国崩溃后城市也随之衰落，但像巴黎、伦敦、维也纳等城市仍然是在其旧址上发展起来的。

2. 中世纪时期的城市发展

罗马时期过后，罗马城市先前繁荣的景象不复存在了，罗马城的人口从上百万降到四万。从公元10世纪至15世纪，欧洲的城市又重新缓慢地发展。这些城市大多数是在封建主城堡周围发展起来的，有一些是在交通枢纽、罗马营寨的基础上发展起来的，也有一些新城，其范围已远远超过罗马统治时期的地域。

城堡、证书、城墙、市场、教堂是中世纪欧洲城市的重要特征。城堡是贵族的住地。证书是封建主发出的政治文件，它赋予市民组成的市镇以政治权利。城墙是市民与非市民居住和活动的界限。市场一般位于市中心，是商店、行会、商人集聚之地。教堂不仅是宗教活动的中心，也是市民的社区中心。

欧洲中世纪的城市规模一般不是很大，街道狭窄曲折。城市由于与封建主经济对立，形成自治城市，可以说是“自由的城市”。有的发展成为城市国家，如当时的威尼斯、佛罗伦萨；也有的成为城市联盟，兴盛时有100多个城市参加。

3. 文艺复兴以后的城市发展

文艺复兴开始后，欧洲的城市在形式上和功能上发生了很大的变化。这时的城市多成为各级政府的行政中心。作为首都，如巴黎、伦敦等，为体现国家和民族的象征以及君主的权威，建有豪华的王宫、开阔的市场、宏伟的公共建筑、整齐的林荫大道、精致的府邸花园，以及雕塑、喷泉、草地等，这与中世纪拥挤、脏乱的城市形成鲜明反差。首都以外的城市，市政厅成为城市的中心。由于商业的繁荣，城市中商业区扩大，并出现高大的行政大楼、银行以及博物馆、图书馆、大学等。城市人口增加和马车的使用，促进了城市范围的扩大。但是，由于军事防御的需要，城市仍要建城墙，城外需留有宽阔的地带，以防炮火的袭击。这限制了城市的发展，并造成城市拥挤。

4. 工业革命以后的城市发展

工业革命以后，工厂围绕城市在郊区蔓延，加上交通工具的革新——铁路的出现，城市突破了城墙的限制而得到充足的发展。城市改变了消费中心的形象，而成为生产中心。城市规模和范围迅速扩大，城市人口急剧增加，大城市、特大城市不断涌现，并出现城市群或城市带。城市中的现代化建筑和现代化交通方式快速发展。

（二）美国的城市发展过程

1. 1850年到“一战”期间的城市发展

19世纪美国快速的城市化主要是由以纺织业、钢铁制造业、屠宰和皮革制造为代表的工业革命所带来的。银行、保险等金融部门为制造业的扩张提供了必要的支持。此外，电力、供水、污水处理、公共交通为城市的发展提供了必要的条件。但直到“一战”前，城市经济发展的主要动力来自于制造业。该期间，美国城市发展模式主要以紧凑型为主，90%的就业人口分布在距离市中心1~3英里的范围内。市区中心根据功能，划分为金融、零售、法律以及其他产业相对集中

的区域。核心区地价很高，而从市区中心和主要的交通干线到城市边缘，地价迅速降低；人口密度也如此。由于生产中的规模经济，在纽约、芝加哥等大城市中聚集了大量的人口和产业活动，并且通过不断竞争和兼并，产业集中度越来越高。

2. 两次世界大战期间的城市发展

在两次世界大战期间，货物运输方式和信息传递方式发生了很大变化，城市内货物运输方式由卡车代替马车，城市道路的质量也有了极大的改善。由于这种变化，更多的生产企业聚集在城市中心而不必与铁路运输线相邻。卡车的使用同时也促使企业有条件向外延伸，企业间的距离及企业与港口、铁路厂站间的距离也增加了，但大部分厂商并没有离开城市中心区。尽管存在着分散化趋势，但制造部门基于区域间运输的考虑，仍依赖于中心区的厂站。持续增长的制造业也为市中心银行业、保险业和其他商业服务业的发展提供了条件。电话和广播也为提高市区通信效率发挥了重要的作用。电话虽然无法完全代替面对面的交流，但商业活动信息更多地依赖电话来传递，面对面的交流主要用来进行战略策划、教育和培训以及高层间的沟通。电话使得交流更为便宜和便捷，大大提高了信息传递速度。广播使得各种公共信息的传播更加快速、便捷，成本也更低。两次世界大战期间的城市化，在本质上是1850~1920年城市化的一种复制，大城市规模和经济实力不断扩大。除了大萧条时期，城市人口继续增长，地价不断上涨，居住区持续扩大，农业区继续被推向外围。中心区仍为金融、娱乐、保健、教育、制造业的集中区。由于大城市的税基扩大了，因而有能力提供更高水平的市政服务。周边的郊区继续并入城市，城市管辖的范围继续扩大。

3. "二战"以后到20世纪70年代

"二战"以后，19世纪的大城市集中紧凑发展模式开始衰退，以大都市区为代表的城市群、郊区化和产业、居住区位向郊区转移成为这一时期城市发展的主流，城市和郊区在产业、基础设施、就业、教育、人口结构、环境和发展潜力等方面的差距不断扩大，这一过程到今天仍在继续。政府有关的城市发展政策以及大规模的基础设施建设，对郊区化的发展起到了显著的推动作用。随着市区和郊区之间差距的扩大，市区在就业、教育、治安、财政等方面所面临的困难越来越突出，从而形成了令美国政府至今仍感头痛的"城市病"。州际高速公路计划及公路交通的快速发展，彻底改变了美国城市分布状况，逐渐形成了目前沿公路两旁分布的美国城市分布格局。制造业开始向郊区分散，这种趋势在传统的工业城市表现得尤其明显。大规模的郊区住宅开发及政府的住房抵押贷款政策，加速了居民向郊区迁移，同时还造成了不同阶层居住区的分离。由于通信技术的发展，大量的服务企业把其职能进一步分解，把更多的维护、研发和后勤等工作布局在土地价格低廉的郊区，以节省经营成本。这些经济活动的郊区化，降低了城市中心区公共服务的质量，这又引起了第二波的分散化。尽管聚集在城市中心的穷人和少数民族要求更多的公共设施，然而大量的企业相继离开市区，使得城市收支不平衡更加严重，不得不提高税收来维持开支，这反过来进一步刺激了更多的中产阶级离开城市中心。

4. 20 世纪 70 年代至今的城市发展特点

由于影响人口郊区化的因素并没有得到消除，人口郊区化的势头更加强劲，但大城市人口得到了恢复性的增长，人口分布的重心发生了变化。尽管市区人口得到了恢复性增长，但与郊区在就业机会、产业增长势头、收入、教育、安全等方面的差距依然存在。美国从 1980 年起制定和实施的一系列城市复兴和种族融合计划，开始初显成效。在 20 世纪 80 年代，由地方政府投资兴建大批购物中心、娱乐体育场所等城市公用设施，对吸引人口回流城市起了积极的作用。进入 20 世纪 90 年代，许多城市进一步采取各种优惠政策鼓励房地产开发商对城区进行改造，如把废弃的厂房和旧办公楼改为现代化的住宅小区，建造更多的公共交通设施，加强环境保护和绿化，向居民提供廉价的停车泊位等。此外，政府还努力降低犯罪率和提高学校的教育质量，这些都增强了市区对居民的吸引力，再加上新经济形势下高科技公司在市区大批涌现，吸引了许多喜欢市区生活的青年白领回到市区居住，也在某种程度上增强了市区的活力。此外，郊区和市区在形成种族多元化的居住小区方面也有了一些可喜的变化。美国式的低密度郊区住宅发展模式对环境造成的压力越来越大。美国大都市区之所以不断向外扩展，主要原因就是人们试图寻求更好的生活质量。城市化所占土地增幅相当于人口增长速度的 2 倍，从 1994 年开始，每年所占土地以 230 万英亩的速度递增，其中相当大比重用于住宅建设。这种对郊区土地资源的不断占用，严重影响了城市和郊区的生活质量。到 2030 年，美国人口将达到 3.15 亿人，在未来 10 年内将产生 1100 万个新家庭，这需要消耗大量土地，将对自然环境和水资源造成严重压力。

三、欧美城市群的发展

20 世纪 50 年代以来世界经济发展的一个突出特征，就是以大城市为中心的城市群的发展正逐步成为世界经济发展的主导趋势。城市群的发展过程是一个中心城市外围区形成和扩张的过程。在欧美国家，城市群发展进程通常表现为郊区化过程，一般包括郊区的住宅建设，制造业、零售业的郊区化以及办公室就业的郊区化等。在欧美发达国家，城市群的发展大都经历了三个阶段：①以集聚为主的阶段。这是城市化发展的初级阶段。在此阶段，社会经济活动在空间形态上由分散状态向集中状态过渡，但往往发生在单个城市内。同时，产生诸如集聚经济效益、规模效益等社会效益，强烈刺激社会经济向高层次跃进。这是集聚与扩散

同时发生的阶段。这一阶段的特点表现为人口、企业从城市中心地带扩散到郊区，出现范围较大的城市地区，城市容量高速增长，如“二战”后欧洲出现的伦敦大区、巴黎大区。②城市群扩张阶段。城市群内各城市以及郊区的界限在这一阶段已经无法明确辨认，同时城市群内出现多个中心城市，郊区次中心也迅速扩大，城乡差异迅速减小。③城市经济带的形成阶段。在上述基础上，几个大城市群相互重叠、相互融合、相互渗透的城市集合形成，并构成连绵的大城市带。大城市带的产生又促进各城市群的相互补充与共同发展，进而形成更强的经济势能，带动外围城市的发展，形成区域经济的一体化。

（一）欧洲城市群的发展

18 世纪划时代的工业革命促使欧洲出现了大量的工业城市，同时，伴随着工业化的逐步深入，各国城市化进程开始显现，进而使欧洲成为世界工业化和城市化的发源地。到 1890 年，英国的城市人口已占总人口的 72%，法德两国城市化起步虽落后于英国，但发展速度和程度都很高；1970 年，法国城市人口比重达 71.7%，德国 1950 年的城市人口比重为 70.9%。

到 20 世纪 70 年代，欧洲各主要发达国家都出现了城市密度大、数量多的局面，城市化已经达到很高的水平，并开始出现城市群经济现象，伦敦、巴黎等人口集聚的大城市迅速发展成为欧洲各大城市群的中心城市。同时，欧洲各国的大城市群在发展过程中随着相互间联系的日益密切，形成了以独立国家或国家联盟为单位的城市经济带，表现为大城市集聚区，例如欧洲工业中心柏林—鹿特丹—鲁尔城市经济群和英国的产业密集带和经济核心区伦敦—伯明翰—曼彻斯特城市经济群。

伦敦—伯明翰—曼彻斯特城市群由伦敦大城市经济圈、伯明翰城市经济圈、利物浦城市经济圈、曼彻斯特城市经济圈、利兹城市经济圈所组成，总面积达 45000 平方公里，占英国总面积的 18.4%，城市群内人口占全国总人口的 60%以上。几个主要中心城市面积达 4888 平方公里，占全国总面积的 2.0 %。同时，这里还集中了英国 80%的经济总量。伦敦既是英国的首都，又是这一巨大城市群的经济中心。1964 年，英国创建了“大伦敦议会”，执行大伦敦城市群的管理与发展职责。20 世纪 80 年代初，中央批准或赞助的区域规划行为遭到废弃，然而，城市群管理的协调性得到了延续。1985 年颁布了《地方政府法案》后，中央政府又一次在实际上承担起城市群的规划职能。但由于撒切尔夫人当政期间曾一度使得一批大型项目的规划无法实施，投资协调困难，城市群建设遭遇严重障碍。直到进入 20 世纪 90 年代后，重新确立一种新型的城市群协调机制势在必行。于是，大伦敦地区先后实行了战略规划指引，从而恢复了整个城市群战略规划的一致性与协调性，为城市化的进一步发展奠定了基础。

（二）北美洲城市群的发展

北美洲城市化呈两极发展：一方面，人口迅速向特大城市高度集中；另一方面，人口在100万人以下城市总数超过50%，中等城市人口相对较少，呈现出人口向小规模城市均匀扩散的特征。目前北美洲已经形成了诸多典型的城市群：以曼哈顿为中心的纽约大城市群，是国际金融中心和港口中心；以美国第二大城市洛杉矶为中心的洛杉矶大城市群，是对外贸易和军事工业基地，同时也是著名的旅游和娱乐中心；芝加哥大城市群，是美国内地著名的贸易、金融、文化中心；墨西哥大城市群，正逐步成为墨西哥的政治经济文化中心和交通枢纽。

随着城市群经济的发展，各城市群相互联系，逐步形成了若干大城市经济带，如美国东北部的波士顿—纽约—华盛顿大城市群和芝加哥—匹兹堡—底特律大城市群，西南部的旧金山—洛杉矶—圣迭戈城市群等。其中的“波士华”城市群以纽约为中心，包括纽约、费城、巴尔的摩、华盛顿等大城市和它们外围的卫星城市。该城市群集中了美国全国20%的人口，长约965公里，但其面积只占美国面积的1.5%。纽约是全美的“银行之都”，全世界的金融中心，对全球的金融、证券、外汇市场有着巨大的影响。同时，纽约是全美以及跨国集团总部的集中地，全美500强企业30%的总部设在纽约，由此聚集了各类专业管理机构与服务部门，形成了强大的全球服务、管理的控制中心。纽约在产业结构调整中发挥了先导创新的作用，并在调整中成功地巩固了自身中心城市的地位，以辐射作用带动了外围城市的发展。费城重工业发达，是美国东海岸重要的钢铁、造船基地以及炼油中心，同时费城还是美国承担近海航运的主要港口；波士顿是拥有哈佛大学、麻省理工学院的著名文化名城，以波士顿为中心的高技术工业群，成为仅次于硅谷的微电子技术中心；而华盛顿是政治中心。“波士华”城市群中每个城市都履行自己特定的职能，合理推进自身的优势领域，相互联系，相互补充。同时，在共同市场的基础上，城市群中各种生产要素的自由流动，促进了人口和社会经济活动高速、大规模地集聚，从而形成了巨大的整体效应。

四、美国的城市成长管理

城市成长管理（Urban Growth Management）是指政府运用一定的技术、工具、计划及行动，对城市发展的区位、时序、速度、质量和成本等进行有目的的直接或间接引导或控制。它起源于20世纪70年代美国的环境保护运动，并于20世纪80年代在美国掀起了城市成长管理的第二次高潮，20世纪90年代以来，美国已进入城市成长管理的“精明成长”（Smart Growth）时代，并将城市成长管理作为实现城市可持续发展的一项重要的公共政策。

（一）城市成长管理的内涵

对城市成长管理的内涵，不同学科的学者从不同的角度对其进行了阐释。1990 年，Chinitz 从城市规划的角度将城市成长管理界定为："旨在保持发展与保护之间、各种形式的开发与基础设施同步配套之间以及进步与公平之间的动态平衡。"1997 年，Porter 从城市社会学的角度将城市成长管理界定为："解决因社区特征变化而导致的后果与问题的种种公共努力。城市成长管理是一个动态的过程，在此过程中，预测社区的发展并设法平衡土地利用中的矛盾，协调地方与区域的利益，以适应社区的发展。"1999 年，Fonder 从法学的角度将城市成长管理定义为："用于引导成长与发展的各种政策法规，包括从鼓励成长到限制甚至阻止成长的所有政策和法规。"在所有关于城市成长管理的定义中，1975 年美国城市土地学会（ULI）从公共管理角度所做的定义最具权威性。ULI 认为："城市成长管理是指城市政府对用地扩张的总量、区位、结构、速度、时序等进行有目的的控制、引导和调节的活动。"

（二）城市成长管理政策的产生背景

20 世纪 60 年代，美国面临城市无限制成长与蔓延而引发的严重问题，如何协调经济发展和生活环境、自然环境保护之间的平衡，如何采取一致的方针引导城市进入良好的成长期成为重要课题之一。从 20 世纪 70 年代开始，美国各城市在较为统筹性的地区整体规划及开发规章的指导下，通过对成长总类、发展地区、发展时序的管理等手段，在保持开发保护均衡协调的同时，促进城市基础设施建设，提高城市环境质量。这就是"城市成长管理"政策。

美国实行 40 多年的城市成长管理政策，有效遏制了城市的蔓延，保护了土地和生态环境，改善了社区生活质量，保持和恢复了老街坊和老商业区的活力，确保了社区间财政和社会公平，拓宽了住房和就业机会，降低了公共及私人投资在开发过程中的风险，取得了显著成就。

（三）城市成长管理政策的主要内容

1. 划定城市成长界线，实行城市规模总量控制

成长管理是一项特殊的政府法案，旨在影响未来某一区域的开发速度、设计、区位和品质，存在于各种城市开发的不同层面。通过法律法规、行政命令、财政策略等手段来调控城市的发展，其中重要的手段之一是划定城市成长界线。所谓城市成长界线就是围绕现有城市划出的法律界线，所有成长都被限定在界线以内，界线之外是农田、林地或开敞地，仅限于发展农业、林业和其他非建设用途。城市成长界线范围内包括现已建设土地、闲置土地及容纳 20 年规划期限内城市成长需求未开发土地。在有城市成长界线的情况下，一般要对成长界线的现状容量做定期评估，并根据成长需要适当扩展。但为避免城市和公共设施的分散

以及给财政和纳税人造成负担，扩界受到严格控制，有的地方要求获得城市议会绝大多数人的通过，有的则要求由市民投票表决。通过对量的合理配置，限制建设用地的开发，以达到保护土地资源并限制城市人口的目的。

2. 提供社区和环境影响报告，严格遵循城市建设的法律程序

为确保在城市和区域开发中提升生活环境品质、追求社会公平、提高土地开发效率、兼顾城市可持续发展，政府在开发项目提案审查过程中，要求必须提交社区影响报告和环境影响报告。社区影响报告是指对某些大型开发项目可能会对整个社区造成影响的情况进行评估，并将评估结果公诸于众的一种手段。社区影响报告必须在开发项目提案批准之前进行。报告包括：项目可能增加的学生数和现有教学设施的容量；现有市政设施和公共设施可利用程度和所面临的新要求；项目内外的道路系统情况；社区财务影响分析等。环境影响报告是在批准开发项目提案前获取其环境影响信息的一种手段。报告包括三方面内容：不至于对环境造成显著破坏；对区域资源保护的构想和设计；不会对整个资源提出不对称或过度需求。

3. 进行公共设施的配套开发，实行土地开发许可制度

城市成长管理的重点是对土地开发进行综合管理，首先是要求土地开发项目进行公共设施配套，这些公共设施可以由政府建设，也可以由开发单位负责建设，但必须先行建设或在开发期间配套建设。除非公共设施的服务是以提供开发的需要为水准，否则不允许开发，即开发许可必须建立在公共设施承载能力以上。成长管理是一种控制成长的总量管理措施，因为每个城市都有其最适规模。为了控制一个地区快速发展可能造成的交通拥挤、空气污染等问题，地方政府可以通过控制公共设施的数目或者针对不同区域设定不同的标准来限制该区域的发展。通过量的限制，进行土地建设许可，以控制人口增长的速度，避免公共设施的急速需求威胁地方政府财政负担。

4. 设立成长管制区，促进城市阶段性成长

设立成长管制区，即把不同区域划分为优先发展区、经济发展潜力区、限制发展区、延缓发展区等。对城市发展进行适当的引导，在管制区内允许土地开发，提供充足的公共设施，管制区外限制开发。设立成长管制区体现了政府的公平性，减少土地开发造成的暴利和巨额损失，又体现了效率。土地开发由政府谨慎控制，按市场需求合理、有序地安排。既保护了土地资源，又保证了可持续发展，防止“蛙跳式”发展破坏城市景观。旧城重建是美国许多城市的重点工作，通过设立重建局，专门负责旧城重建工作。重建老商业区和社区，提升中心城区的功能和价值；在统一规划、连片开发、配套建设的同时，突出混合功能，特别注重办公和住宅建设，使更多人可以居住和工作；大力发展公共交通，控制私家

车和其他交通工具；注重传统建筑的保护和利用，搞好商业与文化设施建设，改善生态环境；联邦政府、州政府在税收政策方面予以扶持，吸引社会资金参与重建，资助经济适用房和廉租房建设。

第四节　中国城市的成长

一、中国古代的“城”与“市”

在我国古代文献中，“城”和“市”是两个概念。“城”的出现早于“市”。“城”是指有防御性围墙的地方，能扼守交通要冲，防守军事据点和军事要塞。《管子·度地》记载：“内为之城，城外为郭。”《墨子·七患》记载：“城者，所以自守也。”在古代，“市”是商品交换之所，《周易·系辞》称道：“列廛于国，日中为市，致天下之民，聚天下之货，交易而退，各得其所。”市有大市、早市、晚市之分。《周礼·地官·司市》记载：“大市，日昃而市，百族为主；朝市，朝时而市，商贾为主；夕市，夕时而市，贩夫贩妇为主。”在现代汉语中，“城”又常常用来借指城市。有的学者从词源和词义上解释说，城市是由“城”和“市”组成的。而有的历史学家则认为，城市不是城与市的简单组合，在春秋以前的中国古代城市发展的早期阶段，城市是一种以政治军事职能为主的、作为邦国权力中心的聚落形态。中国的初期城市既可以无城，也不必一定有市，初期城市的出现“并不是商业发达的后果和动因，并不具备贸易中心的性质”。市场的正式形成，较“城”要晚一些。直到秦汉乃至其后的中国古代城市，都首先是作为政治中心存在的。这构成了中国古代城市发展的一个显著特色。“城市”一词虽见于先秦文献，但用来表述与现代汉语之城市相近的意义则是较晚近的事。常见甲骨文、金文和先秦文献的“邑”字，从口象城垣，其下作人跪状象人民。《说文解字·邑部》释为“国”，含有邦国、都城之意，与早期城市的内涵大体相合，故用“城邑”表述早期城市形态。

二、中国近现代城市的成长

鸦片战争以前，中国的城市都是封建社会型的。绝大部分是地主封建统治阶级以及一些商人、手工业者的聚居地。城市在政治上统治着乡村。城市集中着官府、地主宅第，以及商业、手工业及其他劳动人民，城市大部分是消费性的。城市的功能结构简单，平面形式沿袭着封建社会的城制，建筑面貌也完全是中国传统的形式。由于封建经济的闭塞，城市经济发展的不平衡，沿海及长江沿岸这一带城市化的程度较高。因此近代城市的分布及发展具有明显的地区不平衡。鸦片战争前的城市，由于在封建社会中所处的地位不同，以及经济条件及地理位置的不同，可以分为封建统治的都城（北京）、地区封建统治的中心（省会等）、一般府县、工商业城镇等。其规模虽然不同，形式也各异，但均发展缓慢，变化微小。

中国近现代城市的发展，总体上看应该是开始于鸦片战争。中国近现代城市建设的过程就是中国城市化的历程；鸦片战争以来，中国近现代城市化发展大概可以分为三个阶段。

（一）近代城市发展阶段（1840~1949 年）

第一个阶段是在鸦片战争后日本侵华前，中国曾经有过一个快速的经济发展和城市化发展过程，在这个时期，中国出现了三种类型的城市：第一种类型叫作租界城市，如大连、青岛、上海、厦门，这些城市基本上都是由外国的规划师、设计师按照西方城市的模式设计和建设起来的；第二种类型是如无锡、常州这样的中国近代工业化城市，这些城市是中国人自己设计建设的，是伴随着中国近代工业化发展而建设起来的城市；第三类是华侨城市，主要是在福建、广州沿海地区。中国的华侨遍布世界，他们积累了财富之后就回到自己的家乡建设城市。在今天广东的不少地方，还保留了非常完整的华侨城市，比如台山市的台城。这些城市都有一个共同特点，就是都是在向西方学习，甚至是在模仿西方建设起来的，所以它们具备今天城市的特点。

鸦片战争以后，封建社会经济开始逐渐解体，并逐渐形成半殖民地半封建社会。城市是社会经济的产物，这种变化必然使原有城市发生不同内容和不同形式的发展。鸦片战争后，清王朝签订了《南京条约》和《虎门条约》，中国土地上开始出现了“租界”，使一些城市中的某些地区畸形发展起来，其中以上海、天津最为突出。同时，随着洋务运动的发展，中国民族工业有了一定的进步，这对城市发展有一定影响。但全国并未进入一个工业化的进程，这时只是以国家政权的名义建立了一些国营的重工业企业。《马关条约》中规定外国人可以在中国设工厂，使帝国主义的侵略进入了新的阶段。当时世界范围内，帝国主义的经济侵略已开始由商品输出发展到资本输出阶段。一些租界城市由于大量设厂，发展迅速。中日战争及其后不久的“八国联军”侵华以后，帝国主义开始在中国扩大侵略，划分了势力范围，建立侵略基地，接着产生了一批帝国主义独占的城市。这一时期，沿海、沿江大部分大中城市，甚至内地一些城市，也都开辟为商埠，有的还设有租界。1911 年的辛亥革命，并没有改变半殖民地半封建社会的性质，封建军阀代替了清王朝。连年的战争，顾不上什么城市建设，但封建军阀、失意政客、封建大地主，纷纷向租界集中，导致了租界的畸形繁荣。

（二）现代城市起步与波动阶段（1949~1977 年）

中国的近现代城市第二个快速发展时期是在 20 世纪 50 年代。新中国成立后，中国迎来了一个工业化快速发展的 10 年，也就是 1949~1959 年。伴随着中国经济和工业化的快速发展，中国的城市在新中国成立后的一段时间里也迅速发展，所以它的特点是工业化促进城市建设，一个最典型的例子就是哪个地方有城市，哪个城市一定有一个大的钢厂，或者是哪个地方有一个大的国有企业，那么那个地方就是一个城市。但是这样的一个城市化和生产发展的进程，后来因为复杂的社会原因，基本上处于一个停滞状态。

1. *发展起步阶段*（1949~1957 年）

（1）城市建设的恢复与城市规划的起步（1949~1952 年）：随着社会主义新制度的建立，党中央提出了"必须用极大的努力去学会管理城市和建设城市"① 以及"城市建设为生产服务，为劳动人民生活服务"等论述，为制定新中国城市建设方针奠定了思想基础。因此，党的工作重心由乡村移到了城市，而城市工作的重点则放在了恢复与发展生产方面，城市建设的迅速恢复成为这一时期的主要特征。

（2）"苏联模式"城市规划的引入与发展（1953~1957 年）："苏联模式"的规划方式，即城市规划是国民经济计划的具体化和延续，也就是所谓"三段式"：国民经济计划—区域规划—城市规划。实际上，苏联当时的城市规划原理，就是把社会主义城市特征归结为生产性，其只能是工业生产，城市从属于工业，认为社会主义的城市及其规划的最主要的优越性为生产的计划性和土地国有化。由于全面学习苏联，城市规划编制过程分为总体规划（分初步规划和总体规划两步）和详细规划两阶段；把生活居住区分为居住区、小区、住宅组三级；采用居住面积、建筑密度、人口密度、用地定额等一套指标。因此，这一时期城市规划总的特点为：重视城市各项基础资料的搜集和分析，重视原有城市基础的利用和改造；采用一整套的规划定额指标，对建设标准进行控制；讲求构图和城市建设艺术，城市总图常常布置众多广场和强调对称式轴线的干道系统；城市规划的制定都是在苏联专家的指导下，由国家统一完成的。

2. *城市化波动阶段*（1958~1977 年）

在我国，1958 年的大跃进，使大批劳动力涌向城市，出现了一次城市化高峰。这一阶段的城市化进程，还可划分为三个时期：反常的超高速城市化

---

① 1949 年 3 月 5 日，毛泽东主席在中共七届二中全会上做报告，报告指出：从现在起，开始了由城市到乡村并由城市领导乡村的时期。党的工作重心由乡村移到了城市。全党必须用极大的努力去学会管理城市和建设城市，学会在城市中同敌人作政治的、经济的、文化的斗争，并取得胜利。

（1958~1960 年）；第一次由城市到农村的城市化波动（1961~1965 年）；第二次由城市到农村的城市化倒退（1966~1977 年）。由于所谓的“快速规划”、“人民公社规划”等空想主义思潮的影响，导致了城市布局混乱。

（三）持续、稳定、快速发展阶段（1978 年改革开放以后至今）

第三个阶段就是到了改革开放之后，一直延续到今天。改革开放之后的城市化发展的特点是城市的生产、生活、工业和城市建设全面发展。改革开放的这 30 多年实际上也可以大致分成三个阶段：第一个阶段是从改革开放开始到 1994 年，这个阶段中国各地生产、生活全面发展，城市的发展仍然是伴随着工业化生产进行的，所以这个阶段的特点是城市化落后于工业化。第二个阶段是从 1994 年开始到 2002 年，在 1994 年，中国社会推进了两项深刻影响后来中国发展的政策，一项叫分税制，另外一项是房地产制度改革。所谓分税制就是由中央统一管理税收；所谓房地产制度改革就是把计划经济保留下来的统一分配城市住房的制度，变成城市居民的住房主要由市场化的途径来实现。这两项改革放在一起，就变成了中国城市快速扩张的力量。前者使得地方政府能够支配的财政资金变得很拮据，所以地方政府需要寻找新的财源，而房地产制度改革就恰恰给地方政府挖了一道“口子”，他们可以通过卖地来实现快速的财富积累和城市化建设，当然也包括 GDP 的增长。所以从 1994 年之后，中国的城市化进程就出现了一个呈快速增长、持续发展的时期。第三个阶段是 2002 年至今，中共十六大召开，会上制定了一项非常重要的政策，就是推进新型工业化。在中共十六大报告里，新型工业化的定义内涵非常清楚，就是要发展知识产业、信息产业、环保产业，走无烟工业化的道路。但是这样一个政策遇到了中国东部沿海地区的产业转型和升级，东部沿海地区一部分高能耗、高物耗，还有高污染的企业开始从东部沿海地区退出，向内地转移。这些产业稍加包装之后，就以新型工业化的面貌出现在内陆地区。这个政策后来在 2007 年开始的全球经济金融危机中，又再一次走了样，那就是中国政府制订的“四万亿计划”，通过加快基础设施建设和加快工业化的道路刺激生产，规避全球金融危机的风险，但实际上出现了大量的重复投资。这种重复投资不仅仅是工业的重复投资，也包括城市建设的重复投资，原来只存在于东部沿海地区的各种类型的开发区开始由东部沿海地区向内陆地区无序地蔓延。所以很多内陆城市，甚至很多乡镇也开始建各种规模、各种级别的开发区，使得中国的城市化开始由东部沿海地区快速向内陆地区蔓延。

三、当前我国城市现代化的主要特征

（一）城市增长方式从单纯的规模扩张向规模和质量并举转变

20 世纪八九十年代，城市发展以扩张城市规模为主攻方向，许多城市，特

别是大城市的规模成倍扩张。进入21世纪，情况已经开始发生变化。21世纪以来，由于环境、资源，特别是土地等方面的压力和影响，城市开始从规模扩张为主进入到规模与质量同时增长的新发展时期。具体表现为，同国家经济转轨、社会转型相适应，大城市注重经济增长方式的转变，进行了经济结构，特别是产业结构的战略性调整。一些大城市从原来以工业，特别是重工业为主导产业转向以高新产业、现代服务业和文化创意产业为主导产业的新的经济结构和产业体系。例如，北京三次产业结构由2000年的2.5：32.7：64.8发展为2013年的0.8：22.3：76.9。① 并且明确提出要大力发展高技术产业和现代服务业。上海三次产业结构由2000年的1.8：47.5：50.6发展为2013年的0.6：37.2：62.2，② 第三产业增加值比重进一步提高。经济结构的调整和经济增长方式的转变，减轻了城市对资源的依赖，创造了更自由发展的空间，形成节约型、生态型城市，促使城市性质的变化或转型。一些城市由传统的工业生产基地和制造业中心，转变成经济中心、金融中心、文化中心和科技中心等。

（二）城市空间形态从城市单体发展向城市群体发展转变

区域经济整体发展和城乡一体化是国际普遍现象和共同发展规律。中国城市发展，尤其是大城市发展，也逐步地迈入城市群、城市带和城市圈的发展时期。这既是大城市自身发展的要求，如某些工业向外转移、城市空间布局调整、城市生态环境改善、城市住宅建设需要等，同时也是区域经济发展的要求和趋势，要求大城市对周边地区和中小城市予以支持和相互合作，求得区域经济的整体繁荣和共同发展。我国东部沿海地区大城市群是我国经济发展的增长极，是经济社会进步最明显的地区。2013年，长三角城市群、长江中游城市群、珠三角城市群、京津冀城市群、成渝城市群的GDP已经占到全国的54%。其中，长三角地区2013年GDP总量为97760亿元，占全国的17.2%；除上海、苏州较早迈入GDP"万亿俱乐部"外，有六个城市GDP总量超过5000亿元。2013年，最大的35个城市已经占据中国GDP近半壁江山。这35个城市中，有20个城市贡献超过全国总GDP的1%，分别是上海（3.8%）、北京（3.4%）、广州（2.7%）、深圳（2.6%）、天津（2.5%）、苏州（2.3%）、重庆（2.2%）、成都（1.6%）、武汉（1.6%）、杭州（1.5%）、无锡（1.4%）、南京（1.4%）、青岛（1.4%）、大连（1.3%）、沈阳（1.3%）、长沙（1.3%）、宁波（1.3%）、佛山（1.2%）、郑州（1.1%）和唐山（1.1%）。全国最大的城市上海是长三角城市群和经济区的"龙头"；珠三角城市群中广州和深圳无疑发挥着中心城市的作用；北京和天津是环

① 北京市国民经济和社会发展统计公报。
② 上海市国民经济和社会发展统计公报。

渤海城市群和经济区中的核心城市。其他大城市，如重庆、武汉、西安、沈阳、成都、长沙等都是这些城市所在的经济区和城市群的核心城市。在城市群的形成和发展过程中，作为中心城市的大城市，必然与周边的大、中、小城市相互支持、协调发展和共同作用。大城市的经济中心作用在一定程度上表现为城市群的作用。虽然目前我国城市化仍处于以集中型城市化为主的阶段，但由于城市群的兴起和区域经济的发展，在长三角、珠三角等经济发达地区已经面临集中型城市化和分散型城市化同时推进的局面，以及城乡一体化迅速扩展的趋势。

（三）城市发展目标从单一经济目标向“以人为本”的全面发展和综合功能转变

无论在改革开放以前还是改革开放之后，许多城市的功能或者比较单一，或者畸重畸轻，甚至出现城市畸形发展。一些城市过分强调生产功能，片面理解以经济建设为中心，甚至只追求 GDP 增长。资源性城市和工矿城市产品单一，产业结构低级，忽视城市的全面发展和城市品位的提高，不重视社会和谐、文化建设和环境保护，因而出现贫富悬殊、环境恶化、污染严重、犯罪增加、住房困难、交通拥挤等所谓的“城市病”。21 世纪以来，在科学发展观的指导下，逐步地转变城市发展观，坚持“以人为本”的基本原则，以提高居民生活质量为最高目标，调整城市发展方针，加强城市社会文化功能，注重全面提高居民素质，建立科学、文明、和谐的城市。城市不仅在经济建设和经济实力方面发挥引领作用，而且在精神文明建设和建立和谐社会方面发挥示范作用。所以，许多城市近几年在继续加强经济建设，增强经济实力的同时，更加注重社会的发展、环境的治理和文化的建设，以求得城市的全面和谐发展，最大限度地避免和克服“大城市病”。像北京等大城市提出以建设宜居城市作为城市的发展方向和目标。尽管要实现这一目标是一个过程，存在许多困难，需要相当长的时间，但提出这样的目标对北京这样的大城市来说，是城市发展的一个历史性转折，是城市发展观的转变，是城市发展“以人为本”的体现。

（四）城市发展模式从只注重技术和生产力发展向注重城市特色和品牌转变

城市是先进技术和生产力的代表，必须坚定不移地继续发挥这一优势。不同国家和地区的城市，应体现自己的特色和品牌。大城市有大城市的优势，小城市有小城市的特点和品牌。只有充分发掘和发扬本城市的特色和品牌，才能使城市得到更好的发展，技术和生产力的优势得以充分发挥。近 10 年来，中国城市越来越注重其特色和品牌。北京作为中华人民共和国的首都和历史文化名城，应充分利用首都的地位和相应的优势，不仅在经济上全力发展高新技术产业，建立科学园区，率先在全国建立 CBD、总部经济、会展经济、文化创意产业等，而且应加强城市基础设施建设和环境治理，扩大与国际各界的交流与联系，培育与训练居民的国际意识和外交能力，提高居民的道德修养和礼仪水平，体现北京历史文化名城的风尚和国际大都市的特色，创建北京城市新的城市品牌，从而大大提高北京城市的吸引力和知名度。上海、广州、天津、重庆等城市，或利用城市资源，特别是旅游和历史人文资源，或通过特色活动，或制造特色产品，或通过特殊事件等，使之上升为品牌，成为城市特色，吸引全球眼球，促进城市发展。

（五）城市的对外关系从单纯竞争向竞争与合作结合转变

国家之间和地区之间的经济竞争经常表现为城市之间的竞争，特别是大城市之间的竞争。从城市产生之日起，城市之间的竞争始终是异常激烈的。但是，在新的经济发展格局和态势下，特别是经济全球化情况下，竞争与合作成为一个事物的两个方面，竞争需要合作，竞争有利于合作；合作离不开竞争，竞争是合作的基础。这在大城市表现得特别明显，而且形成极其错综复杂的关系。无论是国际还是国内，不仅大城市之间，而且大城市与中小城市之间，都存在千丝万缕的联系，大城市之间的竞争依然异常激烈，但同时也存在着彼此合作和相互依赖。即使在一个经济区内，或城市群内，同样存在竞争与合作的双重关系，不能只有合作而没有竞争，或者只强调竞争不进行合作。竞争促进合作，合作有利于更大范围的竞争。总之，在新的经济格局和形势下，立足于竞争；同时积极推动合作成为大城市发展对外经济关系的准则和趋势。

四、中国现代城市成长管理

中国城市成长管理的具体内容有：

（1）对城市发展区位进行引导或调控。对城市发展区位进行引导或调控是指引导或控制城市的空间成长模式，即明确城市的空间发展方向和区位。

（2）对城市发展时序进行引导或调控。对城市发展时序进行引导或调控是指引导或控制城市的时间成长模式，即明确城市在时间上的发展方向和区位。

（3）对城市发展速度进行引导或调控。对城市发展速度进行引导或调控是指引导或控制城市的成长速率。城市的成长速率的调控要依具体的情形加以判断，如当城市建成区的扩张速率超过城市的人口增长速率时就要控制城市建成区的发展速度；当城市建成区的扩张速率小于城市的人口增长中国城市成长管理问题研究速率时就要加快城市建成区的发展速度。

（4）对城市发展质量进行引导或调控。对城市发展质量进行引导或调控是指引导城市向环境友好型、生活舒适型的方向发展。这也是城市成长管理的终极目标。

五、中国城市成长管理中存在的问题

（一）认识误区

中国城市发展长期以来一直存在着认识上的三大误区。误区之一：认为城市的发展必然引发“城市病”。这是由于新中国成立之初的发展战略中就有“积极推进工业化，相对抑制城市化”的主导思想，加上长期“恐城症”的制约所造成的。误区之二：认为必须严格控制大城市的发展。误区之三：认为城市发展的结果应当是均衡分布、“遍地开花”。这种城市发展认识上的误区导致了长期以来我国城市化的发展进程缓慢。对城市化应有积极的认识，城市化是不发达国家谋求发展的必要条件，是促进经济增长的有效手段。城市化并不是问题，问题在于如何在城市化进程中科学地管理城市发展。城市的快速成长不是问题，关键是如何对城市成长的方式进行合理的调控，注重城市发展的质量，控制城市发展的区位、时序、速度和质量。

（二）政策偏差

中国城市成长管理是在计划经济的背景下产生和发展起来的，由于受认识误区的影响，从 20 世纪 50 年代以后，我国制定了“控制大城市”的城市发展政策，在 1978 年召开的第三次全国城市工作会议上制定了“控制大城市规模，多搞小城镇”的城市发展方针。1980 年，国家城市发展方针进一步完善为“控制大城市规模，合理发展中等城市，积极发展小城市”，1990 年又将城市发展方针修改为“严格控制大城市规模，合理发展中等城市和小城市”，并将其写入我国首部《城市规划法》。[①] 其主要是从户口管理角度而不是从经济社会发展角度制定城市发展方针，导致我国城市发展政策在很长时期内背离了城市化发展的客观规律。事实上，城市化发展进程受自然、经济和社会规律制约，城市规模受多种条件和经济因素制约，不宜人为控制。世界城市化发展，尤其是发展中国家城市化进程的一个显著特点就是大城市增长迅速。

（三）立法滞后

城市发展政策的偏差影响到我国城市管理立法的制定，并导致长期以来我国城市成长管理立法的严重滞后。1984 年国务院颁布了《城市规划条例》；1989 年制定了《城市规划法》，于 1990 年开始实行。随着我国改革开放的不断深化和城

---

① 1989 年 12 月 26 日，《中华人民共和国城市规划法》经第七届全国人大第十一次常委会通过，自 1990 年 4 月 1 日起施行，是我国在城市规划、城市建设和城市管理方面的第一部法律，是涉及城市建设和发展全局的一部基本法，它对建设具有中国特色的社会主义现代化城市，不断改善城市投资环境和劳动、生活环境，具有重大指导意义。自 2008 年 1 月 1 日《中华人民共和国城乡规划法》施行，《中华人民共和国城市规划法》同时废止。

市化进程的不断加快，《城市规划法》出现了许多不适应市场经济以及不适应中国当时快速城市化进程新形势的问题，很多问题一直延续到2008年《城乡规划法》开始实施才逐步得以解决。而美国早在20世纪70年代就开始实行城市成长管理政策，20世纪90年代就已经发展到城市成长管理的"精明成长"时代。我国城市规划立法严重滞后于中国城市化的快速进程，影响了我国的城市规划管理工作。中国城市成长管理立法没有明确城市成长管理的重要性，目标不够明确和具体，系统性和可操作性不强，许多地方存在自相矛盾，而且城市成长管理立法不够完善，这导致我国实施城市成长管理的技术与工具的严重缺乏。

六、中国城市成长管理的对策

（一）把城市成长管理上升为城市发展的公共政策

受历史和政治架构原因影响，我国很少对城市成长管理加以关注，导致了许多城市管理问题的产生。而这些问题的解决则有赖于对城市成长管理政策的重视和相关研究的开展。城市成长管理在国外已经作为城市公共政策来加以研究和实施，并取得了显著成效。在我国，同样有必要把城市成长管理作为城市公共政策的重要组成部分，应借鉴欧美国家城市成长管理的内容、工具、程序和经验，对我国城市成长管理政策进行深入研究，提出各项城市成长管理的方针、原则、措施、计划和行为规范。

（二）加强城市成长管理的区域管制

近几十年来，国外非常重视区域管制在城市成长管理中的作用。早在1967年，美国的明尼阿波利斯—圣保罗大都市区就通过州立法，建立了区域规划机构，以及许多州与州之间的区域城市成长管理机构。我国目前应积极探索城市成长管理的区域管制模式，树立城市成长管理的整体观和集群发展观，防止各自为政，自然开发。尤其是在我国的一些城市群、都市圈，亟须建立城市成长管理的区域管制机构，应明确划定严格保护区、引导性利用区和都市建设区。

（三）建立完善的城市成长管理法律制度

改进我国现行的城市规划法，建立我国城市成长管理的法律制度，充分发挥立法作为城市成长管理的技术和工具功能，以作为应对我国目前城市管理问题的强有力武器。应借鉴国外城市成长管理的工具和立法经验，建立公众参与制度，进一步完善我国的城市成长管理法律制度。

（四）充分发挥遥感与GIS等信息技术手段在城市成长管理中的作用

遥感手段已经是城市管理新的信息源，SPOT全色影像的地面分辨率已经达到10米，印度IRS的地面分辨率已经达到5.8米；IKONOS影像的地面分辨率已经达到1米，可以用来编制1:10000比例尺的城市图。作为城市管理主要信息源的航空相片，可用来编制 1:2000~1:500 比例尺的城市图。GIS 已成为综合管理和分析各种城市管理数据来源的重要工具。应充分利用遥感与 GIS 等信息技术，定期监测我国城市成长的时间、空间模式及其变化，对城市成长进行有效的时序管理。

（五）区域空间发展一体化

我国城市应建立一体化发展的都市区，克服行政区划的束缚，以区域生态资源统一管理、区域资源共享、大型基础设施共建为目标，消除区域内部要素流动壁垒，实现区域整体优势及功能的扩张和高级化。

（六）基础设施协调共享

加快供水排水、供电、电讯、供气、环卫城市基础设施建设，完善城市综合服务功能，建立和谐统一、强大高效的基础设施支撑体系。一是交通系统的协调，完善城市快速路网、过江交通与城市桥梁的建设，加强中心城区与外围经济区的联系。合理利用江岸，协调港口港区分布。二是市政基础设施的协调，按照资源共享和可持续发展的原则，理顺水系，保护水源，合理协调给水、排水设施的布局。确定邮电布局和网络，使之满足远期预测负荷水平的需要。三是整合基础设施，采取共建共享、互利互惠原则。

（七）城市功能整合

城市发展可以以中心城市为核心，交通线为主轴线，外围中小城镇星罗棋布的空间格局，实现产业发展的地域整合。主城区增强产业极化与城市综合服务功能，提高区域影响力，尽快成为区域内经济发展的重要极核与节点，增强区域整体竞争力，而新兴的产业发展区可以向外围城镇转移。

第二章　城市营销概论

城市营销就是利用市场营销理念和方法管理城市，其实践最早始于中世纪的意大利，而现代城市营销的实践则产生于美国。本章首先介绍了城市营销的发展历史及其特质与实施步骤，然后介绍了市场营销学派、规划学派、形象学派和旅游地营销学派四个流派的主要学术思想，最后对我国城市营销实践现状与城市营销学术研究进展状况进行了介绍。

第一节　城市营销基本概念

一、城市营销的发展历史

城市营销实践始于欧美国家，最早产生于14世纪的意大利，其目的主要是为了促进旅游胜地的发展。近代城市营销实践产生于20世纪30年代的北美国家，至今总体上经历了三个发展阶段。

"城市销售"阶段：20世纪30~50年代。"城市销售"以城市土地、风光、房屋及相关产业特别是制造业的销售为目的。也被称作是"烟囱角逐"（Smokestack Chasing）的时代，那时美国南部各城市对生产价值的追求目标比较单一，即吸引工厂、扩大就业，因而鼓吹自己可以比别的城市提供更好的商业环境、更低的商务成本，并且还提供政府财政支持。同一时期，欧洲的一些滨海城市、休养胜地也开始尝试以促进旅游、房地产销售为目的的城市营销。而后在很长的发展阶段里，城市营销的实践基本上属于城市推销的范畴。期间具有标志性的研究成果是美国人迈克朵拉多在1938年出版的著作《如何促进社区及工业发展》（How to Promote Community and Industrial Development），以及哥德和沃德主编的论文集。

"城市推销"阶段：20世纪60~70年代。"城市推销"的特征是重视城市改造更新、形象重塑以及特定领域目标营销，通过竞争分析和市场分析构建城市发展战略体系。该阶段营销的目的是吸引投资商对城市（传统工业城市）的改造进行投资，并通过旅游和文化等相关领域的营销，赋予城市新的历史价值和文化内涵。对该阶段的研究以科恩斯和菲勒的著作最具代表性。另外，贝蒂、布雷克利、霍尔和牛顿等学者也进行了相关类似的研究。

“城市营销”阶段：1980 年至今。“城市营销”突出和强调城市营销的竞争因素、主客体界定、城市定位、城市形象品牌策略以及营销战略组合。该阶段的研究强调在彰显城市特色的前提下，将城市营销的思维深入到合理开发城市产品的途径层面。科特勒等的论著建构了该阶段城市营销理论的概念体系和理论基础框架，无疑成为这一阶段研究的杰出代表。此外，达菲、艾诗沃斯和沃德、梅特克斯、阮尼斯特、李木阳等学者分别从城市规划与管理、城市经济发展与竞争力、地区与城市品牌、城市营销成功要素以及地区与城市文化政策等角度出发对城市营销进行研究，对拓宽和深化城市营销的理论发展贡献良多。

二、城市营销的含义

营销学家科特勒指出，区域或城市的经济动力亦反映在地方开发之上，它决定了该地方是否具有吸引力的特质，并可透过促销手法，将这种特质转化成正面形象，在外部环境中表现出来。他认为成功的城市营销必须做到以下两点：提供产品或服务的城市必须满足购买者（企业和居民）的需求；城市所提供的产品或服务，必须是潜在目标市场（企业和观光客）所期望得到的。营销学家阿斯沃兹和伍格德将区域或城市营销定义为：城市营销是一种过程，过程中的各种活动，必须以尽可能贴近目标顾客群的方式，满足他们的需求。营销目标则是扩大城市更有效率的社会与经济功能。城市营销就是利用市场营销理念和方法管理城市。其中，城市营销的执行者担负着推动城市营销的任务，他们利用营销因素，通过各种营销组合设计，吸引城市营销的目标市场的注意，从而促进地方经济的发展。

三、城市营销的构成要素

城市营销由三个要素构成：

(1) 城市营销主体，主要指城市政府。城市政府既是城市经营活动的领导者、组织者和管理者，又是城市生产、生活、安居以及内外环境的提供者、支持者和保障者，因而同时拥有“城市管理师”和“城市营销师”的双重身份。政府承担着推进城市营销的重大任务，尤其是在世界经济、政治、文化迅猛发展，网络化、信息化蓬勃兴起的大背景下，中央政府对地方政府，尤其是地方政府的经济发展控制力不断削弱，这更加激发了地方政府直接面对各种激烈竞争，通过城市营销手段增强城市竞争力，这就更加突出了城市政府的营销主体地位。

(2) 城市营销的客体。主要是指城市中的消费者，即那些对城市生产、生活、安居环境和发展空间拥有一定消费需要和欲望，同时拥有基本消费能力，且有意向通过消费交换来实现其需求和欲望的所有现实和潜在消费者。城市消费者主要包括一个城市中的企业法人、金融机构、商业组织、科研院所、医疗机构等各类社会组织，以及长期居住人口、暂居人口、外来投资者、旅游观光客等各类人员。

(3) 城市营销的中介要素。是指城市营销者吸引既有的和潜在的城市消费者进入城市，从而使得城市社会、经济、政治、文化蓬勃发展的各种中介因素。中介因素中的一类，也就是我们通常所说的城市环境条件。这主要包括一座城市的交通环境、基础设施、市政工程等城市硬环境，也包括由城市经济活力、制度法规、社会风尚、市民素质等构成的城市软环境。中介因素中的另一类，专指以大众传播的方式服务于城市营销的各种载体，包括 CIS、城市各类宣传品、宣传口号、代言人、城市营销活动等。

四、城市营销的研究视角

（一）城市竞争力视角

该研究领域的学者认为，城市营销与城市竞争力有着密切的联系。城市营销可以为城市在竞争互动的过程中进行合理的定位，突出特色从而吸引目标群体，并且为城市发展营造具有竞争优势的环境，为面临发展困境的城市找到走出困境和振兴经济发展的活力。代表性的理论如卡斯特尔的“新空间逻辑”、哈维的“企业家政府说”、科特勒等的“竞争经验说”、湾顿伯格等的“城市发展‘瓶颈’说”以及国内如北京国际城市发展研究院的“城市竞争力”理论、倪鹏飞的城市竞争“弓玄箭模型”等。

（二）城市形象与品牌视角

该研究领域的学者认为，城市形象与品牌的塑造是提升城市知名度和美誉度的重要策略，其基本思路是首先从城市整体发展的角度找准自身的核心价值和形象品牌定位，然后整合全社会的资源进行长期有效的经营和推广。该理论将城市核心价值以及科学定位的理念引入到城市营销的理论体系中来，成为城市营销迈向专业化的重要标志。代表性的研究如艾诗沃斯和沃德的“城市形象战略”研究、霍尔的“正负城市形象”学说、卫特的“意识形态”研究，以及伽赛姆、思密斯、朵拉多、阮尼斯特、乔远生等对城市地区品牌的研究等。

（三）市场营销视角

该研究领域的学者认为，城市营销植根于通用的市场营销理论，市场营销的概念和工具为城市营销研究奠定了基础。艾诗沃斯等创制了“城市营销过程要素”流程图，科特勒等提出了城市营销战略规划的五个步骤和地区营销战略的四种方法。梅特克斯、李木阳综合了前人的研究，也分别发展出更为详尽和复杂的城市营销战略规划流程，对理论研究和营销实践都极具价值。国内学者最早也是从市场营销的角度入手，从纵向和横向系统研究城市营销的理论框架的，如康宇航、王续琨的城市营销市场细分理论就是其中之一。

（四）城市文化视角

该研究领域的学者认为，城市营销深受社会经济、历史文化等因素的影响，这些影响表现为城市营销的三种战略类型，即当地经济导向的城市营销、地方社区导向的城市营销及地区文化导向的城市营销。李木阳的“SAUNE”要素研究，艾诗沃斯和沃德的“影子效应”以及如科恩斯和菲勒等学者的研究，属于较为典型的文化视角的城市营销研究。

（五）组合体系视角

该研究领域的学者认为，城市营销首先是一种系统化、战略化的决策，其组合体系能否良性运转关系到城市营销的成败。因此，如何制定出地区或城市统一的营销决策，同时又使各方营销主体都认同这个决策而不致发生冲突，足够的组织和协调能力以及合理的机制就显得至关重要。艾诗沃斯和沃德认为，必须诉诸战略的研究和规划，进行城市营销组合体系的研究。代表性的研究如阮尼斯特城市营销的“九大成功要素”、[①] 伯格等的“城市服务营销组合”、梅特克斯“5P”组合概念以及艾诗沃斯和沃德提出的“(P-S-O-F) 地理营销组合”。另外，科特勒等对城市营销组合也有类似的表述，而李木阳创立的“OIPTC”地区和城市营销组合新概念，也为地区或城市营销组合的研究做出了积极贡献。

五、城市营销的特异性

城市营销的特异性，即与一般的企业营销的区别主要在于：

（一）营销的范围不同

城市是一个复杂的空间组合体，城市营销是把城市的整体形象和发展理念捆绑后进行的整体性营销，是对城市环境整合后进行的营销活动。一般企业营销的产品是一个个单体形式的商品，或者是一项项具体的服务，这些都可以用单位数量计算出来。

（二）产品分销的可达性不同

在企业营销中产品分销是不可或缺的营销策略。但在城市营销里，城市区位

① 阮尼斯特 2003 年总结出城市营销的九大成功要素，即规划机构、愿景和战略分析、地区识别和地区形象、公私合作、政治一致、全球市场、本地发展、过程协同和领导力。

的固定性决定了城市营销是将城市区位产品与城市顾客相交换，即城市产品与城市消费者相交换必须在城市内进行，城市产品以城市为载体，离开城市就不存在城市产品，因此城市营销就没有产品分销。

（三）产品的所有权不同

城市产品作为一个整体性的公共产品，无论是有形的还是无形的，是免费提供的还是有偿服务的，都不为特定个体所有，具有非排他性的特点。因此不同的城市消费者可以多次重复使用城市产品。而企业产品最终要归属于某一特定个体或群体，具有排他性，因而企业必须不断地大量生产满足消费者需求的产品。

（四）营销主体的职能要求不同

城市营销者主要是通过提供优质的服务，吸引更多的城市消费者，从而实现税收收入的最大化。城市的服务性要求城市营销者以营销“环境”为主，如各种政策、法律法规的制定，城市的社会公共事业和基础设施的建设，城市的生态环境保护等。因此，企业经营者的职能主要是经济职能，而城市营销者的职能主要是整体性职能。

（五）营销策略选择范围不同

城市营销中，由于营销主体是城市（政府），所以相对微观层级的企业来说，中观层次的营销主体可控制因素的范围将会更加广泛，除了可以积极面对微观市场环境之外，还可以通过城市（政府）的努力来影响甚至改变宏观环境，使营销主体的营销策略选择范围更加广泛。

六、城市营销的实施步骤

（一）城市营销环境分析

城市营销环境，是指对城市营销有直接或间接影响作用的所有方面。城市营销环境分析的目的，是要识别环境中影响城市营销的主要因素及其变化趋势，进而发现环境中的机会和威胁，并以此为基础建立城市营销的战略能力。城市营销环境，主要包括三个方面：城市营销的国际环境、国内环境和区域环境。

（二）城市优势和劣势分析

城市优势就是一个城市客观存在的比较有利于吸引城市消费者，促进城市发展的政治、经济、自然、技术等一系列因素的总和。发挥城市优势，转化和回避城市劣势，这是指导城市营销的重要原则和方法。影响城市优势的形成，主要有四个方面的因素：自然资源、经济条件、城市位置和政策制度。

（三）城市营销目标市场的选择

每座城市在经营过程中都不可能满足所有城市消费者的需求和欲望。一座城市的经营目标只有集中于有限的城市消费者市场，才有可能在目标市场上形成竞争优势。为此，城市营销者应运用城市营销市场细分策略进行目标市场的准确定位，确定适合自己城市发展的目标市场，从各方面培养和强化自身的特色，塑造特定的城市品牌形象，以求在顾客心目中形成一种特殊的印象和偏好。

（四）城市营销组合策略制定

在整个城市营销中，塑造城市环境，满足城市消费者需求，需要有一系列的营销手段。这些营销手段也叫营销变量或营销因素，也就是在整个营销过程中，城市营销者可以控制、改变、利用的因素。城市营销者在进行营销决策时，往往把这些因素综合起来考虑，形成系统的营销组合策略，即城市营销者针对目标市场的需求，结合自身的优势、劣势和营销环境的分析，对自己可以控制的营销因素进行优化组合和综合运用，使之协调配合，扬长避短，发挥优势，以便更好地实现营销目标。由于城市营销的特异性，城市营销组合策略只包括产品策略、价格策略和促销策略。

第二节　城市营销的主要学派

随着市场经济在全球的推广和深化，营销学理论开始关注其城市，认为城市能够运用市场营销原理来大胆勇敢地推销自身，就像一个市场竞争的企业，这个营销行为将成为城市的转型发展战略的关键特征。西方城市营销理论可以划分为四个主流的学派，各学派对城市营销有着不同的理解与概念界定。这四个学派分别是：认为城市营销的出发点为经济发展从而侧重城市营销的经济目标的市场营销学派；强调城市营销是城市规划的重要手段与城市变化调整产物的城市与区域规划学派；将城市营销理解为城市形象形成与传播过程，从而对城市产品的购买者或顾客群体产生非常重要的影响，所以着重强调城市营销开始于地方形象设计的城市形象学派；将城市营销理解为旅游地推销的旅游地营销学派。

一、市场营销学派

市场营销学派城市营销理论以菲利普·科特勒（Philip Kotler）为代表，由科特勒、海德（Donald H.Haider）等学者共同完善。因为这些学者主要集中在北美地区，因此，又可称为北美学派。该学派对城市营销的起因、什么是城市营销、如何营销区域（目标市场、营销主体、营销要素），以及城市营销的战略性市场规划过程等问题进行了阐述。该学派强调将城市作为一个企业来经营，多从城市

经济发展的角度出发，侧重于研究可执行的城市营销战略建构和推广过程，将经济发展视为城市营销的终极目标，因而该学派属于实用营销战略理念的理论类型。北美的学者，如科特勒、波特、卫特等都是该学派的代表人物，其中以科特勒等的“场所营销”概念影响最大。

（一）城市营销兴起的困境说

在其代表性著作《场所营销》（Marketing Places）之中，作为市场学派的代表人物，科特勒提出了著名的困境说。科特勒认为，城市营销兴起的根本原因是困境区域（Places in Trouble）的出现。由于区域内外的种种原因，困境区域发展中具有普遍性，大量成长中的地方——城市、区域甚至整个国家——都会或多或少处于某种不良症状之中，而且同历史文化背景和经济发展状况的区域具有不同的问题。当然其中一些区域比另一些区域的问题更严重，科特勒把这样的区域称作困境区域。

弥勒（Rich Miller）的研究指出，美国 50 个州中接近 2/3 的州和美国 5000 个城市中接近 3/4 的城市面临财政赤字。而在美国城市 1991 年的财政审查中，国家城市联合会发现大多数地方财政收入与支出不平衡，从而导致失业增加和服务业萎缩。困境区域不仅直接表现为财政问题，而且产生一系列不良现象，包括人口和产业的外迁，从而使得建立在此基础之上的学校医院和其他公共设施退化，犯罪和毒品活动猖獗，这反过来又进一步加剧了困境区域问题的严重性。在当今世界全球化日益深化的过程中，这种区域困境无论是对发达区域还是对发展中区域而言，都是严峻的挑战。

为什么区域会陷入困境呢？任何一个区域都不可避免地受到内部增长和下降的循环规律，以及它所不能控制的外部震荡和力量的影响。科特勒等从区域内部力量和外部力量两个角度，详细分析了区域陷入困境的原因。

1. 区域内部力量引致区域陷入困境

科特勒描述了区域经济周期性增长过程中出现困境的正反馈机制，认为许多区域都将经历增长期和衰退期的反复循环：因为增长“种下了毁灭的种子”，所以增长期不可避免地要结束，同样衰退期也由于不同的原因会结束。科特勒等描述了城市增长和衰退的动力机制，他们认为，当城市产业处于成长阶段，具有宜人的气候、美丽的景观等，是吸引人的；但随着工作机会增多和生活质量提高，该城市会吸引新居民、游客、投资者和企业进入，人口和资源的流入会增加城市财政收入，从而现有基础设施和社会服务设施投资也随之增加；但过多的人口和企业流入会造成城市住宅等基础设施成本增加，进而引发企业和居民外迁，城市财政收入因而减少，城市吸引力因此受到影响，城市由此进入衰退期。

当一个城市开始失去它的吸引力时，相关因素也会产生连锁反应，从而导致困境进一步恶化。也就是说，由于某种原因（往往是基础设施的恶化或衰退期的到来），城市主要企业或产业开始外迁，产业利润下降，失业率提高，城市基础设施恶化，继而促使人口和产业外迁，旅游、会展活动、商业活动减少，银行信贷收缩，导致城市出现大量破产，犯罪率上升，社会保障需求剧增，城市形象逐渐恶化。此时，政府需要通过增加税收来改善基础设施和满足社会保障需要，而这将反过来进一步加速人口、产业等城市重要资源的外迁。这种环环相扣的正反馈机制将引发城市吸引力下降的偶然或非偶然因素锁定并放大，引起城市的整体衰退。

2. 外部力量引致区域陷入困境

科特勒认为，区域往往受到它不能够控制的外部环境力量的重大影响，这包括三大方面：快速的技术改革、全球性竞争和政治权力的转移。

（1）快速的技术改革是区域陷入困境的第一个原因。技术上的进步使影响人们生活、工作和交流方式变化的最大潜力得以释放。熊彼特指出，技术变革进程将不可避免地伤害到某些特定产业，快速的技术变革会导致经济的"创造性毁灭"（Creative Destruction）。汽车发明在淘汰了马车的同时，也促进了高速公路、加油站、"汽车餐馆"和"汽车影院"的产生，推动了石油产业的发展。石油产业的发展催生了诸如尼龙、人造纤维等合成产品，但却使社会降低了对棉花及布纺织品的需求，因而损害了那些依靠自然纤维谋求发展的经济体的利益。新技术的出现必然会导致建立于旧技术基础上的产业衰退乃至消亡。互联网、传真机、手提（掌上）电脑使公司能够以更低的成本移动。在美国，旧观念中曼哈顿代表金融业、洛杉矶代表电影业、底特律代表汽车业可能已经不再正确。现实的图景是，金融业已经移向新泽西州和堪萨斯州，电影业已移向奥兰多等地，汽车业移向田纳西州和墨西哥。

（2）全球性竞争是区域陷入困境的第二个原因。20 世纪 70 年代以来，区域竞争全球化成为区域经济发展的重要特征。正如前文所述，以前自给自足或者联系甚少的城市、区域乃至国家，开始成为一体化全球经济中的相互依存的特定部分。随着金融、通信和交通技术的快速发展，一个区域乃至很小的极其偏远的区域都有可能受到全球经济的影响，成为大量全球性竞争者中的有生力量。在这一背景下，城市很大程度上已经成为其特征和价值都需要设计和营销的产品，不能够成功营销自己的城市将面临经济停滞和衰退。当前，全球经济正处在由传统经济向新经济转变的时期，所有的区域都不可能避免地受到全球新经济的刺激和推动。

（3）政治权力转移是引致城市困境的第三个重要原因。技术进步和全球竞争引发了市、州、国家各级政府在解决区域困境和产业发展中的角色定位问题展开了广泛的争论。关于全球化时代的政府角色问题，至少可以分为三个阵营：一是保护主义，即利用高关税和配额保护已经建立起来的产业和地区，特别是衰退的产业和地区；二是政府行动主义，即主张政府积极制定产业政策确定和扶持对未来发展有利的产业；三是自由贸易主义，即政府应当取消保护主义和产业政策，由市场选择并形成产业体系。

美国在 20 世纪 70~80 年代，联邦政府和地方州政府的权力转移变化说明，在激烈的竞争中地方政府具有更大和更有效的灵活性来寻求发展。“美国哈佛大学机器人帝国”（Harvard's Rorbert Reich）—— 一项在 20 世纪 70 年代颁布的产业促进政策的实施过程，较好地证明了因为中央政府太大而失去了其有效性，以至于后来中央政府不得不废弃在州级和地方的经济管理权。20 世纪 70 年代，美国的政策制定者们就是否应当更大程度地参与扶持困境区域和产业展开了激烈的争论，而到 20 世纪 80 年代后这种争论消失了。实践证明，如此开放的美国经济、高速流动的资本、富有弹性的交换利率已经改变了国家经济政策的有效性。因此，在快速变化的世界经济中，联邦政府找到一个州或地方的具有增长潜力的产业是非常困难的，区域已经强烈受到快速变化的技术、全球竞争和政府内部权力转移产生的力量的影响。不仅政府等组织机构必须有效地应对所面临的种种挑战，区域本身也必须做好足够的准备来预测区域可能发生的事件。

（二）城市营销的“三元组模型”和“三确定论”

科特勒等经过深入研究世界各国城市竞争经验之后，提出了城市营销的概念框架和基本理论，称之为“三元组模型”和“三确定论”。

1. 城市营销定义

即“三元组模型”。科特勒等认为，所谓城市营销，即将地区视为一个市场导向的企业，将地区的未来发展远景作为一个吸引人的产品，通过强化地方经济基础以及更加高效地满足和吸引既有的和潜在的目标市场（主要包括产业、投资者、定居人口、观光游客和会议人士等），来主动营销地区的特色。区域营销主要策略包括地区战略营销和复兴经济发展，由此重建区域基础设施，创造与吸引高素质人才，刺激地区企业组织的扩展和成长，发展强有力的公私合作组织，界定和吸引与区域互动并相互依存的公司和产业，创造地区独特的区域魅力和友善、亲切的服务文化等，同时实施有效的促销行动。

科特勒等认为，由于区域在历史、文化、政治、领导阶层和公私关系管理等方面存在差异，不可能有两个区域以相同的方法确定它们的产品、实施它们的计划和战略，也不存在治理区域的万能灵药。但是他们认为，战略性城市营销是最合适和最有效的解决途径。科特勒等分析了城市营销的层次特点，提出城市营销系统的“三元组模型”，即城市营销包括规划组（地方政府、居民和商业团体）、营销要素（基础设施、吸引物、形象和生活质量、人群）和目标市场（出口、投资者、制造者企业总部、新居民以及旅游者和娱乐者）三个层次。其中，规划的关键是诊断、远见和行动。

2. 如何营销城市

科特勒等根据“三元组模型”，提出了推进城市营销的“三确定理论”，也就是城市营销需要着重解决三个主要问题：目标市场定位、城市营销者定位和城市营销的战略方法。科特勒等认为，一般情况下，营销者首先应该区别可能吸引城市的三种类型的群体：值得吸引的人口和商业活动；城市能够吸引的但不需要专门确定的人口和商业活动；城市应该避免和阻止的人口和商业活动，如出狱的犯人、贩卖毒品者、赌博成瘾者，以及可疑的商业活动。不过在事实上，世界上仍然有一些特殊地方，像美国的拉斯维加斯、亚特兰大等城市，吸引与最后一类相似的产业或人口。

（1）确定主要的目标市场。一个城市应该确定四类主要的目标市场：一是城市访客，主要包括商业访客和非商业访客。商业访客是指参加商业会议者、区位检查者以及购买和销售者；非商业访客是指旅游者或旅行者。二是城市居住者和劳动者，包括：科学家等专业人才、技术性与非技术性劳动者、非劳动力居民、投资者、企业家。三是城市商业和产业，包括重工业、一般制造业、会议与高技术等清洁产业。四是出口市场，国内其他区域的市场和国际市场。

科特勒等认为，对访客目标市场定位，一个关键点是城市必须开发一系列面向访客的目标和战略而不是随意地开展促进活动。一个城市一旦确定它所要吸引的访客的类型和数量，就应开始建设基础设施，以使访客来到本城市可以获得其所期望的服务。然而，很多城市因为没有明确自己的目标人群，而使建设的宾馆、道路、休闲等基础设施与实际需求存在显著差异。

对商业和产业市场，城市必须确定所寻求的产业群及其类型。一个城市应当确定是建立多样化的经济结构，还是集中力量培育几个专业化的产业。一个城市可以通过四种途径发展或强化其商业和产业：一是必须能够留住目前的商业和产业，至少是它希望留住的那一部分；二是城市必须制订明确的服务计划，帮助现有经济活动不断扩展；三是城市必须使企业家能够更容易开展新的活动，包括发展新经济中介培训企业人才、鼓励地方银行为新经济活动提供贷款、发展风险投资机构、推动研究与制造园区发展等；四是城市能够逐渐吸引外部企业或工厂迁入本区域。

出口市场反映的是一个城市服务于其他区域、人口和商业的能力，每一个城市都应鼓励地方产业、企业增强它们的销售能力，以服务于国内其他市场和国际市场。一旦一个城市为一个产品线获得了一个强有力的商标，这种积极的形象将会转移到相关的产品线上。城市应该设计一种形象来帮助提升它的产品在出口市

场的形象。此外，区域政策也应该很好地促进城市出口市场的发展。城市还应仔细考虑其产业和市场的多样化。当然，如果是一个很小的城市，就应仅仅集中于一个特定的出口市场。

（2）确定城市营销者。科特勒等指出，城市的主要营销者（营销的不同层次的主体）包括地方营销者、私有部门营销者、大城市营销者、国家营销者和国际营销者五大组成部分。而在城市营销中，应该首先注重地方的公共管理部门和私有部门在城市营销中的作用，特别是协调这两类部门之间的合作关系，这也是营销过程中需要重点处理的环节。

（3）确定营销城市的战略方法。科特勒等指出，可以通过四个主要的营销城市战略方法来吸引访客和居民，建立城市产业基础并增加出口。城市营销战略方法包括形象营销、吸引力营销、基础设施营销和人的营销。

形象营销战略。形象营销应该由一个广告公司或公共关系公司辨别、开发和传播一个强有力的积极形象。形象营销是把城市现在的特征传达给其他区域。形象营销的效果取决于一个城市当前的形象及其属性。一个地方可能会具有以下六种形象中的一个：积极形象（能够给予一个积极印象的形象）、消极形象（给予消极、反感乃至厌恶的形象）、软弱形象（由于城市小或缺乏营销观念而造成的城市形象）、混合形象（大多数城市是由积极形象要素、消极形象要素的混合作用形成的）、矛盾形象（少数城市在不同的受众中形成了相互矛盾的形象）、极具吸引力的形象（一个人口、产业相当集聚的城市往往具有这种形象，但是如果城市不关注形象的传播，可能造成反面效应）。

吸引力营销战略。仅仅依靠改善城市形象以实现城市繁荣是不够的，还需要一些特定的特征来满足定居者，吸引外来者。一些城市具有天然的吸引力，比如夏威夷拥有四季宜人的气候；一些城市受益于遗留的历史建筑；还有一些城市具有世界著名的建筑物；等等。

基础设施营销战略和人的营销。包括水、空气、交通、住房在内的基础设施是城市发展的现实基础。此外，人的营销战略也非常重要。在选择目标市场时，城市必须考虑城市人民可以给人感觉到的一些特征，因为本区域人民的形象会直接影响潜在市场是否会对城市感兴趣。应鼓励人们善待、体谅城市访客和新的居民，同时应该不断提高城市人民的技能，以适应新的目标市场。

（三）城市营销过程的战略性市场规划论

科特勒等认为，城市营销是一个战略性市场规划过程，其中包括五个相互联系的战略步骤。

1. 关于规划群体

科特勒认为，规划群体主要由地方和城市政府部门、商业界和市民构成。

2. 导入区域审核

确立了规划群体之后，就是导入区域审核。区域审核就是通过系统地分析区域经济、人口统计等方面的优势、劣势，以及发展中面临的机遇和挑战，为城市明确主要的问题和构建具有潜在吸引力的未来图景提供基础。首先需要分析城市经济的人口统计特征，明确城市的主要竞争者、城市发展的主要趋势，然后分析城市的优势和劣势。科特勒以底特律为例对城市优、劣势分析进行了说明。由于城市所具有的优势和劣势在城市发展中的重要性并不相同，因此，一个城市没有必要一一列举它的优势和劣势。但是，必须深入分析那些对目标市场认知和行为具有重要影响的优势和劣势，这对明确和改善城市形象具有重要的作用。

分析城市的优、劣势后，还要明确城市面临的机遇和威胁。科特勒认为，优势和劣势对一个城市而言是内部的，而机遇和威胁则来自外部。所谓机遇，就是一个城市具有获得竞争优势的好的机会。所有的机遇都必须根据它们的吸引力和成功的可能性进行评价，最好的机遇具有本质上的吸引力和更高的成功可能性，这正是城市需要开发和利用的机遇。相反，那些最差的机遇则是完全可以忽视的。此外城市还面临各种威胁，威胁是给城市带来不利影响或者侵蚀城市发展条件的外界环境。同样可以依据威胁的严重性和发生的可能性进行分析和评价。一个理想的城市，面临着重要的机遇并且成功的可能性高，而且其主要的威胁发生的可能性很低；一个投机性城市就是同时具有很高的机遇和严峻的威胁的城市；一个成熟的城市则具有低的机遇和威胁；而一个困境城市具有低的机遇而面临高发性的主要威胁。

3. 确立城市前景和目标

在分析城市的优势与劣势、机遇与挑战的基础上，要明确城市的主要问题，然后才能确定城市发展的前景和目标。

优势、劣势、机遇、威胁（SWOT）分析是城市战略规划者确定城市面临的主要问题的基本前提。这些主要问题包括产业方面的（制造业和服务体）、基础设施方面的、就业方面的、生活环境方面的，等等。不同城市的主要问题也存在差异。在确定了主要问题后，城市营销规划者就可以依据 SWOT 分析结果确定城市的远景和目标。城市远景是城市公众对城市今后 10 年或 20 年之后的期望。对任何一个城市而言，提供两个或多个可供选择的主要的远景进行讨论是很重要的，并且每个远景都应有相应的保证措施和风险预测。远景不仅是一个潜在的增长途径，它应该包括：哪种产业组合对城市更有意义？建立于一种还是两种产业集聚之上？什么样的土地利用和住房开发对城市意义更大？产业是集聚在工业园区吗？何种公共服务业由地方政府提供？何种公共服务业由私人提供？公共服务业如何纳税？等等。相应地，城市还需要制定特定的目标，每个目标都需要相应

的重要性描述和时间进度设计。

4. 形成城市营销战略

根据科特勒的论述，可以将城市营销战略分为城市促进战略和城市形象战略。城市促进战略是城市营销战略一个不太重要的环节，但是却有利于城市购买者及早发现城市的问题和不足（在问题和不足中同样存在良好的商机）。城市形象战略是指城市的形象设计和形象传播。

（1）城市促进战略。城市促进战略包括四大促进战略：城市设计促进战略、城市基础设施促进战略、城市基础服务促进战略以及城市吸引力促进战略。

城市设计促进战略。城市设计解释了地方的特征以及这些特征是如何一代一代地传下来的，还说明了城市设计和决策是如何影响城市发展的。科特勒以美国为例说明了城市设计的促进过程。一个地方的促进战略可以通过教育、培训地方的公共部门人员，从而提高城市设计水平。此外，很多城市积极地开展了城市复兴计划，并重新思考稀缺资源、环境、法律对时尚的限制等。这就要求城市设计需要远景观念、需要融合新老观念、重新评价城市的特征，以留住企业和居民、吸引投资和商业。

城市基础设施促进战略。城市设计仅仅是提供了一个城市发展的基本框架，而基础设施促进战略则使得设计有可能实现。为了维持城市生活和支持城市经济持续发展，需要城市不断地进行基础设施建设，积聚持续发展后劲。基础设施促进战略需要注意以下几个问题：基础设施的评估、基础设施的管理、政府内部规划、环境管制，以及地方发展与基础设施开发的一致性。在基础设施建设方面，每个城市都需要评估它的主要基础设施的年限、条件和维修计划，以及通过 5~20 年的计划来复兴或重建。在基础设施管理方面，马克·杜威曾经指出，未来更可能获得和维持大多数业已存在的基础设施，并且基础设施管理成本将会下降，从而使公共基础设施更适合生活需要，这些是科学技术发展所能保障的。现在越来越多的更好的材料、技术和设计方法运用到设计中，通过材料的改良、质量的控制和设计方法的改进来提高建筑的质量或水平。与此同时，基础设施的管理也就需要更好的评价方法和管理系统。因此，规划和计划要求运用更好的预测、预算和项目开发技术。在环境管制方面，科特勒等主要探讨了汽车造成的环境污染，以及通过提高科技水平改善交通系统、增加汽车税收、提高汽车价格等方面改善环境。此外，科特勒还指出，城市发展与基础设施开发在时间上要保持一致性，以确保城市协调发展。

城市基础服务促进战略。良好的城市公共服务基础设施是城市竞争优势的给定条件，其主要包括保护居民及其财产和改善教育的政策与法律体系的稳定计划。

城市吸引力促进战略。这里所指的城市吸引力是指具有吸引居民、新居住者、访客和不同产业以及投资者的覆盖区域的自然特征和事件。需要考虑的吸引力因素主要包括自然环境特征、历史和著名人物、市场潜力及其特征、文化吸引力、娱乐和消遣、体育运动盛会、重要事件七大方面。通常可按照无吸引力、单一吸引力、几种吸引力和多吸引力等多个等级来分析这些要素的作用力。

值得特别强调的是，城市的居民在城市促进战略中具有特殊的作用。他们能够通过多种途径营销城市的吸引力。城市外部的居民往往从城市居民身上获得城市特定的形象，并对城市形象往往造成深刻的影响。城市的居民也是城市产品的重要组成部分。但科特勒等对作为城市产品构成部分的人，没有展开探讨。

（2）城市形象战略。城市形象是影响居民和商业对城市响应的决定性因素。城市形象管理需要考虑五个方面的问题：什么决定了城市形象？如何衡量城市形象？设计城市形象的方针是什么？传播形象的工具是什么？一个城市如何纠正消极形象？

什么决定城市形象？城市形象是人们对一个城市的一系列信念、观点和印象的总和，是大量与城市相关的联想和信息的简练表达，是意识关于城市的大量数据加工和去粗存精的产物。

如何衡量城市形象？城市形象评估一般有两个步骤：第一步是规划者选择一个目标受众（包括居民、访客、工厂、公司总部、企业、投资者和外部购买者），这个目标受众必须在一般特征、爱好以及观念上具有容易识别的特征；第二步是根据相关形象属性衡量受众者的感觉。

要形成一个有效的城市形象，必须遵循以下五个方针：①必须是有确实依据的；②必须是可信的；③必须是简单的；④必须是具有吸引力的；⑤必须是特殊而出众的。城市形象设计管理者可以应用三类工具有效传播城市形象：第一类是口号、话题和立场；第二类是视觉象征；第三类是事件和行动。一旦出现消极的城市形象，就可能存在许多非人为所能左右的因素，比如地震、台风等。此时，可通过三种办法来纠正城市的消极形象：一是从消极形象中设计一个积极的形象，即首先确认某一问题，然后把这一问题从消极转化为积极；二是通过营销城市的偶像纠正消极形象；三是采取措施改进消极因素。

（3）城市形象的分配战略。城市形象的分配战略主要解决八个方面的问题：一是谁是主要的目标受众。主要目标受众是根据城市形象的特征和营销目的确定的。二是能获得的主要的影响工具是什么。包括广告宣传、直销、促销、公共关系、个人销售，此外，还可以将电视、歌曲、体育运动等作为重要的影响工具。三是能获得的主要广告媒体途径及它们的特征是什么。四是选择特定的媒介的标准是什么：第一个标准是最容易接触到的媒体，一般指这一媒体的单一信息所能接触到的人的数量；第二个标准是信息暴露频率；第三个标准是效应。五是怎样确定传播信息的时间。一般是在受众感兴趣的季节进行广告宣传，有三种广告模式：爆发式广告、持续性广告、间歇性广告。六是如何开发多种媒介。七是如何评价传播结果。八是如何处理相互冲突的媒介资源和信息。另外，还应注意处理媒体组织的关系，适时评价和调整广告媒体。

5. 行动计划及其实施与控制

进行组织规划，分析城市的优势、劣势、机遇、威胁，并在此基础上制定城市战略性营销策略，目的就是形成一个适合于城市并促进城市发展的行动计划，以吸引旅游者、商人、投资者和居民，扩大城市的访客市场和商业活动范围，拓展城市的出口市场。城市的目标市场可以是一个或多个的，因此，城市必须充分发挥城市优势，利用城市面临的机遇，选择符合城市的战略性营销策略，制定切实可行的行动计划与调控措施，提高城市形象和增强形象吸引力。

（四）国家营销论

1997 年科特勒与贾特斯里皮塔克（Somkid Jatusripitak）、米辛希（Suvit Maesincee）合作出版了《国家营销》(The Markeing of Nations)，从而将城市营销的理念与方法进一步扩展到国家层面，提出将国家看作一个特殊的城市或企业，采取营销战略方法促进国民财富的增长。国家营销论是市场学派城市营销理论研究的新进展。

科特勒等认为，可以将国家视为一个特殊城市或企业，国家营销是国家创建财富的新的战略方法。他们认为，我们希望一个国家可以像一个企业一样经营，这样，这个国家就可以通过采用战略市场管理的方法而受益，这并不是忽略管理国家过程中更为复杂的文化和政治因素，也并非说一个国家应该像苏联那样实行计划经济管理。战略市场管理是一个持续的自我纠正的过程，它一直在思考：国家将向何处去，想要去何方，如何更好地达到目标。

科特勒等提出了国家在决定最佳发展途径时都必须考虑的若干问题。在国家营销理论中，科特勒等解决了四大问题：

(1) 回答了为什么在国家经济发展中引进营销理论和方法，这与其在《地方营销》中的解释是一致的，只不过又从当时（1997 年）世界经济发展趋势以及国家公共政策所面临的困惑等角度进行了补充说明。

(2) 进一步强调了优势与劣势、机遇与威胁在国家战略形成中的作用。

(3) 提出了国家的战略图景（国家将要做什么）和国家战略安排（国家如何去做）。“优劣机威”分析是国家战略远景和国家战略安排的基础；从国家内部和国家外部的角度系统探讨了“优劣机威”分析策略。国家战略安排主要包括国家的基础设施战略安排和国家产业战略安排，这是国家营销理论和方法的重点内容。

(4) 提出了企业的角色是为国家寻求创造财富的机会。一个企业不仅为公司、员工、国家创造利益，而且为相关产业创造机会。科特勒等还提出，国家管理部门应该制定完善的企业发展战略和政企合作发展战略，以促进企业发展与国家战略安排相一致。

可见，以科特勒为代表的市场营销学派主要从工商企业市场营销的理论背景出发，主张把城市或国家视为一个可经营的企业，强调市场的战略管理过程在城市或国家营销中的应用。他们以城市困境作为理论的逻辑起点，以困境起源说、体系结构的三元论和三定论、操作手法的战略性市场规划论以及国家营销论四大理论为核心，构筑了自己的城市营销理论体系。他们认为城市营销是突破城市困境、积累国民财富的战略手段，并通过大量的案例研究，对城市营销理论与实践的一系列问题进行了深入阐述，为城市营销研究奠定了理论基础。

二、规划学派

规划学派，又称欧洲学派，代表性人物包括阿什沃兹和伍格德、范登伯格和布朗恩、荀德和瓦德等。规划学派以城市作为主要研究对象，强调城市营销是城市变化与调整的产物，也是城市规划的重要手段。他们着重就城市营销的起因、含义、作为规划工具的使用，以及城市营销过程等问题进行了系统论述。

（一）城市营销兴起的城市变动说

规划学派主要从城市发展变动、公共管理部门的规划变革、城市的竞争与联盟三个相互影响的方面，探讨了城市营销产生与发展的原因。阿什沃兹与伍格德、范登伯格与布朗恩先后对这一命题进行了探讨。其中，前者以城市的发展过程为核心，主要从城市经济特征的变化、城市公共规划的变化和全球化时代城市之间相互关系的变化三个方面对城市营销的起因进行了系统阐述。

1. 城市经济特征变动

规划学派指出，后工业社会（至少在西方）城市将会发生两个主要变革：一个是城市发展的变动，另一个是地方和国家政府对城市发展变化的态度的变化。无论是发达的资本主义社会，还是后现代主义社会，在过去的几十年中，至少有三个方面的变化改变了城市经济的本质以及城市发展的过程：

(1) 生产产品的转变，也就是城市的非工业化过程和满足个人娱乐、教育、文化和爱好等的高品质服务产品行业的兴起。

(2) 产品和服务如何进行生产的组织变革，使得城市作为生产中心和集体消费中心的功能，以及与公共服务的目标和私人产品服务目的之间的区别变得难以划分。

(3) 城市发展中最主要的变化是逐渐增强的生产区位自由选择不再受空间距

离摩擦的限制。这些城市经济功能上的变化将伴随着相关的个人工作、家庭结构、消费模式、居住选择，以及彼此之间相互作用，都在发生变化。城市社会因此变得更加多样化和个性化，消费模式变化更为迅速。以下两个最主要的城市特征对城市发展具有关键意义：一是城市宜人性，即在城市自然和人造环境上令人赏心悦目；二是城市的感受与形象，它通过影响城市的生活、工作、休闲或投资行为而成为决定城市经济行为成败的关键因素。

2. 公共管理部门的规划变革

阿什沃兹和伍格德指出，城市经济发展的变化及其对城市性质的影响，并非必然导致城市规划的反应，两者的变化是巧合的；公共规划思想的变化则鼓励规划管理部门响应城市的发展变动。

公共规划思想的变化是与政府角色的转变直接相关的。“二战”结束后，欧洲城市需要大规模重建，加上对这种重建干预的普遍要求，重建过程只能通过公共部门来管理，因此，大多数欧洲国家对政府引导具有很大的期望。但是，在20世纪60~70年代，随着城市规划的不断发展，相关法规和管理制度的不断完善，城市规划系统也不断地扩张和复杂化，从而不可避免地产生了低效和失灵现象。特别是在引入了所谓的公众参与措施以后，规划系统变得既不能有效地协调各个城市利益团体之间的相互关系，也不能恰当地协调专家与管理部门之间的关系，公共规划变得更加复杂与低效。

20世纪70年代以后，这种规划受到来自规划界内外的越来越多的批评。因为这种规划实际上是一种以设计为导向的规划，往往应用越来越多的设计师的规划方法和技术，并且把改进规划作为一种管理任务，却越来越不能满足社会发展的要求。因此，自20世纪80年代以来，城市公共规划思想更加趋向于关注市场导向的途径。市场导向的规划暗含着思维模式的转变，例如，市场规划重点转向关注一定的目标群体及其竞争，而不是利益群体及其相互协调。市场导向的规划不仅包含组织实施城市空间开发的策略，而且包括经济促进的战略，是一个长期性的规划实践过程。

3. 竞争世界中的城际关系

在全球化过程中，城市面临四种竞争格局，即流行联盟、形象和分支部门定位、国际联盟平台以及国际竞争的国家计划。

（1）流行联盟方面，从大众反应到可接受的居住条件、环境品质、私人安全等不同属性所构造的主要城市的流行联盟的公布，在美国已经进行了长期实践。这种划分等级的结果像国家运动事件一样被评价或宣传。

（2）形象和分支部门定位方面，随着生产和消费方面国际化与专业化水平的不断提高，城市成了国际市场运作中的公共或私人活动的区位，城市的设施因此成为必须予以关注的重要的吸引力要素。这些要素包括城市形象的适宜性，地方文化乃至语言的特性，以及一系列有关健康、教育、住房等地方设施的宜人品质。这样，城市的规划及形象设计就更加专注于特定的使用者，并通过规划设计来影响和促进城市适宜属性的改善。

(3) 国际联盟平台方面，法国政府统计部门以一个更加广泛和雄心勃勃的趋势描述洲际范围的城市竞争，它把欧洲的城市划分为欧洲的首位城市（伦敦和巴黎）、头等联盟（包括米兰、罗马等八个城市）、二级联盟（包括曼彻斯特、柏林等 11 个城市）、三级联盟（包括伯明翰、里斯本等 20 个城市）。这里的城市被认为在特定的州的市场范围内的竞争，以及作为一个国家与另一个国家的一定程度上的竞争，这意味着需要通过国家层面上的基础设施的改进，以支持城市政府参与市场竞争。

(4) 国际竞争的国家计划方面，阿什沃兹和伍格德以芬兰第四次国家计划说明了国际竞争的影响。该计划尤其关注芬兰西部城市群在欧洲的竞争态势，并试图通过规划政策强化这些城市的竞争优势，特别是在 1992 年后欧洲统一市场中的优势。要求充分确定和分析在吸引国际活动和产业区位上这些城市所具有的优势和劣势。这个国家计划提出了通过公共规划系统提升城市竞争优势的战略。

与阿什沃兹、伍格德的说法不同的是，范登伯格和布朗恩则侧重从城市动力学和城市竞争的角度，分析城市营销产生的原因。他们把城市发展的历史划分为三个阶段，即城市化阶段（包括城市化、郊区化和逆城市化）、功能性城市阶段（多中心城市的兴起）和信息城市三个阶段，并以此为基础分析了城市营销兴起的原因。

范登伯格等指出，欧洲的城市发展趋向于一个固定的模式，即城市发展经历了三个阶段：城市化阶段、郊区化阶段和逆城市化阶段。一是城市化阶段，即国家或地区由农业社会向工业社会发展的阶段。在这一阶段，迅速成长的城镇形成了空间功能实体，居住、工作和购物等社会经济活动大多数都在市政空间范围内，空间相互作用也是在市政空间范围内。二是郊区化阶段，也称城市蔓延，是城市空间扩散的阶段。这一阶段的一个基本特征是城市居民开始大量迁往郊区，但仍然在城市中心工作，从而在城市中心和郊区之间形成了大量的通勤流。迁移出来的居民之所以是城市中心指向的，不仅是因为工作的原因，而是因为还要依靠中心城区的医院、商业中心等提供高等级的公共服务。随着城市的蔓延，无论郊区还是城市中心居住的吸引力取决于它所提供的福利。三是逆城市化阶段。进入逆城市化阶段，整个城区开始失去人口和就业，这些人迁往一定距离之外的规模较小的城镇；移民人口与原城市的功能联系基本上完全切断，而在新的集聚的居住地方进行各种社会活动：有时仅仅是为了朋友关系和亲属联系，或许由于个别在新集聚地不能获得服务而与迁出地保持一定的联系，而这种联系在很大程度上也受空间距离的制约。

由以上可以看出，大的城市集聚区受到一定距离之外的中等规模集聚区吸引力的影响，而且同以前的发展阶段相比，地方政府措施的强化和空间效应扩展成为影响大城市集聚的主要外部力量。因此，大城市中心的发展越来越取决于其他城市的发展及其管理决策，由此可以说，城市间互补或竞争的程度主要取决于城市的发展阶段。在城市化阶段，城市功能是相对独立的，相互之间的功能联系相对较少，几乎没有任何互补性。在郊区化阶段，大的城市感受到与郊区的竞争。实际上，在郊区化的早期阶段，竞争是地方政策的一个关键因素。发展到逆城市化阶段，竞争则来自更加广泛的城市，既有郊区的竞争，也有来自其他城市的竞争。

发展到功能城市阶段，空间持续分散化。郊区由单纯的居住区发展成为具有自己的市民、就业和服务的成熟的城市，并且形成跨越原来集聚范围的自己的劳动力市场。这就意味着成为具有多个中心和圈层的城市群区域，其内部的集聚动力就是竞争。欧洲的功能城市区域发展就说明了这一点。

信息时代的城市，是城市化发展的新阶段。信息时代的一个推动力就是快速发展的信息和通信技术。信息与通信技术改变了社会发展的基础，个人、公司和组织的空间行为等越来越多的经济活动可以在更广阔的范围中选择区位。在激烈的竞争中，旧的竞争法则不再适用，即地理位置的作用不再像过去那样重要。信息技术把企业推向更加广阔范围的竞争。在这样的竞争环境中，生活环境、文化服务水平和知识的接近性成为重要的区位因素。这样，城市就可以通过创造一个吸引企业的软环境提高其竞争地位。

（二）城市营销的“规划工具论”和“两元论”

规划学派认为，城市营销可以被看作一种构建城市复杂功能、增加政策功能作用和分析其社会经济活动适宜性的新范式。城市营销首先是一种规划工具，被越来越多地应用于城市的特定规划过程中，以改进城市的市场形势。

他们认为，上述界定既考虑了城市内部的因素，也考虑了城市外部的因素；既考虑了已经存在的经济体，也考虑了新进入城市的企业；既考虑了服务业，也考虑了制造业；既考虑了非营利部门，也考虑了营利部门，全面地将城市的部门与市场结合起来。阿什沃兹和伍格德还认为，城市营销将社会营销和可营销的形象有机结合起来：社会营销即通过影响社会行为或态度实现营销；可营销的形象是指脱离物质产品的城市形象进行独立营销，这两者均是城市营销的基础。

阿什沃兹和伍格德强调，城市营销必然是与城市的空间政策，特别是与城市的实体结构规划（决定城市未来产品的主要手段）分不开的。实体规划是城市营销与空间政策之间的主要的联系环节。传统的城市实体规划主要是供给导向的，而城市营销则是更多地考虑需求导向，考虑现实的和潜在的消费者对城市设施结构的需求。城市营销的一个主要任务，就是给消费者（购买者）提供供给方的信息并邀请他们使用这些信息。城市营销作为一种规划工具，还具有通过控制土地利用功能变化，积极地满足消费和购买愿望的作用。这样，城市营销就可以通过环境建设剔除城市消极形象因素，塑造适宜的城市形象，使传统的城市规划（街道设施建设、景观设计和建筑设计）在更加广阔的、全新的营销管理背景中得以实施。

阿什沃兹和伍格德还认为，城市营销作为规划程序阐述起来相对容易，但却难以实施。把城市营销的要素转化到一个易于操作的城市规划工具中，需要考虑以下四个基本要素：一是市场分析，特别是作为一般意义上的产品的城市之市场分析；二是作为地方产品的城市或区域描述；三是城市营销的目标的建立和相应的战略政策的确定；四是政策工具或营销组合的确立，以及这些政策工具和营销组合在以上战略中其可操作性过程的详细说明。

作为规划工具的城市营销，在实施中更需要地理营销组合。地理营销组合至少由以下四类要素组成：一是促销措施；二是空间功能测度；三是组织管理；四是最重要的财政预算管理。

作为规划工具的城市营销是与传统城市规划截然不同的一种激励性规划。城市营销规划是以大量的城市内和城市外调查为依据，在公共部门和私人部门充分对话的基础上得出的，是针对不同市场需求的城市不同空间的市场导向性规划。

基于把营销作为城市规划工具的认识，规划学派进一步提出，城市营销是一个城市行为与目标市场需求紧密联系的，以实现城市社会与经济效能最大化的过程。这种观点可应用在任何空间层次上，所以，城市营销可看作更广阔的地理营销的一部分，可以应用于城市或国家层面上。因此，本质上城市营销是建立在密切且长久的生产者与消费者的特定关系的基础上的，这样，就把城市的空间的、组织的构架作为产品，把细分的使用者的特征、市场行为和需要作为消费者，从而形成了城市营销系统。

（三）城市营销过程的“市场导向的结构规划论”

在规划学派看来，城市与城市营销本质上是一个市场导向的结构规划。因此，完全可以基于结构规划的过程操作来实施城市营销。事实上，由于在住房供给、教育和健康服务等市场上的无效，会对整个城市的生产系统产生负面影响，城市市场规划很早就已经被作为重要的防止市场失效的手段。城市营销能够把城市管理者的注意力集中于城市的发展机遇，使投资给社会带来最有效的作为，并阻止错误的投资决定。城市营销在城市结构优化上能够成为一个重要的工具或手段，通过运用营销规划的理论和原则，市政管理能够向顾客导向转化，集中关注顾客的、居民的利益，并为他们提供服务。20 世纪 80 年代的英国，试图“销售”工业城市的规划大大地改善了制造业长期萧条的局面，同时通过增加住房、教育和健康等服务业方面的投入，实现了经济结构的调整。

市场导向的结构规划大致可以分为三个基本步骤：

（1）分析作为市场导向的结构规划过程的城市营销的主要构成要素，其中包括消费者、市场和生产者三大部分。即从消费者决定市场、市场决定城市提供的产品的角度，系统分析了城市营销包括的各个层次的主要构成要素。

（2）分析作为市场导向的结构规划过程的城市营销的主要构成阶段。这一过程包括四个主要阶段：市场分析、目标和战略规划的形成、地理营销组合的确立、细化和评价。市场分析是城市营销的一个重要阶段，主要是从供给者的角度研究作为产品的城市空间和组织机构的特征、市场行为，以及从需求的角度研究消费者的需要。这样，就需要既分析作为整体的城市的功能，又分析其不同构成的空间的、社会的、经济的功能和特点。目标和战略规划的形成，与在私有部门中相比，在公共规划中具有更为重要的作用，这表现在评价、平衡各经济体利益的基础上确定营销规划的目标和战略。还有就是地理营销组合的确立，以及营销过程的实施及相应评价。

（3）城市营销是一个循环往复的过程。其第一步是搜寻方向，在第一轮循环中这也许意味着一个关于城市的设想或想法的提出，接下来进入第二步，就是包括城市审核在内的更加复杂的分析。第一步的结果就是一个规划设想的正式提出，第二步做进一步分析，第三步就是这一规划方案要获得广泛的支持，否则就应该提出另一个发展方向，从而重复第一步、第二步的过程。第四步是在获得支持后，考察财力和经济的可行性。一般还要设立组织结构，包括公共和私人部门在内的不同关系形式。最后，在第一、第二、第三、第四步骤的基础上，就是规划实施，即行动计划的逐步落实。

三、形象学派

城市营销的形象学派起源于 20 世纪五六十年代在美国兴起的企业形象战略研究。形象学派主张将城市营销理解为城市形象的形成与传播过程，认为城市形象对城市产品的购买者有着非常重要的影响，城市营销往往要从地方形象设计开始。这一流派从心理学、统计学、区域经济学等视角出发，进行了大量的形象设计与实证研究，为城市营销理论与实践发展提供了扎实的素材。

（一）城市营销的形象说

形象学派认为，地方形象是人们对一个地方所持的信念、看法和印象，是关于一个城市的各种联系、信息的概括。地方形象使地方之间能够彼此区别，它贯穿企业、居民和旅游者的整个抉择过程，并在其中起到重要的作用。因此，地方形象成为地方参与竞争、获取竞争优势的筹码。地方营销很大程度上就是设计、建立良好的地方形象。地方形象对地方营销起到全局性的引导作用。

市场学派与形象学派两方关于城市形象的研究各有侧重，菲利普·科特勒在《营销地方：吸引投资、企业和旅游者到城市、州和国家》一书中，对地方形象的概念、特点、设计和传播进行了较为全面的介绍，认为地方形象就是人们对一个地方的一系列信念、观点和印象的总和。加拿大学者肖娜（Shauna McCabe）则认为，地方形象是在销售城市过程中对地方的时空压缩，强调在形象设计中对地方历史和文化要素的提取。在对德国中部行政区新布伦兹维克（New Brunswick）的萨克维尔（Sackville）的旅游形象的研究中，肖娜分析了大量萨克维尔的近现代文学作品，包括诗歌、小说等，借地方文化的精粹对萨克维尔的旅游形象进行设计。希姆斯·巴洛格鲁（Seyhmus Baloglu）等学者则利用环境心理学家拉塞尔（Russel）的情感形象理论对旅游目的地的情感形象进行探讨，提出了旅游目的地情感形象的评价方法。在后来的研究中，希姆斯·巴洛格鲁还对地方形象的组成和评价进行了更系统的研究，将地方形象划分为认知形象、情感形象和整体形象，并通过对四个相互竞争的地中海国家希腊、埃及、土耳其、意大利的旅游形象进行度量，总结出相互竞争的地方如何利用地方形象评价方法进行形象设计。有一个案例是伦敦港口发展公司组织了大量地方工作者和研究者，借鉴地方营销理论成功地对船坞区的地方形象进行了重建，改变了船坞区日益衰败的地方形象。

形象学派侧重于从城市形象的构成要素及其指标体系来理解城市营销系统，如美国学者梅奥（Mayo）在分析了美国八个地区后指出，旅游目的地的形象主要是围绕三个指标变化：风景、宜人的气候和不太拥挤。安德森和科尔伯格（Anderssen and Colberg）分析了公众对九个地中海的旅游目的地的评价，认为可将地方形象划分为八个维度。克兰顿等（Calantone et al.）考察了八个太平洋沿岸国家的形象，认为受众对地方形象的评价除了因与其来源地不同而发生变化外，还会随着几个形象属性发生变化。但他们的研究只针对访问者，并未对未访问者进行调查。另一位研究者加特纳（Gartner）调查了美国居民心目中蒙大拿州、怀俄明州、科罗拉多州和犹他州的形象，并通过这四个州的形象差别来确定形象的内在属性，但他未能对被调查者对地方的熟悉程度（即是否曾访问过）进行区别分析。

以拉塞尔为代表的一些学者则集中研究形象的情感组成部分。拉塞尔和他的同事普拉特（Russel and G. Pratt）认为，情感形象应当与实际形象或认知形象分离开来，以便更好地理解人们对地方的评价。在研究过程中，他们将这种地方定义为可以直接感受、观察的小尺度环境，如从原始地区到夜总会、从浴室到机

场、从电梯到海滩等共323种不同的环境，并将其定义为情感空间。那些不能直接观察的、较大尺度的地理空间，如城市、地区、国家等则不在他们的研究范围内。按照拉塞尔的情感形象二维模型，情感形象被分为两极对立的四组：令人清醒的—令人困乏的（Arousing-Sleepy）、愉快的—不愉快的（Pleasant-Unpleasant）、令人兴奋的—令人忧闷的（Exciting-Gloomy）和令人放松的—令人痛苦的（Relaxing-Distressing）。在他们的研究基础上，美国学者希姆斯·巴洛格鲁和戴维·布林伯格（David Brinberg）等将拉塞尔等定义的情感空间予以推广，用拉塞尔的研究方法去研究那些不被人们直接察觉的、较大尺度的地理空间，并对旅游业中的地方形象评价进行探讨。

（二）城市营销过程的形象传播论

形象学派认为，城市营销过程可以理解为城市形象传播过程，主要包括以下几个步骤：

1. 形象测量与评价

形象学派认为，城市形象是城市营销战略的重要组成部分，对城市形象的有效度量、评价是城市进行形象定位与设计和城市营销的依据。制定城市营销战略，首先要对城市形象，乃至其竞争者的城市形象进行识别与评价，以做到知己知彼。国内一些学者主要从城市的综合评价角度进行探讨，国外一些学者则试图利用环境心理学、营销学的学科知识进行研究，以建立城市形象的评价体系。

2. 形象定位

形象学派十分强调形象定位的作用，认为城市形象定位就是要确定城市应该具有一种什么样的形象，表现城市的什么特征、风格、类型等，提取哪些文化、历史等城市要素来进行形象设计。他们把定位策略与步骤看作城市营销研究的核心，认为城市的形象定位是为具体的城市营销活动的展开和形象设计确定目标和方向。

3. 形象设计

经过前期的调查、分析及定位之后，城市形象进入了具体的设计阶段。对城市形象设计的研究主要是探讨城市营销者围绕城市形象的定位进行形象设计机构的确定、形象载体的选择，以及每个形象载体所承载的形象要素，每个形象载体向受众传达何种城市形象信息，城市形象的具体设计方案等方面。

4. 形象传播

形象学派对形象传播进行了大量研究。在他们看来，城市形象设计的最终目的是向受众传达城市形象。因此，城市形象的传播非常重要。与一般的企业产品推广策略类似，城市形象的传播需考虑在城市有限的资金供给下，城市营销者应选择哪一种或哪几种媒体，举办何种公关活动和如何评定公关活动效果，使城市营销者以尽可能少的金钱和时间成本接近受众，并成功地向受众传达城市形象。

在上述过程中，形象学派把形象测量作为城市营销的逻辑起点与难点。城市形象测量的手法主要有熟悉—喜爱度量法、评价地图法和语义区别法等测量方法。其中，第一种方法是根据受众对城市熟悉和喜爱的程度，将城市放在由熟悉、喜爱程度为横纵坐标的坐标系中，从而掌握受众对城市形象的总体评价。第二种方法则通过受众对城市不同部分的评价与感受，绘制评价地图，以了解受众对城市内空间构成的评价。第三种方法则通过对城市各方面的细致打分获取受众心目中的城市形象。希姆斯·巴洛格鲁和麦克利里（Ken W.McCleary）利用语义区别法比较了四个地中海的旅游目的地——土耳其、埃及、希腊和意大利在美国公众（包括已访问者和未访问者）心目中的形象差异。他们将形象分为三个组成部分：认知形象（Cognitive Image）、情感形象（Offective Image）和整体形象（Overall Image），并据此分析四个旅游目的地在美国娱乐市场的竞争地位、产品发展和营销策略。

四、旅游地营销学派

（一）城市营销——推销城市旅游产品

旅游地营销学派就是把城市营销等同于旅游目的地营销，在西方的城市营销研究中，很多学者都是从推销旅游的角度入手的，这也与旅游在经济中的地位有关。Stephen Page（1995）认为城市营销就是把旅游目的地看作一种产品进行营销，认为把城市作为一种产品推销给顾客（观光旅游者和商务会议人士）是为促进城市旅游业发展。Marc Mancini 在其《推销目的地：专业旅行人员的地理学》一书中，提供了一个精确的、详尽的观察世界著名旅游中心的视角，以及怎样把这些地理学的知识变成高效的旅游产业销售。书中介绍了五种推销旅游日的地的战略：你必须知道所有关于目的地的相关地理事实；你必须知道什么样的顾客喜欢什么样的目的地；你必须了解你服务的个体顾客；你必须准备回答顾客的所有问题；你必须寻求机会增加特定旅游产品的销售。Gregory J. Ashworth 和 Brian Goodall 把旅游目的地营销变迁过程总结为 13 个阶段：潜在的顾客和度假者、推销旅游地、正确地进入地方产品、产品的品牌、产品生命周期、改变地方产品、使地方产品重新恢复元气、重新定位地方旅游产品、开发一种新的地方旅游产品、为地方旅游产品正确地获得市场、获得地方旅游产品的信息沟通、合理地给地方旅游产品定价、目的地和营销调控。Ashworth 和 Voogd 把游客比喻为地方买主（顾客），把旅游目的地比喻为地方产品，旅游目的地同样具有地方产品价值问题。Burke James F. 和 Resnick Barry P. 的《营销与推销旅行产品》和 Brian Goodall 的《旅游产业营销：目的地区域推销》也分别把旅游目的地看作是一种产

品进行营销研究。以上西方学者的研究都是从推销地方旅游产品的角度进行城市营销，代表旅游地营销学派的一些观点。

（二）营销旅游目的地的过程

（1）旅游市场调查与旅游地形象分析。旅游目的地营销，首先要对旅游地的游客市场进行调查，以及对旅游目的地的形象进行调查。对旅游地的形象调查是最重要的一步，从而了解旅游目的地形象的基本情况和旅游市场情况。

（2）确定目标市场。根据市场调查的情况，基本上了解了城市的游客市场以及游客市场对城市产品的感受，从而确定目标群体，锁定目标市场。

（3）旅游目的地产品设计。城市营销者在对城市的旅游形象和游客市场有了详细的了解后，并且根据这些形象的调查结果，确定了目标市场，接下来就是对目的地进行产品设计。在进行旅游目的地产品设计时要从以下方面入手：旅游目的地城市或城市的形象设计，旅游目的地的基础设施的更新改造（如交通、住宿、风味小吃、购物、娱乐），特色的旅游产品策划，城市地标设计。

（4）旅游目的地产品的推销。旅游产品的推广可分为三个阶段，即发射阶段（Projection Phase）、传播阶段（Transmission Phase）和接受阶段（Reception Phase）。旅游目的地产品设计出来以后，就要进行推销与宣传，一般认为还是用以下的方法：广告宣传、直接营销、促销、公共关系营销和个人推销等方法。

第三节　国内城市营销发展与研究进展

一、我国城市营销的现状

（一）城市营销在我国的兴起和发展

我国的一些城市在不同时期曾产生过某些带有模糊营销色彩的现象，大多是由于历史沿革和自然环境的作用自发而形成的，或由于宏观经济体制使然，没有从城市品牌管理的高度进行统筹规划、科学设计和主动运营。

20 世纪 80 年代以前，我国实行计划经济体制，这时的城市营销是自发形成的，影响城市营销形成的要素比较单一，城市产业居于核心地位，其他营销因素往往是通过此点衍生出来的。例如，上海以轻工业产品物美价廉而家喻户晓，大庆以石油城的形象展现在国人面前。20 世纪 80 年代到 90 年代初期，城市营销尚没有质的变化，人们对城市营销的认知主要还是通过各城市的主导产业及其衍生产品形成的。但一些城市已开始注意到以廉价劳动力、土地资源以及优惠政策来吸引投资，并且城市营销逐步涉及民风民俗、历史传统等城市文化方面的内容。此时，兴起了温州等一批有影响力的城市品牌。这是改革开放之后商品经济发展到一定程度，由各个城市对市场的争夺所形成的。

20 世纪 90 年代初期以后，随着市场化和全球化进程的不断深入，城市对各种要素的争夺日趋激烈。走在改革开放前列的部分城市已经意识到城市营销的重要性，开始从主要靠政策鼓励等措施转向制定基于竞争力分析、进行市场细分、区分城市消费者类型的城市营销战略，努力把自身变成一个对目标市场有独特优势的特色地区，以吸引符合城市特点的城市消费者。如苏州的新加坡工业园、昆山的台商投资区，大连的环境品牌建设。特别是 2001 年昆明市政府提出“营销昆明”的口号，标志着我国的城市营销开始进入一个新的阶段，城市营销已经从城市经营中分离出来，形成独特的经营理念。

总体上说，我国的城市营销尚处于探索阶段，缺乏系统的、科学的理论作为指导，更没有可操作性强的模型为城市营销者提供行为参照，城市营销过程还没有真正成为一项系统工程。因此，我国的城市营销既需要实践上的创新，又需要理论上的创新。

（二）我国城市营销存在的问题

1. 对城市营销的理解存在误区

国内许多机构，如城市规划、城市管理等部门，都不同程度地将城市营销理念等同于只讲经济价值，不讲文化、美学、生态价值，因而不赞成使用“城市营销”概念，乃至反对城市营销。从本质上讲，城市营销是满足城市消费者需求的过程。这种需求不仅包括物质需求，也包括精神需求。因此，城市营销不仅不排斥城市的文化价值、美学价值和生态价值，相反，它有助于使一个城市的这些价值得到推广和社会认同，通过城市自身所特有的文化现象，良好的生态环境，使城市更加具有竞争优势。

2. 城市营销的理论研究滞后

虽然我国的城市营销在实践上有了一定的发展，但国内对城市营销的理论研究相对滞后，对营销什么、如何营销还缺乏准确而全面的理解，对许多问题的认识也比较肤浅。这就直接导致城市营销实践缺乏系统的指导思想，操作思路不明确，还不能运用系统管理的观点对众多要素进行整合。城市发展的新形势，迫切需要理论的创新，产生更系统、更科学的城市营销理论，用以指导城市营销实践，促进更多的城市实现跨越式发展。

3. 竞相“克隆”，盲目攀比

城市建设中的“克隆”现象相当严重，先是高层建筑层出不穷，地标性建筑

鳞次栉比，接着是仿古热浪和“欧陆风”迎面而来。目前，“广场热”、“草坪热”又方兴未艾。从营销学的角度看，这种做法实际是将建筑作为城市营销的实质，城市物质文化缺乏应有的个性。这种形象建设上的雷同，导致城市品牌建设表面化、同质化，从而削弱了城市功能和作用的发挥。另外，建筑数量和规模上的盲目攀比，展示“政绩”的各种形象工程的不断出现，不仅造成大量社会资源的浪费，又破坏了城市的整体风格和传统的城市特征，产生了极大的负面影响，而且这种影响在短时期内难以消除。

4. 城市政府行为难尽人意

在城市营销过程中，城市政府作为营销主体，既可能提供“好”的产品和服务，也可能提供“坏”的产品和服务。城市消费者会综合城市政府提供的所有产品和服务来进行消费。比如，获利的企业向国外母公司转移获利资金如果相当困难，表明“退出”成本很高，就很难有外国企业来这座城市投资。再如，政府决策暗箱操作、政府机构办事效率低下等，都是城市政府提供“坏”产品的表现。因此，城市政府只有向城市消费者提供尽可能多的“好”的产品和服务，使城市消费者有更为广泛的发展空间和回旋余地，城市营销才有发展动力。

5. 对城市营销的深层次内涵缺乏领悟

城市营销者往往将城市营销简单地理解为城市硬件环境的打造，没有全面地、系统地分析城市经济发展的水平、历史文化的积淀、自然环境的优劣等诸多因素，尤其是没有树立城市竞争意识，没有从经济全球化的背景出发研究城市在总体城市环境中的位置、作用以及竞争对手、目标受众等方面的情况。另外，在硬件环境建设的过程中，又将城市营销工作简单地理解为一句城市口号、一部电视宣传片、一座标志性建筑物等。这些并不足以全面展示一座城市的历史、现状和未来。城市营销是一项系统工程，要对传播的范围、媒介的选择、受众的特点等诸多要素进行科学系统的整合，突出城市自身的特有优势，通过创造和传递优质的城市价值，来不断壮大城市消费者的队伍，使城市对城市消费者具有更强的吸引力。

二、我国城市营销研究进展

我国学者对城市营销的研究基本处于引进、介绍国外理论和思想的阶段。刘彦平（2005）认为，城市营销是一系列战略规划和协同行动的过程，目标在于满足城市顾客的需求和期望，这里的顾客指代市民、旅游者、投资者、企业和国外市场。城市营销也是管理哲学，能够增益城市，以提供城市的公共价值能力，实现城市持续和谐发展。城市营销的目标在于使城市经济、社会和环境效益取得可持续发展与综合优化。在这里，城市就是一个未来吸引人的市场导向的企业，城市管理者要基于城市自身固有的价值利益，针对目标市场会出现什么样的需求，作为竞争对手的城市又具备什么样的条件，来灵活设计并贯彻一套优于对手、满足顾客需求的城市产品和公共服务，从而将城市的特色打造出去，增强竞争力和经济基础。另外，刘彦平创造性地把市场营销战略理论应用于城市营销。城市营销战略源于城市发展战略，正如营销战略的逻辑源于组织战略。因此，城市营销战略是城市经济社会发展的重大战略中的一个有机组成，是促进竞争力的一个关键，它融合了政府行为和市场机制，是在遵循市场经济规律的前提下，将各类资源资产进行资本化，通过市场手段运作与管理，深刻变革计划经济体制下形成的城市发展建设方式的经济行为，用以协调控制城市的有限资源与发展目标之间的矛盾。倪鹏飞（2001）认为城市营销分析确定城市的目标市场、内外部环境，从而发现了城市在国际竞争中会有什么样的优缺点，掌握了什么机会，面临何种威胁，针对性地创造包装城市自身，满足市场顾客需求。为了将城市内部资源要素高效激活运作，为了吸纳外部资源持续供给，城市离不开目标明确、执行合理的营销观念。政府要将城市规划设计与城市发展、管理有机结合成为营销理念，并让该理念通过各个层面、各种途径的融会贯通，体现到城市建设中，为管理者、居民、企业所接受，并有效地加以实施。左仁淑、崔磊认为（2003），城市营销是一项立足于充分发挥城市的整体功能的社会管理活动和过程，树立城市独特品牌形象，提升城市美誉，从而满足政府、企业和市民需求。所以，城市营销的含义应该包括立足点、内容、目的和性质四项基本要素。康宇航、王续琨（2004）认为，在经济全球化背景下，城市管理者必须客观分析城市在国际竞争中的地位和前景，确定自己的目标市场，对外不遗余力地推广城市整体形象产品，满足城市顾客的一系列需求，这就是城市营销。在这里，城市统合了精神和物质文化、软硬环境，它们构成了城市整体形象产品，通过需求驱动，经由竞争导向，通过市场营销手法满足城市消费者的需求，以其作为城市营销的根本出发点与根本任务。黄海生、张卫国（2005）认为，城市营销是在城市建设和管理中，充分发挥市场经济中的营销意识、机制、方式，将城市基础设施、土地环境、资源产品、旅游景点等一系列有形资产产品连接起城市文化品牌等无形资产，再进行宣传包装打造成能够满足城市顾客群体需求并吸引优秀人才、充裕资本的整体综合品牌形象，从而全方位促进城市发展、社会进步，提高市民的物质和精神生活水平。赵艳华、罗永泰（2006）认为，城市营销是在城市发展过程中，营销者整合一系列营销方式，把城市的优势、潜力等有序展示给城市顾客群，提升城市知名度、美誉度和吸引力，从而吸引他们，为他们提供适合的“城市产品”，满足其需求的活动总称。于涛、张京祥（2007）认为，运用一系列市场营销的手段方法是城市营销的基本特征，它能够在客观衡量城市在区域中的发展地位的基础上，通过

最大限度地挖掘城市所拥有的各种各样的资源，来整合城市种种有形无形资产，实现满足城市目标市场、促进城市资产增值、发挥城市整合性能、带动城市竞争力的过程。还有学者认为，作为一个“大营销”的缩影，城市营销所营销的客观产品就是城市区域内的著名企业、旅游资源、贸易投资和人居环境以及整体的城市形象。由此引申出的城市营销就将城市视为一个特殊的实体，将城市在今后很长一段时间的发展中各方面的现存和潜在实力视为产品，综合融会贯通市场经济中的营销意识、机制和方式，在城市建设和管理上集中应用这些理念和手段，分析它在全球性竞争中遇到的挑战、机遇以及存在的优势、劣势，并通过制定合适的公共政策，将城市的基础设施、生态环境、历史文化等资源整体包装，以极富个性化的方式推销给全国乃至世界的目标顾客群体，建立统一、有效的经济市场，打造出能高效汇拢各类有益于城市发展的区域内、全国甚至全球的优秀资源的公共环境，增加最重要的城市价值以及增强创造价值的能力，使城市消费者获得幸福。

第三章 城市营销与资源依赖

如果没有城市营销，那么城市的种种优点就无法被外界环境迅速感知，也就无法吸引更多的关注目光及其背后的资源投入。因此，城市的营销能力是城市竞争力的一个重要组成部分和基础支撑，它的高低直接影响城市的发展命运，也影响着城市在环境中的适应能力。

城市营销与资源运用密不可分。城市营销的根本出发点在于通过营销活动为城市获取发展所需资源，因为城市竞争的关键在于优势的获取和维持。但是营销活动同样需要利用和消耗资源，资源的来源、形式、内容、多少、质量等要素在很大程度上决定了营销的成败。不同城市拥有的资源不同，因此应根据各自的实际情况，采取不同的营销策略。但许多城市由于对城市营销理论与方法缺乏深入的了解和准确的把握，忽视自身的资源优势，盲目模仿或硬性移植其他城市的营销策略，造成城市定位不准，同质化竞争严重，城市营销效果并不明显。可是，一个城市并不一定拥有营销发展所需的所有资源，特别是作为一个抽象实体，本身只是一个地理集聚的概念，其天然的资源有限。它需要从市民、政府、投资者、旅客、企业等多样化的个人或组织中获取资源或利用资源，即它的营销资源依赖于城市所在的环境。所以，城市营销既要发挥自身拥有的各种优势资源，更必须重视从自身成长发展的环境中恰当地获取和运用营销资源，在此基础上制定合适的营销战略。这样，城市才能最好地适应于所在的网络环境，并发展壮大。

目前国内外学术界对城市营销的研究大多集中在城市营销的概念、构成要素、主要特征和总体战略模式的设计上，但定位于营销资源的获取运用的研究则几乎没有。这正是本章关注的核心问题：城市营销需要什么样的资源？资源来自何处？以什么样的形式应用于城市营销？城市营销的关键资源是哪些？本章将通过对这四个核心问题的解答来填补学术界对城市营销资源的战略运用研究的空白。

第一节　资源视角下的城市营销

城市营销的目的，在于实现自身价值的增值。城市资源作为城市价值增值的载体，如果城市营销的制定者不能积极合理地发挥自身具备的城市资源，则根本无法实现城市价值的增值，甚至对城市资源造成破坏；反之，城市价值增值又会反哺城市资源，帮助城市营销制定者投入更多的人力、物力、财力到城市资源中去，实现进一步的城市价值增值，从而形成良性循环。那么，何谓价值和价值增值？城市的价值增值与城市资源又存在着怎样的辩证关系？资源视野下的城市整合营销，又是怎样实现价值增值的？我们有必要抽丝剥茧，从理论层面对上述概念予以澄清。

一、价值与城市价值

“价值”这个概念，在哲学文化层面上和商品经济层面上有不同的内涵。哲学意义上的价值，不同于我们日常生活用语中的“价值”，也不同于经济生活中马克思所界定的“价值”和“使用价值”，而是有其特定含义。哲学意义上的价值，侧重于考察主体的需要，考察客体的存在能否满足主体的需要，并且考察客体如何满足主体需要，由此来观察评价主体行为对个人、社会和阶级的意义及各种精神和物质的现象。中外哲学家很早就对价值进行了研究，现代西方的许多哲学流派都研究价值。法国哲学家保罗拉菲在《意志的逻辑》中最早提出“价值”一词，哈特曼在《哲学体系纲要》中又系统说明了这个词的含义。以个人的欲望、兴趣、意愿、偏好作为实物价值的评价尺度是西方一贯主张的价值观。美国思想家杜威主张界定价值时可以以作为智慧行动后果的享受为标尺。新实在主义的旗手佩里认为，价值是欲望的函数，其欲望和依附性是价值的本质表现。一种东西的价值体现在有人对其发生了兴趣。马克思与这些经典传统的西方个人价值中心论截然不同，他坚持价值是一种社会而非自然现象，价值是由人的劳动实践创造的，创造了美的劳动是价值的源泉和基础。马克思主义哲学认为任何价值，都具有客观性，有其客观的基础和源泉，价值的本质反映了现实的人的某种需要和满足其需求的客体的属性之间的关系，是二者特定方面的交接点。价值反映了客体属性，是对客体属性的一种评价和应用。人和客体之间的价值关系，在二者实际的相互作用过程即社会实践中不断形成确立并增长扩大。价值与人们的愿望、需要、利益、兴趣密切相关，而它们受一定社会历史条件所制约。

价值理论在经济学理论体系中处于极为重要的位置。西方古典经济理论的研究热点和前沿从流通领域转到生产领域时，劳动价值论开始初步形成。首先认识到商品价值源泉在于劳动的是英国古典经济学大师配第，他认为商品交换以它们所包含的劳动量为依据，货币和商品一样，其价值都是由劳动决定的。生产商品时所耗费的劳动决定了商品价值，衡量一切商品的交换价值的真实尺度就是劳动，购买到的劳动而非耗费的劳动决定了商品价值。大卫·李嘉图认为，具有效用的商品从两个源泉得来交换价值，一个是稀缺性，另一个是获取时所必需的劳动量。萨伊认为，一切价值都来自于人的劳动加上自然力与资本的作用，协助和促进自然力的人类的劳动所给予各种东西的价值组成了价值。他进一步指出，人们不愿意花钱购买对人没有效用的商品，因为耗费在其中的人类劳动的价值不能实现其补偿，无法得到相应回报，于是该物品也就没有价值。马克思站在古典的劳动价值论的基础上，发现劳动的二重性产生了商品的双重价值因素，古典资产阶级政治经济学的价值理论就发生了质的变化，从而科学的劳动价值论就从中产生了。马克思揭示了交换价值在本质上是商品生产者的生产关系，该关系隐蔽在商品的物化外壳下，是人与人之间相互交换的劳动产品。商品统一了使用价值和价值，生产商品也就生产了使用价值和价值。只有商品生产过程中的劳动最终确定了商品价值的源泉。

哲学意义上的“价值”，强调主体满意的程度；经济学理论体系下的“价值”，强调以货币为衡量单位的效益；马克思主义则认为价值是凝聚了无差别劳动的体现。那么，城市价值的本源与内涵又是什么？城市价值与城市营销又存在着怎样的逻辑关系？

什么叫城市价值的本源？城市价值就是必须要兼顾城市内外方方面面的利益相关者的利益诉求，努力满足他们的需求。这是一种很强的能力。正确的城市价值应该有机统一当前价值和未来价值，化为具体的可操作变量就是城市效率。城市效率就是衡量城市的资源配置效率，它刻画了一个城市吸收外界资源并反过来放射到周围社会环境中去带动整个周边社会经济可持续发展的水平。对城市价值的认知越深刻、越全面，学术界研究重心就越迁移到实现城市价值的全体系的最佳效率、最长持续性，彰显人本主义回归到城市价值的理念之中。脱胎于经济学的市场营销理论以顾客需求为理论体系的核心概念，“价值”自诞生伊始就是一个营销学的关键概念。至于城市营销所提供的产品或服务是否能够满足顾客们的真实需求，其满足能力的大小、多少，则取决于营销者如何去整合手上所拥有的各个营销要素，将之组合起来，展示给顾客，由他们来选择自己认为价值最大化的产品或服务。由于在城市产品市场寻找合意的价值需要耗费一定量的搜寻成

本，所以有限理性和有限收入使得顾客们必须在自己的预算和能力边界约束内找到尽量使自己效用最大化的价值组合。他们会努力比较城市产品传递的价值跟自己的期望，从中决定是否满意，是否以后会再次光临。在城市和顾客的相互交往过程中，在大众价值观念和顾客个人的理念矛盾之中，在单个城市的自身发展与城市之间相互的竞争或合作关系处理之中，城市价值就内含于斯。由于这个价值概念离不开相关利益主体的概念，所以一定要在城市产品和消费该产品的顾客之间建立起概念桥梁，在这之上来理解价值，从而更好地理解营销。那么城市营销的产品就可以定义为一定时期内，政府通过各种各样运用行政或市场手段直接或间接地提供给城市消费者，用以满足消费者需求的各种资源品组合的总和。然而在目前城市彼此之间的激烈竞争下，城市必须暂时搁置公共组织的优越感和独特感，转而向完全竞争市场中的企业学习，树立一切以顾客需求为工作导向的营销哲学，更好地应对现实的竞争环境。为了体现更好的竞争性，城市还必须超出竞争对手，提供给顾客更多的让渡价值，这样，城市产品才有更大希望和机会被推销出去。郭国庆、刘彦平（2006）认为，城市营销的重心应着眼于建立长期的顾客—城市关系，通过不断维系顾客的满意度、忠诚度以持续实现并提升其价值是城市营销的任务。事实上，顾客面对产品或服务有一个感知效果，而之前他会预设一个期望值，二者之间难免存在着差异。如果前者高，那么带来的就是满意度；否则，顾客不满意。根据这个基本道理，城市价值的实现要从顾客感知和顾客期望两方面着手，重点侦测二者的差距。所以，一手抓挖掘、理解、允诺顾客对城市的理性预期，一手抓产品服务自身的过硬性，并不断通过调查研究获得市场的反馈，从而客观评估目前的期望与实际的差距，衡量价值并不断测量纠正，就是提高城市价值的良性循环过程。不论国内外城市的营销环境、营销形式怎么千变万化，永远为顾客追求最大化的城市价值始终是城市营销最根本的宗旨。

综上所述，城市经营者为了获得城市顾客的消费满意度和对本市的忠诚度，就将经营管理活动中创造出来的价值更多地转移给顾客——战略要害就在于这份价值必然比竞争对手所能提供的更多，以产生更强大的吸引力，这就是城市营销的本质。正是通过聚焦于城市顾客的价值期望，城市营销才能开展。

二、资源理论与资源依赖

资源是指组织拥有或控制并能够在市场中运用的资产，是城市开展营销战略的基石。自然资源、社会资源、功能资源、区位资源、政治资源、经济资源等类型都是城市的资源，尤其是稀缺的、有价值的、不可模仿和替代的关键资源，如自然资源、区位资源、社会资源等。它们的作用尤为重要，这些资源是城市竞争优势最直接的来源。假定在资源差异中产生固定的收益差异，那么按照组织资源基础观，组织内部有形资源、无形资源以及积累的知识在组织间的差异分布决定了组织盈利的根源。因此，组织的竞争优势依赖于组织内部异质性的、稀缺的、难以模仿的和高效的专有资源，组织拥有不断产生这种资源的内在动力，可以保持组织不断形成竞争优势。

在经典著作《企业成长理论》中，资源理论的先驱彭罗斯提出了一系列看法和见解，后来成为组织资源理论的基本思想。自 20 世纪 80 年代开始，组织资源理论体系逐渐成形，此时人们开始系统地从资源角度来研究组织竞争优势的来源。前述有关竞争优势的资源论的内容在 Peteraf 的《竞争优势的基石：基于资源的观点》中得到了整合。作为资源集合体，组织呈现异质性源于资源禀赋的差异。这种资源的位势差异形成资源的位势障碍，而障碍的长期存在是组织获得超出其他竞争对手的可持续性优势基础。所以组织资源对组织价值创造战略有着重要影响作用，组织竞争优势的关注点就从产品市场层面上升到内部资源配置层面，战略管理的重要内容就是识别并有效地开发、培育、提升和保护优势资源。任何一家组织都是资源和能力的组合，它们是超额利润的重要来源。按照资源基础观，企业的内部资源、内在能力创造出了独特的市场竞争优势，这个优势并不是来自外部市场环境和行业结构特征。而且，单一的资源本身并不必然意味着优势，竞争优势形成于资源的独特组合。Hitt 等（2001）认为整合组织生产所需要的一系列投入品，特别是稀缺的、不可模仿替代的投入品，就能更多产生相对的价值，就能增强组织的核心竞争能力，否则这样的整合就不能称为有战略性的资源整合。此外，与那些非常容易在外界环境中购买、复制、模仿的有形资源、实体资源相比，组织特有的隐性资源如人力资本、知识资本、品牌资本等才是一个组织最持久、最独特，也是最有价值的资源。组织掌握了特有的资源后，为了享有稳固、独特的市场竞争地位，就应该在与环境的交换、与其他行动体的互动中整合资源、打造核心竞争优势。为市场提供产品服务，组织才能获得市场独特地位。对顾客而言，这就是为顾客创造的价值；对组织而言，就是以产品或服务体现企业或组织的属性，运用拥有的资源挖掘核心竞争力、适应市场需求，让顾客愿意购买或使用其产品或服务。只有当组织创造了顾客价值后，它才有可能获得高利润回报。从市场交易角度看，资源基础理论是一个市场的竞争战略，它表明企业能够高效运用内部的资源，来创造出比竞争对手更高的交易价值，并与顾客交换从而战胜竞争对手。它建立一种资源垄断竞争优势，其核心体现为企业在交易中的专属于某种特定的应用或某个企业因而不能完全复制的资产独特性、不可复制性特征。当然，竞争者在不确定性条件下产生的行为和结果从本质上具有模糊性，导致了这种资源的独特性和不可复制性；如果失去不确定性，资源的不可复制性和独特性就会丧失。

国内学者对资源理论从不同角度进行了深入研究。李品媛（2002）提出，组织长期持续成功的源泉在于组织资源的独一无二性。资源的价值性、稀缺性和不可仿制性成为持续竞争优势的源泉。资源优化配置能力是组织最重要的且缺乏的能力，这个能力由如下方面构成：整合组织内部资源的管理能力、整合组织实力和环境机会的战略能力、整合组织与利益相关者关系的经营能力。程艳霞（2005）提出，组织获得竞争优势的根本是高效整合运用组织内外资源以快速适应市场的能力，这样才能掌握先进核心技术、开发独特产品、创造优秀管理方式、拥有强大市场销售网络。何静（2007）指出，公司营销必须考虑绿色营销观念，正确认识资源的价值包括因使用资源造成的环境代价，而不仅表现为资源自身价值。苗锡哲（2007）提出，作为组织资源营销的出发点和最终目标，资源营销旨在以资源为核心整合有限的可利用资源，调控整个外部环境的无限资源以最大化资源价值。市场资源可以由资本资源转化而来，然后可进一步转化为网络资源、品牌资源等。在资源转化过程中，组织资源得到了增值，同时实现了获利。评测一个组织的潜在能力的标准应该是其拥有或所调控的各种资源。若仅仅因为所处的行业不同，一个组织还不大可能获得超额利润，更重要的原因是它拥有资源优势和核心能力，这些是其他组织所没有的。因此发现自己独特的资源和能力，并由此建立自己的竞争优势就是组织最重要的任务。杜晓黎（2008）指出，因为组织内部的有限资源会制约组织的发展，所以以资源为导向的资源营销，不仅充分利用内部资源，并充分调动利用、调控社会资源，目的在于实现资源价值的最大化，并增加组织的资源量。田志龙和蔡希贤（1995）构造出博弈分析模型，运用博弈论方法以优化配置营销资源，在各品牌之间以及广告、营销和人员推销等要素间合理分配企业的营销资源，从而在资源有限的约束中产生最大的经济效益。赵志涛、邹可钦（2006）指出，营销能力依赖于内部化外在的资源，即整合、配置和创新等途径方法。张公嵬（2007）认为，资源整合营销策略的核心是资源整合思路，原则为多赢互利，基础为产业价值链和水平战略联盟策略，这样就能为企业的经营管理者获得一个新的营销策略选择。

由于组织就是一个资源投入与产出的系统，这个系统势必会和外界环境的其他组织产生相互依赖的情况，以获取、交换与交易资源来维持组织的生存。20世纪末，资源依赖与组织理论学术界的权力依赖理论有机结合，二者的碰撞滋生了主要描述组织权力主体和环境、资源之间关系的资源依赖理论，其主要论点是：组织依赖其他组织所拥有的资源，为了增加其他组织对本身的资源依赖，或降低自身对外界资源的依赖，组织就要协调整合它与周围的资源的关系，这时候资源依赖特性就与组织产生了很强的关系。资源依赖理论将资源看作组织中的关键要素，在这个观点下，不同组织间的管理行为被看作是一种战略性反应以应付资源的不确定性，其理论基础的根源就是权力依赖理论。Emerson（1962）强调，组织中的资源极为重要，乙对甲的依赖与甲对乙的生存资源的介入和控制呈正向关联，甲掌握的乙所需资源越多，乙对甲的依赖越大，甲就对乙的目标影响力越大，也就是说他的权力也越大。在此基础上，Pfeffer 和 Salancik（1978）提出组织的外部管理理论，他们也认为组织需要从环境中获取资源，从而减少自己对他人的依赖、提高他人对自己的依赖，这种不断的运作最终使组织能够赢取更多的权力。Finkelstein（1998）指出，组织之间的相互供需关系是最基本的互相依赖关系，这个供求关系与该组织所有交易关系的比率在很大程度上决定了这个关系的重要性，高比率导致了重要的依赖关系，而组织之间的依赖方式则由资源控制的集中程度所决定。

综合以上观点，城市营销为了满足城市目标顾客——广义居民的需求，必须以城市资源为核心。城市营销的成功与否，离不开它对自身系统所具备的各种各样的资源的依赖以及充分、合理的利用。

第二节　城市营销资源

一、城市营销资源的界定

在商业竞争中，企业的营销资源包括资金、品牌、销售队伍、口碑、广告、区位等，这些资源来自于一个企业在成长过程中的不断积累和吸取。企业占据了有利推销时段或商铺位置，组建一支优秀的营销队伍，在雄厚资金的支持下通过大量广告与品牌促销，赢得了市场，这就体现了营销资源在竞争中的作用。

与之相似，城市营销资源则是城市开展营销战略的基石。这里资源不仅是我们以前所理解的自然资源，还包括了广泛的社会资源，如区位资源、组织资源、文化资源、政治资源、经济资源、关系资源等类型，是城市竞争优势最直接的来源，它们为城市营销提供了一个全方位、广角度、多层次的立体战略空间，如图 3-1 所示。下面简单介绍一下各种营销资源的含义。

我们将营销资源分为三类。第一类是固有资源，即城市与生俱来、不可转移的资源。它包括自然资源和区位资源。自然资源，就是指城市所拥有的土地、水流、空气等自然赋予的资源。自然资源可能分布在城市，更有可能分布在城市周边的乡村、山野中。它们往往是吸引旅游者、投资者的重要因素，也是城市市民

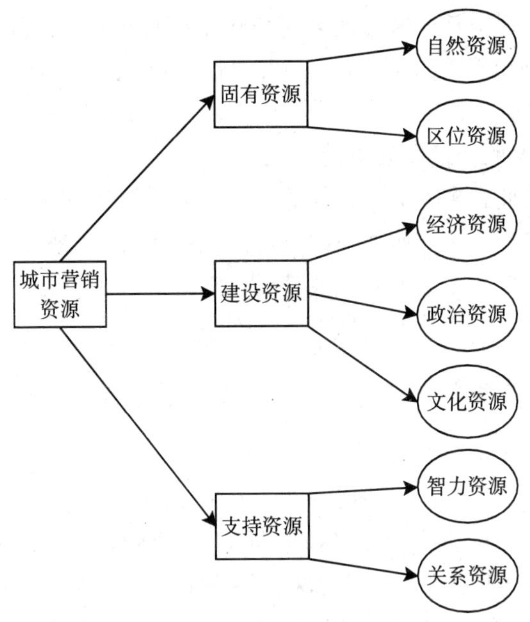

图 3–1　城市营销资源分类

所看重的生活品质的主要影响因子。区位资源是城市因所在地理位置而获得的固有优势，良好的地理区位因有效降低物流成本、接近重要地区、交通便利等缘故而成为一个城市吸引外界投资或游人中转的重要条件。

第二类是建设资源，即城市建设、发展、营销所依赖的、能主动创造价值的资源，它可以转移、增长和消灭。它包括经济资源、政治资源和文化资源。经济资源，指城市建设发展所需的资金、产业、技术、矿产、农牧、劳动力等能够转化为经济增长的资源，这是城市发展壮大的根本依靠力量，城市的经济繁荣了，既提升了整体形象，形成经济场中的一个局部极，又使城市具备更多经济能力营销自身，良性循环，吸引更多的优势资源。政治资源是城市赖以建设发展的法律依据和政策支持。一个城市获得了法律赋予的权限和上级政府的政策支持，就能具有更大的能力和优惠进行自主建设，从而发展城市。文化资源是城市长期积淀或在短期内人为集聚而成的历史、艺术、建筑、文学等文化遗迹场所、设施和人才。它也是城市的名片，使城市能够吸引众多游客，也让居民安于其业。

第三类是支持资源，即不会自主创造出价值，而要通过其他中介因素，但对于城市建设和营销来说必不可少，在无形之中推动了城市营销。它包括智力资源和关系资源。智力资源是城市营销的战略性资源。优秀的人才能够科学规划城市发展、努力推动城市建设，并形成人才“聚宝盆”效应，吸引更多人才来投，客观上起到了良好的营销作用。关系资源也可称为社会资本，是指城市拥有或控制的各种基于社会人际交互或城市地区间交互关系而形成的无形资源集合。城市关系资源有利于与城市顾客维持长久关系，与竞争对手保持良好的竞争合作关系，有利于塑造政府与公众之间的和谐关系，是城市发展过程中克服各种摩擦的“润滑剂”，使城市能够顺畅地发展营销。

一个城市往往拥有多种资源，但也不一定所有资源都非常齐全出色，总是在各项资源之间存在着长短，例如西部城市的区位条件不够好，但是有着丰富的自然资源和矿产。城市的营销战略就要基于已有的资源，努力获取可得的资源，尝试利用可以借助的资源，才能更好地发挥作用。

二、城市营销资源、能力与价值的转化过程

城市价值可以定义为城市的资源配置效率、集聚与辐射效应及其促进社会可持续发展的能力，它是以相对城市顾客的心理期望来衡量的所达到的综合发展水平。城市营销能有效促进和提升城市的价值，包括对城市经济价值、人文价值、社会价值等在内的各种价值的综合的和系统的提升，改善人们对城市的印象，从而使其感知超出期望，是创造、提升城市价值，增益城市核心竞争力的有效战略。但是，城市一开始拥有及可利用的只是营销资源，要转化为最终的城市价值，中间必然存在一个中介变量。这个变量就是城市的营销能力。营销资源、营销能力和城市价值存在着相互的因果连接，构成一个层级模型。

基于资源基础观的市场营销理论落脚点在于通过内向的开发、挖掘、培养企业独特的资源来获得竞争的成功。营销资源向企业绩效转化的过程中间含有两层变量，递进发生。营销资源首先转化成为营销能力，营销能力转化成为市场资产，再由市场资产转化成为企业绩效。类似的过程在城市营销中同样存在，我们可以用图 3–2 这个层级模型来刻画该过程。

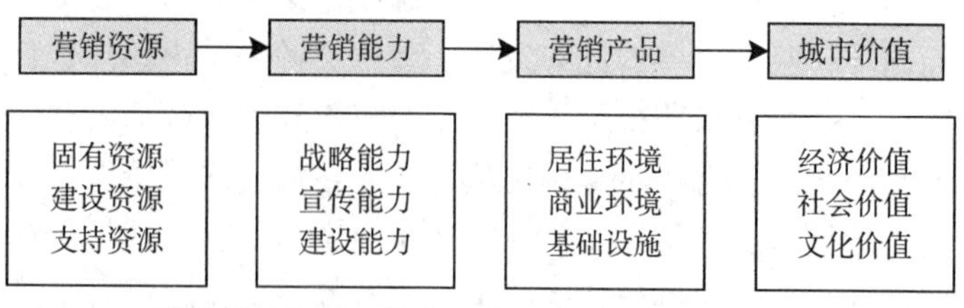

图 3–2 城市营销资源、能力、产品与城市价值的转化层级模型

城市的三类营销资源首先转变为营销能力。城市在挖掘、获取和运用这些营销资源的过程中，能够培养、积累和掌握运用过程的方向性、作用点和熟悉度，让静态的资源活跃起来，从而真正将外在的资源化为自身的营销能力。例如充分利用智力资源，制定科学合理的城市营销宏观战略，将之体现为战略规划的能

力；利用充裕的财政资金进行多媒体、高层次的城市品牌推广，形成强大的城市宣传能力；凭借良好的城市区位条件与政策支持，成立政策功能行政区，进行一系列改革实验，从而体现了优越的城市建设能力。城市拥有了这些营销能力，才能与各方伙伴合作，开展比竞争对手更高效优越的营销活动，创造出多种多样的营销产品如人居环境、商业环境、基础设施等，不断满足城市顾客的要求，从而实现城市方方面面的价值。

第三节　城市营销环境中的资源供给

一、城市营销的组织环境

城市本身只是一个地理概念，是人群、建筑、工具、组织集聚的地理和经济聚合体。它拥有的营销资源中除了固有的区位和自然资源属于自身拥有，其他的资源从根本上都不寄寓在这个符号上，都来源于城市所在的组织环境。只有理解城市组织环境，才能设计合适的营销资源获取与运用战略进行城市营销。

任何一个组织都处于一定环境中，不论组织边界是封闭的还是开放的。每个组织都存在于而且必须适应一个物质、科技、文化的环境，没有一个组织是自给自足的，每个组织的存在都依赖于其所处的环境。环境通过边界的渗透深刻地影响着组织，包括其结构、运作和结果。

作为一个组织系统，城市存在于一定的环境之中，是更高的国家和区域系统的子系统。它在营销过程中必然与外界的营销环境发生各种错综复杂的联系。营销环境是对市场和营销活动产生影响冲击的行为者及其行为集合体，构成了城市营销活动的空间。这些营销活动要与城市、国家乃至世界的各级政府、大小企业交往，要适应市民、外地游客、投资者的要求，而这些都是各种营销资源的实际拥有者。城市营销者的任务在于通过该过程充分整合各方力量的资源，利用各种可控制因素使城市与不断变化的营销环境相适应。

城市营销环境可以从层次大小和元素类别两个角度进行分类。从层次大小角度来看，营销环境具有宏观和微观之分。宏观环境是相对城市而言的高层次经济聚合体。按照系统经济学的观点，从不同层次的经济系统的关系上来讲，低层次经济系统的形成、发展和演化要以高层次经济系统为背景和框架来展开。所以城市的宏观环境包括所在地区、国家甚至全世界。宏观环境为城市营销建设提供了一个巨大的时代和地理空间，从高层次上制约了城市发展的水平。微观环境则是环境中直接影响城市营销活动的各种行为者，如本地政府、顾客、合作企业、竞争对手和社会公众等。微观环境直接成为城市营销的活动场所和营销对象，对城市营销的成败发挥着至关重要的作用。从元素类别看，营销环境分为制度环境和技术环境。环境的技术因素以物质、资源为基础特征，决定了组织作为一个生产技术系统所需要的原料、资源、能量、资金和交换市场。技术环境就是与确立和达到目标有着直接或间接联系的技术因素环境的总称，是组织资源的储备和信息的源泉。城市发展的资金、智力、交通、生态等因素是能够直接作用于城市营销、创造价值的资源。环境的制度因素是对组织产生影响的比较象征性、文化性的特征，制度环境就是这些为社会行为提供稳定性和有意义的、可认知的、规范的和管理的结构、特征与行为组成的总称。一个国家的法律、政策、历史、文化、宗教等制度因素都通过无形的调控手段的潜移默化或剧烈影响塑造着组织的行为、绩效和变革过程，这在经济体成长演变的历史中得到鲜明的体现。城市组织也不例外地受制于制度环境。制度环境是通过潜在作用影响组织，所以比直接作用的技术环境更为包容广泛。

这两种环境的分类视角互有联系，如图 3-3 所示。宏观和微观环境是营销活动的实体环境空间，提供了城市营销的场所，在这个环境内创生、蕴含着制度和技术。制度和技术环境则是城市营销的虚拟环境元素，提供了城市营销的资源和能量，通过各元素的协作积累建构或变革着宏观和微观行为者。城市营销就是在这两类环境的交互场作用下发生和演变的。

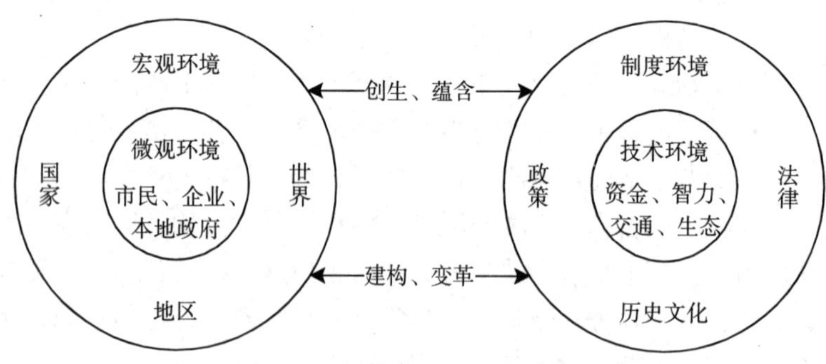

图 3-3 城市营销的组织环境

特别地，由于宏观和微观环境里的各方行为者供给了属于制度或技术因素的城市营销资源，研究资源的获取就必须认识这些行为者。事实上，它们与作为营销资源吸收中心的城市本身组建了一个如图 3-4 所示的资源网络系统。这个网络由三层组成。核心层（第一层）即作为营销对象的城市本身，它是营销资源的汇

聚中心。第二层是本地政府、居民、企业、社会组织和所辖农村组成的营销主体，它们是城市的主人，共同为这个城市的经济社会建设、形象塑造和品牌推广做出各自的贡献。同时，居民、企业等城市消费者，对城市生产、生活、工作环境和条件具有特定消费需要、欲望和能力，将在城市生活和消费，也是城市营销顾客的一种。第三层是由上级政府、外地投资者、其他竞争或合作城市、游客、公务商务人士以及各行各业的全球伙伴构成的城市营销顾客，即城市提升价值后的服务对象，城市通过营销活动打造城市、国家乃至世界级品牌，从而吸引外界的投资者、游客、公务与商务人士，能使城市管理者得到上级政府的赏识。每一层网络之间、单层网络的各元素之间也通过各种渠道相互联系和影响。只有营销主体层的营销活动提升了城市形象品牌，才能对顾客层产生向心力。顾客层对营销结果的认同，反过来有助于对主体层的激励和资源支持。各个行为者之间凭借社会网络关系交互活动，彼此产生支持或者相抵，增强或削弱对营销作用的贡献。例如城市投资环境吸引了投资者，从而引来了商务人士，经济繁荣后也会带来游客观光。网络中的每个行为者都有或多或少的城市营销资源，这就产生了城市对它们的资源依赖。

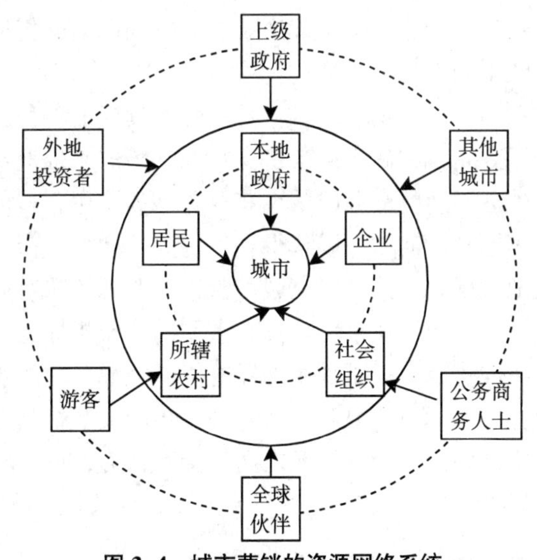

图 3-4 城市营销的资源网络系统

二、资源依赖理论的主张

一个组织之所以获得超额利润不仅是因为所处的行业不同，更重要的是因为它拥有其他组织所没有的资源优势和核心能力。所以组织的营销活动以资源为基础，因此在很大程度上围绕着资源的获取和运用而展开，其出发点和最终目标都是资源。它通过整合有限的可利用资源，来调控全社会无限的资源，从而实现资源最大化的目的。它可能是将资本资源转化成了市场资源，或将市场资源转化为网络资源、品牌资源等。组织就是在资源转化过程中实现资源的增值，同时也实现获利。衡量一个组织的潜在能力，也应该从其拥有的各种资源以及所调控的各种资源来评测。因此，组织最重要的就是挖掘自己独特的或寻找并利用外界环境的资源和能力，将其转化为竞争优势；由于自身资源的有限性，对外界的资源依赖就尤为重要。

资源依赖理论主要描述组织、环境和资源之间的关系。资源依赖理论的主要论点是：毕竟没有一个组织能够自给自足，必须为了生存而与环境发生资源的交换。组织依赖其他组织所拥有的资源，所以组织间的协调整合与其间的资源依赖特性具有很强的关系。如果将组织视为一个资源投入与产出的系统，这个系统势必会和外界环境的其他组织产生相互依赖的情况，以获取组织生存所需的资源交换与交易。获取外界资源产生了对环境组织的依赖性，且资源的稀缺性和重要性决定了依赖的本质和范围。组织为了提高他人对自己的依赖和减少自己对他人的依赖，就需要从环境中获取资源，通过不断运作，最终获得更多的权力。资源依附理论的一个主要贡献是构建了一个理论观点，使我们能够将形形色色的组织活动看作是控制相互依附的战略。

城市营销的成功与否，离不开它对自身系统所具备的各种各样的资源的依赖以及充分合理的利用。它是在确定城市自身资源优势的基础上对城市进行准确定位，并通过自身和外界环境的资源的敏锐获取和高效运用，增值创造优质的城市产品来满足城市营销顾客的需求，以获得竞争优势，增加城市财富与资源，促进城市经济又好又快地发展。为此，研究城市营销的资源依赖对城市在日益激烈的竞争中打造核心竞争力，建立竞争优势具有重要的实践指导意义。城市只有善于创造性地利用好自身的资源，挖掘利用外界的优质资源，才能在竞争中处于有利的地位，才能获得持久的竞争优势和城市经济社会的发展福利。为此，下面我们解析城市在资源网络之中的各个行为者之间的交互行为，揭示城市对网络中的行为者的资源依赖形式。

三、城市营销环境中行为者的资源供给

城市营销的网络环境中，最重要的行为者是营销主体，即城市营销任务的承担者，其中扮演核心的是本地政府。政府的主导地位由城市营销问题的公共性所决定。

城市是一个由城市组织提供给每一位城市顾客的巨大的由物质和文化共同塑

造出的公共物品。城市营销作为一个公共问题，对整个城市居民的公共价值有着重要影响，良好的城市品牌能为市民带来巨大的潜在收益。所以政府应当将一定量的人力、物力和财力资源配置起来，作为总协调人，在城市营销活动中把握全局，协调各方发挥主导作用。本地政府可以通过制定城市战略规划确立城市的中长期发展目标，作为营销的政治资源；通过产业政策形成城市的经济名片，作为营销的经济资源；通过社会管理政策和文化保护政策培育健康、文明、积极的市民社会，保护良好的历史文化，作为营销的文化资源；通过"筑巢引凤"政策吸引人才落户，作为营销的智力资源；通过积极的政府宣传和外界推广，建构营销的关系资源，这些都体现了本地政府对城市营销的巨大作用。第二个重要的行为者是本地市民和公民社会组织。他们既是城市营销的重要主体，也是最主要的营销客体，毕竟城市营销的最终目的在于提升城市价值从而提高市民生活品质。市民和社会组织是城市营销的公众实践者，其一言一行影响着外来游客、公务与商务人士和投资者对城市的印象，是一种城市文化的资源；他们也通过建言或实践创新贡献着营销的智力资源；还积极配合政府营销举措，努力通过民主制度表达利益诉求和治理思路，更是可贵的政治资源。城市拥有的企业也是非常重要的行为者。企业以自身提供的产品和品牌为载体展现了城市的形象和魅力，许多城市的知名度与城市的知名企业或特色品牌紧密联系，这创造出城市的文化资源。繁荣良好的企业能吸收城市的劳动力，创造社会的稳定、富足，还能以最直接的利税贡献为城市营销提供充裕的财政支持，形成良好的政治和经济资源。最后，城市周边所辖农村可能有优美的自然风景或重要的矿产资源，从而吸引游客或投资者，形成城市营销的自然资源和经济资源。

除了城市内部的这些营销主体，外界环境也能为城市提供丰富的资源支持，尽管外界的行为者更显然的角色是营销顾客。但营销活动的运行离不开资源的交换与依赖，在获取营销的正面效益之时，这些行为者也提供了自身的资源。

首先，城市所在的区域政府甚至国家的中央政府是最大的政治资源所在。这种资源表现为国家政局和政治制度设计对城市营销的影响，如我国中央政府对香港地区的政治制度设计有助于香港地区的稳定发展；表现为政策和法律环境对城市营销的影响，即上级政府可以授权城市实行特殊的发展政策和试验改革区，加速城市发展；表现为一个国家和地区的经济发展水平对城市营销活动的印象效应，影响着国内外游客和投资者的选择。

其次，投资者、公务商务人士和游客则为城市带来了经济资源和关系资源。投资者选择城市进行商业投资、创办企业，就以企业这个行为者为中间变量进一步激励了城市营销。公务商务人士和游客则一方面通过交通旅游的消费繁荣了城市经济，在旅游型城市更是如此；另一方面以他们的口碑扩大着城市的知名度。

再次，其他城市作为本城市的竞争对手或者合作伙伴，前者能造成城市竞争的氛围，刺激本城市的良好建设和积极营销，后者能通过友好互利合作促进双方资源的互通有无和战略合作，这些都可以体现为其他城市的营销实践启示，即智力资源。此外，其他城市如果是经济场的中心（如上海、北京、深圳等），还能以强大的经济辐射力带动区域发展，从而为本城市带来经济资源。

最后，全球政治因素以对经济的直接、间接影响作用于城市营销，其局势的稳定状况能影响城市顾客的个人或产业组织的消费信心，这是政治资源。全球一体化时代的经济进步和技术发展更为城市的产业贸易、海外合作、全球宣传、重大活动承办创造出宝贵的契机和经济、关系资源。

由此可见，虽然城市自身就可以拥有自然资源和区位资源，但是建设资源和支持资源依赖于网络环境中的各方行为者，从那里获取营销资源，并通过积极的营销活动“反哺”这些行为者，为他们服务，彼此构成良性的相互依赖。

第四章　基于AGIL模型的城市整合营销

整合营销传播理念的提出，推动了城市整合营销理论的发展，以增强城市营销主体之间的整合协作，提高城市营销资源的利用效益。无论是从政治环境，还是从经济效益或主体之间纵向、横向关系角度看，开展城市整合营销都有其必要性。本章还阐述了城市整合营销的动力机制与基本模式，提出了实施城市整合营销的基本原则与实施步骤。最后，本章还构建了基于AGIL模型的城市整合营销框架。

第一节　城市整合营销及其必要性

一、城市整合营销概述

在市场竞争日益加剧的今天，地区间、企业间的竞争导致处于一个经济圈内部的各个利益个体出于自身发展的需要而谋求利益的局部最大化，不惜以邻为壑，从而破坏市场中原有的平衡机制、压缩整体利润空间。故而，在城市整合营销中突出资源整合是城市营销制定者应对经济全球化的战略选择。

1991年，“整合营销传播”的概念由美国西北大学Schultz第一次提出。但是20多年来对“整合”一词的概念理解却出现了相当多的分歧，即使是Schultz本人，也在反思修正自己的观点。在实现营销的过程中，整合就是统一、完整、协调，意味着充分地系统地接触沟通消费者。Belch（1993）认为综合运用各种传播性的手段来提供具备良好清晰度和紧密连贯性的信息，使营销的影响力最大化和实现营销效果的行为过程就是整合。它通过某种方式彼此衔接一些零散的东西，从而共享信息系统的资源，以发挥协同工作的功效。零散要素被组合在一起就是主要的精髓，这样最终能够形成有效率、有价值的一个整体。具体而言，就是把各种营销手段根据目标消费群的特征和营销目标采取一定衔接方式，使整个系统一致化，最终实现营销效用的优化。Li 和 Greenwood（2004）认为，组织控制和利用资源，其目的在于实现营销的目标，这一切经营性要素的总和就是营销资源。整合营销以优化资源配置、协调营销手段为核心任务。因为营销资源是稀缺性的，营销活动的目标是投入有限的人力、物力和财力，转化为尽可能多的产出。这就要求资源的有效利用，即必须利用先进的管理技术优化配置有限的营销资源。运用不好营销手段，就会产生不合理的营销结果，协同效应无法出现，内耗反而频频发生，增加运营成本。所以，整合营销就要按照统一的目标和策略，合理分配城市的资源，协调营销手段的高效运用，有机地结合营销的各个环节，使城市的运作具备整体的效果，而非各自为政。

国内学者对整合营销提出了自己的观点。潘丹（2006）认为资源整合就是城市整合营销的本质，即通过市场和行政手段二次配置区域内未得到最优化甚至闲置的资源，以一系列挖掘、合并、转移、重组手段促进经济的快速发展。在一定的区域和组织内部可以进行这种资源整合，但更多时候是从区域和组织外部引入资源。通过一定的制度安排，以城市优势为基础的资源依赖就能打破城市壁垒，让一切要素突破妨碍，自由流动，这样通过对城市系统的信息、功能、资源、网络以及其他流动要素的一系列规划、管理和评价，所有要素能够像一个整体一样良好地配合、协调地运作，市场在资源配置中就能充分发挥决定性作用，紧密联系起城市系统要素，以最有效地利用城市整体化和资源。隶属于不同的行政主体管辖之下的市场营销资源就能够通过整合手段牵涉各级行政主体间的收益与管辖权，各级主体的协调成效在很大程度上成了营销资源整合成功与否的一大关键。这里牵涉的行政主体并不隶属于同级政府，往往归于上一级相应的主管部门，因而发生在一个城市的营销资源整合活动就完全可以通过城市扩展到更高级的省级系统。王春霞和张明立（2007）认为，城市竞争优势的源泉在于顾客的价值，为顾客提供卓越的价值是一个重要的战略手段。各项营销工作的有效性依赖于对消费者需求的正确把握，这样才能有意义地分配及整合资源，否则建立在错误基础上的整合会使得城市营销活动归于彻底失败。所以，顾客价值和城市价值的双赢就是城市营销的目的，既要注重城市价值，又要同时满足顾客需求以最终实现顾客价值。因此，营销活动要围绕城市价值增值和顾客价值双重目标，了解顾客的喜好、满意度及忠诚度就是城市营销的出发点。城市的价值实现不能与顾客价值实现呈现对立关系，二者应该是共生关系。王启万（2009）认为，整合营销是一个循环的过程：首先是顾客价值研究；其次是资源配置优化和营销手段整合；再次是城市目标评价；最后是营销重新整合，进入下一个整合营销过程。因此，整合营销的过程是一个周而复始的循环的过程，上一个过程的结束是下一个过程的

开始。

二、城市营销主体及其协调合作

城市营销主要由营销主体、营销客体和营销对象三个因素构成。实现城市整合营销，具体体现为对上述三个构成因素的整合，即营销主体、营销客体和营销对象的整合，而这其中营销主体的整合具有提纲挈领的作用。城市政府就是城市营销主体。在自然观点下，城市归属于国家；在社会视角下，城市则是全民所有。政府则代表了人民，代表了国家来管理组织城市，管理着市民工作生活的环境条件，所以政府自然成了城市营销的主体，在城市营销中发挥着无可替代的作用。但是，城市营销随着经济全球化浪潮已经完全成为一种世界范围内的行为。政府在运营一个城市时，有时候会主导着国民经济特别重要或优先的资源或行业单位，而其他项目则被“抓大放小”，留给了外来资本和私人产权。在这个情况下，发展多种所有制并使其规模达到一定程度就是将来城市资产经营的必然。企业、中介组织、城市的居民都是城市营销多元主体中举足轻重的组成部分，城市经营主体将由单一主体向多元主体方向发展。由于城市营销将城市所拥有的各种各样的资源当作可以用以市场交易的商品，于是作为一个近似于企业的经济实体，政府就将自己当作企业的管理者来重新定位自己的职能，把自己当作商品市场甚至资本市场上的经营者，而非传统以来简单的城市管理者。在市场的网络环境下，各类社会组织与市民成为政府经营管理城市的重要支持和中坚力量。城市物质和精神文明、人居环境的提高离不开市民的支持，城市形象品牌的塑造和维护离不开市民的支持，城市营销能获得多大的收益、需要多少成本更与市民的文化素质、知识水平、思想状态息息相关。

营销主体的整合，需要借助不同的整合模式，具体表现为营销主体之间的协调交易模式。客观上，不同的协调交易模式都能形成营销主体的交易，这些模式也被称作协调交易机制。按照交易关系维持的长短，Moller 和 Wilson（1998）把协调交易机制分为基于市场交易、短期和长期关系交易、买卖伙伴关系交易。当价格和交易合同被完全确定后，市场的竞争各方就由此确立了交易框架，在这个框架下双方达成交易。这个主要来自市场规范的市场交易模式是最传统的、最具有竞争性的。短期交易是为了获得一项交易合同；谋求多重交易合同的实际长期交易关系则非常注重对客户关系的管理，希望在长期交易中尽可能地最小化风险、最大化利益。由于合同的存在，双方就会产生彼此依附，在依附均衡的基础上产生交易积极性，直到双方因彼此的彻底依附而建立能够取代市场力量的合作伙伴关系，其前提就是互信共赢。与这三种交易关系相对应有着三种协调机制：一是实质上由自由竞争市场规范协调的市场机制，市场规范形成了普遍适用的制度；二是本质上看是彼此通过协商建立交易的关系协调机制，无论是长短期交易或网络联盟交易都存在一定程度的相互依赖甚至是共生的关系；三是以权力协调渠道成员间的交易结果和过程的权力协调机制，无论是垂直一体化还是分散整合，这些交易都需要在营销主体组织内部或彼此之间的权力支配下发生。Webster（1992）提出了营销交易关系的发展过程：它从交易型的一端向另一端移动，另一端就是网络型组织，但最终这个关系还是会向垂直一体化发展。从交易的连续性特点看，纯交易是一个极端，公司的完全整合系统化是另一极端，这个过程被视作连续流。Dijkstra（2001）等指出，纯交易是交易双方在竞争市场上以价格信号为指令的交易行为，接下来是长期交易关系，此时双方高度相互依赖并协商价格，最后发展到基于彼此之间相互信任的伙伴关系、共享资源的联盟关系、多极合作和联盟的网络关系和一体化的公司垂直整合关系。Stern、Elanary 和 Coughlan（1999）认为组织间存在着“自由形式”、“权力为基础”和“伙伴关系为基础”的企业间关系。单边治理以权力为基础，其组织间关系中需要一个权威结构，这样的结构能为交易伙伴提供制定规则的能力，这套规则能够通过发出指令影响交易的执行决策。Heide（1994）考察营销主体交易的治理分析时运用了交易成本理论，由此发现整合营销可以被归纳为三个形式，即市场整合、关系整合和权力整合。首先看市场整合，交易营销是典型的市场交易，销售者理性选择自身的利益，与竞争者和顾客分别博弈市场需求和总剩余份额，这种博弈行为不存在交易关系的未来。其次看关系整合，西方传统古典经济学将纯粹市场交易建立在由价格协调自由竞争交易的市场背景下，但制度经济学认为市场的社会法律规范、道德规范、价值观，甚至风俗习惯都对自由交易产生约束。Webster（1992）认为重复交易是关系交易的基础。交易双方在重复交易过程中可以节省大量的获得信息的时间精力，而且双方能够获得更好的交易条款，使交易更加有效率。原来许多和企业的离散交易关系比较疏远、互不控制，20 世纪 80 年代之后，全球市场竞争的压力迫使许多企业走向一种相互依赖的、紧密的长期交易关系。Johanson 和 Mattsson（1994）认为市场的多样性供求因素决定了交易关系会从市场交易发展到关系交易。供应商必须在技术和要素等方面彼此依赖和战略配合以满足多样化的顾客，顾客和供应商需要协调商品流、服务流、信息流和财务流，但传统的交易不具备该功能，于是交易双方需要建立处理共同发展的特定需求的交易关系机制。此外，在产品和服务创新时，由拥有独特的创新资源的交易双方一起合作，共同创新才能实现。为减小交易的不确定性，双方通过契约控制供求的不确定性，产生信任与依赖关系。最后看权力整合，传统的成员间关系松散独立的一般渠道中，成员往往为了追求一己私利，各自为政，各行其是，以邻为壑，造成全局系统利益陷入不佳。没有成员可以在该系统中对全局拥有充足的控制

力。所以，为了控制成员的行为，减少彼此追求私利而陷入局部最优而非全局优化，实现运营经济效率的最大化和市场影响力的提升，垂直一体化就产生了。它具有稳定的交易对象和结构，通过权力协调和规划渠道成员的彼此行为。整个系统中的权力关系是均衡的，合作成为成员之间主要的相互交易关系。

在城市整合营销中，城市被视作具备社会复杂系统特点的一种组织。组织是人们为实现一定目的而组成的共同体。既然是共同体，那么在组织内会发生各种各样错综复杂的关系，其中权力关系是组织当中非常重要的一种关系。组织内的权力及其运行直接决定着组织的效率高低以及组织目标的实现与否或实现程度。组织不同主体所控制的资源和它们之间互相依赖程度的高低直接影响组织目标的实现。城市营销的组织主体是一个复杂的群体组合，除了政府之外，还有企业、社会公众等。按照地区营销中的操作者来分，又可以分为公共部门的营销者和私人部门的营销者。公共部门可以包括市长或者城市管理者、城市规划部门或者旅游局、城市投资促进机构或者商业开发部门。私人营销者主要是吸引投资商来到本地进行合作的房地产行业或者本地的旅游行业和零售行业。为了地区或者城市的利益，城市营销同时也要动员和协调最广泛的利益相关者——城市居民参与到这个过程中来。而且为了达到综合运用各种被依赖资源的目的，只有在政府的主导下，各政府机构、公共部门、产业行业中的企业进行横向联合，才能尽可能最大化地提高组织运作的效能，不至于在营销过程中产生无序、过度消耗和过度浪费的现象。

三、城市整合营销的二维分析框架

正如前文所论述的，城市整合营销是一项复杂的，要突出系统性、层次性和阶段性的系统工程。城市整合营销的概念具有三大层次：首先，城市整合营销是一项系统工程，必须系统集成参与整合营销的各种要素（如营销主体、客体因素），以实现聚集效益。其次，城市系统是复杂的多层次大系统，需要在宏观、中观和微观三个层次上优化配置营销资源，社会经济大系统才能够实现协调持续发展，由此各层次的资源配置和整合目标和方式才能够明确。最后，整合营销具有鲜明的阶段性，任何一项营销整合都需要有步骤、分阶段地完成，都不是一蹴而就的；另外，阶段性的含义还指，什么样的经济发展阶段，才能够对应资源的整合，如果超越了经济发展阶段的要求，盲目的城市整合营销则只会带来资源的闲置和浪费。

从以上城市整合营销的三点总结我们可以看出，此研究对象涉及多个层面的问题，且主要由营销主体、营销客体和营销对象三个要素组成，其中具有提纲挈领作用的无疑是营销主体。城市营销主体即营销者，是指在城市营销中寻找一个或多个能与预期顾客交换价值的个体或群体。从主体及营销者的视角，我们将重点探讨整合营销中的以下三个问题：第一，为什么要整合主体进行营销，即城市主体整合营销的必要性。第二，为什么能整合主体进行营销，即城市主体整合营销的可能性或作用机制。第三，怎样有效地整合城市营销中的不同主体，即主体论角度的城市整合营销策略。为限定研究范围，本章将围绕城市整合营销展开，以宏观视角从整合营销中的主体角度切入，其讨论语境为现阶段我国中等水平的大中城市。

现有文献对主体的类型化基本都是单维度的。科特勒就认为，城市营销的主要行为者包括三大类：当地行为者、区域行为者和国际行为者，其中当地行为者又可以分为公共部门和私人部门的行为者。

虽然此类单维度划分可以从分析框架的角度给我们提供很好的参考，但就我国转型阶段主体的内部、外部和公司的复杂关系而言，单维度的分析框架是远远不够的。在我国城市营销面对的实际环境下，结合组织行为理论常用的分析框架，我们采纳公共部门与私人部门、目标城市内部与外部两维度坐标构建了城市整合营销的二维分析框架，如图 4–1 所示。

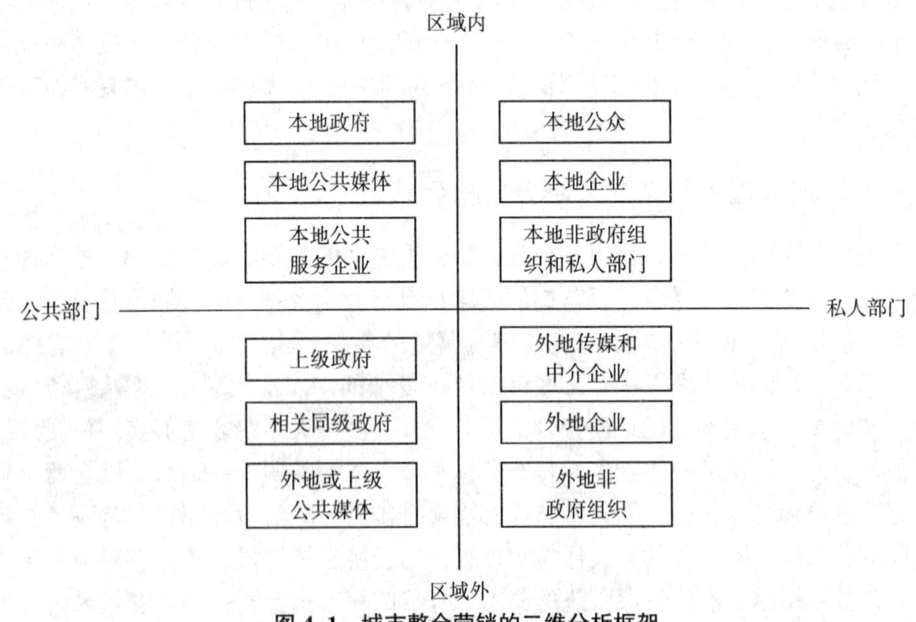

图 4–1 城市整合营销的二维分析框架

第一象限为内部私人部门，主要包括城市居民、本地企业和本地非政府组织等主体。第二象限为内部公共部门，主要有本地政府及其新闻宣传部门、国土交通部门、城建旅游部门、文化教育部门等，也包含公有的传媒、水电气供应等公

共服务提供公司等。第三象限为外部公共部门，包括目标城市上级政府部门、相关城市的同级政府部门、外部公共传媒等主体。第四象限为外部私人部门，包括城市外的中介传媒企业、产业型企业和外部非政府组织甚至是私人定居者或投资者等。这四个象限的部门相辅相成，从各个渠道促进了城市营销的整合发展，后文会有详细解释。

四、城市整合营销的必要性

与一般产品营销不同，城市营销的特征在很大程度上决定了以必要性和可能性为代表的整合营销的现实性。很多学者对其特征做过各种总结，具有代表性的一个理论是从城市规划和地理学的角度看，相对企业产品而言，城市产品具有非常独特的属性：其一，公共产品与私人产品具有集合性的特点；其二，城市产品与城市资源并不是对应性的；其三，区域空间上，同一城市的产品有多维性；其四，同一城市的产品在利益上还有多维性。上述对城市营销特性的总结可以给我们的分析提供理论上的启发。其中，公共产品与私人产品的集合性以及城市资源与城市产品的非对应性可以支持城市整合营销的必要性；同一城市产品的多维性则可以很好地说明城市整合营销的动力机制。

城市具有公共产品和私人产品的集合性，其往往包含了私人产品、纯粹的公共产品以及准公共产品。城市中，同一资源可表现或开发为多种城市产品，即城市产品与城市资源的非对应性。如城市历史资源，可支持城市文化特色形象、游览、活动、舞台艺术、纪念品等多种产品的表现或开发。以上的城市产品特性决定了城市营销中整合主体营销的必要程度。具体而言：

第一，从政治环境来看，政府功能调整为城市整合营销埋下伏笔。以往政府及其相关部门是城市管理包括城市营销的传统支配力量。但是我国目前从计划经济向市场经济转变，这个传统力量也必须为自身进行重新定位。政府原本的城市规划与管理职能随着自身从管理型政府向服务型政府的转变有所弱化；相应地必会剥离出原本属于城市营销的部分政府职能，然后将这些剥离的职能以多种形式外包或移交给企业和社会组织。虽然我们并不否认现阶段政府仍将是城市营销的主导力量，但传统的政府作为城市营销单一主体的情况将逐渐变得非常态。城市产品已经不限于公共产品，而是向私人产品、公共产品和准公共产品多元化发展，即在城市营销中的单一主体消失了，取而代之的是多元主体。这就需要城市在营销时以主体整合为前提。

第二，从经济效益来看，城市营销具有非常巨大的收益，从而提供了巨大的参与激励，能产生对多主体参与的强大吸引力。这样的运行机制导致了城市产品主体的多元化，反之也为城市营销提供了材料。首先，城市营销的营销过程具有巨大的潜在收益。不论是区域内还是区域外，各行各业的投资者都看到了巨大的市场机会。而且这种机会很有可能兑现成现实的投资收益，所以它们就具有了参与城市营销的巨大激励。其次，城市营销一旦成功之后，大到本地重要的企业、小到作为普通民众的街头商贩的城市内不同层次、各行各业的营销主体都有一笔丰厚的收益；与此同时，周边相关区域也同样能够因为一个城市的成功营销获得丰厚的利益，最典型的就是旅游业中的景区能通过集聚效应产生相当可观的收益。因此，相关产业能够获得持续的良性增长机会，同时为利益相关区域带来产业积聚的强大牵引作用等，这样本区域内的财富就能直线增长，城市营销就通过这样的途径对各种大大小小的个体或组织产生着巨大的吸引力。

第三，从横向关系分析，城市产品的主体多元势必产生主体之间的博弈。由于各自为政，博弈有可能得不到有效协调，反而导致较差结果。这种可能性有望通过整合营销予以解决。系统性和全方位的城市营销收益激励了复杂的群体组合作为参与主体进入到博弈当局中来。这些群体包括本地政府、社会公众、企业团体、非政府组织，也包括上一级政府和周边城市的同级政府。在城市营销的过程中，城市内部如此众多的细分主体会产生利益的纷扰，当然外部的利益联系也纷繁复杂。首先，基于理性人假设，其中的不同个体或群体都具有使自己利益最大化的动机，但是他们的利益差别巨大。在城市营销的互动中，由于存在着潜在的利益冲突，这样的互动行为会被不同的利益主体看作零和博弈，从而使这些主体出于自身利益局部最大化的所谓理性考虑，不惜以邻为壑谋求利益。但这种个体的理性行为导致群体的非理性，整体的利益空间被压缩，城市发展固有的平衡机制被打破。其次，前面已经指出，城市营销所经营的“城市”客体内涵丰富，其产品集合了公共与私人的属性，其中不同内容的属性也完全不同。举例来说，房地产等终端产品是一个很典型的私人物品；但城市品牌或城市形象这些上游的产品，却往往是最有代表性的公共物品。而且这些公共物品如优美环境会产生巨大正外部性，从而出现供给不足；反之，在城市营销中某些产品如填海造陆、开发地产会产生负外部性，于是会过度供给。即使是在较为一般的情况下，城市营销也会重复建设有利可图的产品而无人问津无利可收的项目。这些在城市营销中有着极强破坏力的情况会导致整体营销战略的彻底失败。所以在城市整合营销的过程中，政府必须协调各个方面主体的利益，寻找利益最佳的契合点，通过高明的手法机制内化产品的外部性，这样，此类问题才能被较好地解决。

第四，从纵向关系分析，高速发展的城市背后往往存在很多会形成城市发展“瓶颈”的隐患，这些长期发展中的问题一定要靠整合营销才能解决。从根本上来说，任何一个城市的发展总是呈现长期的动态过程。在这个过程中，城市首先得到高速发展，然后巨大的人口和大量的企业集中在城市里，庞大的需求抬高了

生产生活的成本，开始将一部分人口和产业因成本问题而挤出城市，反过来却形成了城市的空心化。这个循环怪圈像噩梦一样令许多城市挥之不去。这是一种非常消极的城市发展模式，它产生的根源与城市不同发展阶段中参与城市建设的多元化、差异化主体利益紧密相关。为了跳出这个怪圈，城市的营销就提出了主体整合的要求，通过这个要求有效回应动态机制中的内在矛盾，从而站在长时间、大视野的城市发展周期内，对城市的长期发展进行良好的顶层设计规划，从而有助于城市整体协调不同主体，为城市发展的很多问题提供解决方案，不仅着眼于当前发展，还着眼于长远和全局，实现城市经营的跨代可持续优化。

第二节 城市整合营销动力机制与模式

一、城市整合营销动力机制

如前文所述，整合营销无疑可以为城市区域整体，甚至更大范围的主体提供利益。就主体论而言，由于主体是具有自利动机的理性人，所以从中获得的有形物质利益和无形的政治利益或者精神享受利益成了某一行为的动力。对城市整合营销也是如此。整合营销相比于非整合营销所能提供的利益回报或回报的潜力正是其动力。众所周知，各自牟取私利的行为会导致整体利益的悲剧。因为城市资源的整体利益是公共品，其成本和收益都不可能分配到相对分离的主体上，从而给他们产生足够的整合营销激励，本质上就是各自行为会导致负外部性问题。基于此判断，从图 4-1 中可以看出，我们从城市营销的两个分析维度对城市整合营销的动力机制做以下解释。

第一，第一象限的内部私人部门看重自身的利益，源于城市营销产品所具有的利益多维性成为最根本的动力。购买同一城市产品的不同顾客可以从中实现不同的利益或效用，这就是利益的多维性体现。如公交车使市民享受到了购买通勤的便利，而同时游客也从中获得了游览市容的便利利益等。这里，源于整合营销的主体优化资源配置和利益协调赋予了城市整合营销所谓多维性的意义。首先，经过对内部私人部门之间的关系协调，城市整合营销能够提供充足的整合营销动力。利益的多维性意味着同一营销活动可能使多个主体受益，因为城市整合营销可以有效整合多个主体资源、协调多元化的受益主体共同参与营销活动，从而最终在营销效果上出现“1 + 1 > 2”的效应，反过来该效应又可以通过多维渠道作用于广泛分布于城市内部差异化的私人部门。其次，通过整合公私资源，城市整合营销就能为资源具有相当局限性的内部私人部门提供整合营销的动力。例如在中国的政治、经济环境下，对中国私人部门来说，政治资源是最匮乏的，所以整合营销给私人部门带来了政治支持，这个支持无疑是极其宝贵的资源。最后，城市整合营销可以充分引入外部资源。城市营销需要有效引入外部主体及其所拥有的资源。作为交换筹码，这个交易过程也需要大量的内部资源，如城市土地使用权、部分商品的特许经营权等，而很多内部私人部门却不具有这些内部资源。整合内部优势进而促进外部资源的积聚使得城市整合营销这一机制产生了对内部私人部门的巨大吸引力。

第二，对第二象限的内部公共部门来说，首先，内部公共部门最重要的共同特征之一，是其利益直接或间接地来源于上级的政治绩效评估。城市整合营销能更好地推动城市营销，并由此带动本地经济文化的发展，这对政府及其官员的政治晋升激励很大。正是这种对政治资本的有效增强，促使内部公共部门也对城市整合营销抱有积极的态度。其次，就内部公共部门中最重要的组成部分——当地政府而言，城市整合营销对政府部门精简以及服务型政府的构建作用巨大。政府部门编制减少，意味着其对城市营销这一宏大的课题难以从专业知识、人力资本上进行大包大揽，而城市整合营销为其提供了巨大的外部资源引入空间，可以较好地化解城市营销所需资源巨大与政府资源不足之间的矛盾。在政府政治目标的实现上，以较少的精力获得较大的政治资本，对以政府为代表的内部公共部门无疑具有巨大的吸引力。

第三，虽然看起来第三象限的外部公共部门与本地城市营销关系不大，激励也并不强，但深入分析，我们也可以看到：同一城市产品的区域空间多维性，也为外部公共部门配合目标城市进行城市的整合营销提供了强大的激励。此特性意味着某一城市的产品，可能同时也是所在地区产品甚至是国家的产品。首先，对相邻目标城市的同级政府部门，也存在着如本地政府部门类似的政治激励。在很多产业，尤其是以旅游业为代表的服务业中，集聚效应表现明显。如山东半岛的青岛、烟台、威海一线旅游景点众多，且风格特点各异，景点积聚有效地吸引了类型不同的众多游客，而单一的孤立景点或同质性景区往往孤掌难鸣。城市整体营销可以避免与周边城市的重复建设和恶性竞争，有效地利用资源，并充分利用周边的发展优势，从而强化本地和更大区域的城市竞争力。这给周边同级政府带来了巨大的经济政治收益。其次，对目标城市的上级政府部门而言，城市整合营销也具有强大的吸引力。城市整合营销既然有促进目标城市价值高效增值的效果，也能带动或协调周边城市"共同富裕"，也就促进了上级政府管辖区域内的整体增值，所以能参与到其管辖城市的城市整合营销中，自然也是上级公共部门

政府部门的理性选择。

第四，对第四象限的外部私人部门来说，参与本地城市整合营销的动力多来源于市场的巨大吸引力。本地资源的有限性，包括资本、人力、知识等资源的有限性，决定了在本地的城市营销中，必须引入外部的相应资源，如外部金融机构或私人投资者提供融资、外部中介机构提供专业中介服务、外部传媒企业提供专业的策划和传播服务等。总之，本地城市营销为区域外的私人部门提供了巨大的市场空间，市场这一“无形的手”必将其拉入本地城市营销并进行整合。

二、城市整合营销的基本模式

城市营销主体的整合，需要借助不同的整合模式，具体表现为营销主体之间的协调交易模式。在对城市营销的研究中，营销主体交易客观上存在不同的协调模式，也被称作协调交易机制。

前文提到，按交易关系维持的长短，协调交易机制可以分为基于市场的交易、短期和长期关系交易、买卖伙伴关系交易三种。由此，我们可以看到整合营销的三种形式：市场整合、关系整合和权力整合。

协调交易的类型化的依据主要有两点：一是市场力量和权力力量此消彼长；二是交易主体间的密切程度。前者所区隔的类型的存在，是自由型交易与权力主导型交易固有的优劣点决定的；后者则会在不同的营销整合阶段呈现出不同的特点。我们在中国政治环境下的整合营销策略分析中，将选取较有代表性的市场整合、关系整合和权力整合三种模式的分析框架，并对其各个整合模式的内涵做相应的修正。

第一种模式是市场整合的城市整合营销模式。交易型营销是传统营销基于“4PS”组合理论的市场交易发展而来。但“4PS”的传统营销与微观经济学理论有着密切联系，销售者并不按个别需求参与营销活动，因此很难与个别组织或个人产生较为直接的交易关系；销售者之间相互认定替代产品的销售者的关系，他们之间很少存在合作依赖关系；销售者仅对某时期中的交易进行分析，而不做市场长期动态性考察；考察的角度也主要着眼于销售者之间的关系，对销售者与购买者之间的关系很少研究。学者也普遍认为纯粹的市场交易很少存在，但它却是交易关系发展的起点，市场整合发展到一定程度，就会产生关系整合这一营销整合模式。同样地，在中国城市整合营销中，它也广泛存在于各个层面整合的初级阶段，所以将其视为市场占主导的整合模式的初级阶段较为合适。

第二种模式是关系整合的城市整合营销模式。博弈论告诉我们，重复交易使纯粹的产品和价格导向发展到以信任和信用为基础的关系交易导向。交易双方可以在重复交易过程中节省时间和精力去获得信息，购买者可以从提供商那里获得更好的交易条款优惠，使交易更加有效率，并降低了购买者和销售者交易的不确定性，通过关系或契约控制供求的不确定性，进而产生了相互依赖和彼此信任的关系。这一模式符合我国市场基础上的城市整合营销模式，为对私人部门内部以及部分公私合作的分析提供了很好的框架。

第三种模式是权力整合的城市整合营销模式。在传统的营销渠道系统中，成员之间关系松散，各成员间是相互独立的。它们往往为了追求利润，各行其是。在该系统中，没有一个渠道成员可以对其他成员有足够的控制能力。这样，渠道垂直一体化就产生了，其目的是为了控制渠道成员行为，减少彼此因追求自身目的而导致的冲突，从而实现经济化运营和对市场影响力的最大化。其中，渠道的领导者运用其权力或权威规划系统发展的远景，来协调分配稀缺资源。在当下的中国，权力整合模式可以涵盖社会大部分的公共部门与私人部门的城市营销合作。

第三节　城市整合营销的组织实施

在信息化快速发展的今天，人们的生活方式和劳动方式更加具有群体性、交互性、分布性和协作性特点，为迎接信息化社会的挑战，城市作为一个相互依存的工作群体，更需要加强合作、资源共享、协同工作，以更好地发挥政府在城市中的宏观管理、综合协调与服务的职能。因此，以共享、交流、协作为核心的城市整合营销已经成为城市主体提高工作效率、工作质量的重要手段。

一、组织实施的基本原则

（一）和谐发展观原则

城市整合营销的实施应当贯彻和谐发展观的原则。促进经济的可持续发展是各国都在追求的目标。只有发展才能脱贫致富，提高人民的生活水平；只有发展才能为解决生态危机提供必要的物质基础，才能最终打破贫困加剧和环境破坏的恶性循环。但是，发展一定要体现科学发展观的全面、协调、可持续发展的要求。城市整合营销要体现和谐发展的要求，通过城市的整合营销实现和谐。和谐源于整合，要以市场经济理论、协同学基本原理、系统理论、梯度理论等为指导，转变传统的不和谐的竞争，甚至是斗争的发展思路，实现竞合共赢是促进社会和谐发展的重要思路。

（二）政府主导、多元整合原则

城市的整合营销应坚持政府主导、多元协同的整合原则。首先，城市的整合离不开政府的宏观调控。在计划经济时代，政府“划桨”，全面掌握着国家的发展方向，经济资源由政府统一进行分配，政府作为“掌舵人”，在城市的整合营销过程中发挥着重要的作用。其次，城市整合营销是以发达的公民社会为基础的。公民社会需要政府来培植并促使其发展。从全社会的范围看，善治离不开政府，但更离不开公民，没有公民的积极参与及合作，至多只有善政，而不会有善治。各国公民社会的发展都不是很成熟，如我国，因为有着长期的强大专制国家的历史传统，在专制政体下，只有依附于国家的臣民，而没有强调个人权利和自主性的公民，官本位思想在老百姓中还有深刻的影响，他们遇事对政府和官员还存在很大的依赖性。来自公民的社会组织虽然有所发展，但他们的政治参与意识和参与能力都还不强；社会组织化程度较低，难以组织起来以集体行动参与公共事务、影响公共权力、满足个人合理的社会需求，也缺乏建立在个人自然权利基础上自生自发的合作关系。总之，公民社会的培育是一个长期的过程，因而政府的主导地位和作用也将长期是政府治理的构成内容。理论与实践表明，城市整合营销需要政府的主导，政府作为社会利益的代表者、维护者，通过法定的政治程序积极参与政府治理的各种活动，以维护和实现广大人民的利益。有了有效的政府主导，城市整合营销就有了自己的政治基础。因此，城市整合营销必须坚持政府主导、多元整合的原则。政府的领导是城市整合营销发展的政治基础，而政府与其他营销主体的整合是城市实现整合营销的重要途径。

（三）可操作性原则

城市整合营销应贯彻可操作性原则。城市的整合营销是以电子政务为平台的，电子政务的建设必须便于城市的整合营销的实际操作。首先，可操作性原则强调系统运行的可靠性，包括：数据录入的检查、纠错和审核；事物定义，保证数据的一致性；系统运行可靠，系统的硬件、软件和数据库具有较高的可靠性；数据通信可靠，通信过程中应无数据丢失、差错等事件发生；数据备份，系统提供应用级的备份能力，数据库提供数据级的备份能力，当出现故障后应能迅速恢复正常运行。其次，可操作性原则强调系统运行的安全性。系统应具备用户权限和口令管理功能，用户对数据的存储、调阅应有权限限制；系统与互联网之间有隔离措施，近距离的数据交换尽量直接采用网络连接，远程通信尽量采用电子数据交换技术，避免使用互联网；数据传输过程采用加密手段，防止通信过程中的泄密；系统具有抵抗病毒和黑客入侵的安全措施，使系统数据免受外界侵犯，保证数据安全；同时系统建设的文档要齐全，硬件和软件的接口标准化，系统结构具有模块化、结构化的特征；系统的日常运行要有详细的运行日志，对任何意外事件的发生，系统可根据日志情况进行分析和判断。再次，可操作性原则强调系统运行的实用性。电子政务系统应从政府实际出发，主要针对城市的整合营销需求进行设计；在深入调查、分析城市整合营销实际流程的基础上，提出对电子政务系统的设计，并做到简单、标准、经济、实用。最后，是系统的可扩充性。系统的扩充性能满足新的功能需求，充分考虑以后的升级和扩充功能的问题。硬件上要便于计算机的升级，增强系统的处理能力，增加工作站点数量；软件上设有增加业务接口，可随时增加业务，调整参数；数据留有适当的冗余以备将来扩充功能，冗余数据可通过参数设置成为显示数据，用户可自行调整录入界面。

（四）循序渐进原则

城市整合营销应当贯彻循序渐进原则。发展民主政治，建立高效、廉洁、负责的政府，一直是各国政府坚定不移的奋斗目标。循序渐进原则就是坚持实事求是、积小变为大变、稳中求变的原则，一切从实际出发，突出地方特色，从居民群众迫切要求解决和热切关注的问题入手，有计划、有步骤地实现城市整合营销。因为，整合营销是城市营销的一个趋势，但是它的发展也不是一蹴而就的，也需要有一个过程。应在相对稳定的基础上，坚持循序渐进。针对不同时期和不同地区的特点，不断进行调整、改进和完善，使城市整合营销真正能够得到体现，保持旺盛的生命力。因此，整合营销不能冒进，而必须走循序渐进的发展道路。这种发展模式虽然会使城市整合营销的进程减缓，但是它将使整个过程进行得扎扎实实。

二、组织实施的基本过程

城市整合营销作为一种全新的营销理论因其巨大的潜力势必使各国政府趋之若鹜。但要研究如何实现城市的整合营销，就必须通过其过程来认识城市整合机制的真实面目，探究城市整合营销的运作原理以及内在的、本质的工作方式。城市整合营销的过程构建的思路是：城市营销都要实现一定的目标，这一目标也是城市实施整合营销的最终目标。但在信息、电子政务高速发展的今天，单靠政府自身的力量是不能达到城市整合营销的最终目标的。城市营销系统在顺畅运行状态下达到的发展水平与不畅运行状态下达到的发展水平之间会存在一个差距空间。因此，寻求有效的营销方法或营销方式、手段缩短这种差距就成为城市必须解决的首要问题。由于目标的一致性，以及整合营销对传统营销的超越，整合营销自然成为解决差距的有效营销方式。城市整合营销的过程具体如下：

（一）分析整合目标

美国兰德公司的专家们有一句名言，对一项系统工程的分析研究来说，“弄清系统的问题或目标，就等于解决了问题的大半”。因此，在组织实施城市整合

营销时，首先必须要确定城市整合营销的目标是什么，因为它是组织实施的基础和关键，搞清目标是什么，才能进而围绕目标寻求或设计如何实现目标的方式或手段。主要是通过分析整合营销目标进而确认整合营销目标与营销目标之间的关系与差异。单靠政府这个单一的整合主体不能满足日益个性化的需求，也就是说城市营销目标与其他营销主体整合营销的目标存在着客观上的差异，政府必须与一个和一个以上的营销主体整合，来弥补传统营销带来的矛盾。这种差异就是导致城市整合营销的基础与动因。其实，无论城市整合营销目标和政府自身目标在表达方式上存在多大差异，它们所指向的深层内容或本质都具有同一性，都在追求实现整体功能效应，获得最大化价值，所以有理由认为它们之间的关系具有一致性。因此，目标之间的差异是城市整合营销的基础与动因。

1. 反观政府治理的运行状况

虽然城市整合营销目标与政府自身目标在本质上具有一致性，即追求实现“1＋1＞2”的效应。但城市整合能否实现这一目标，还需反观其运行状况，如对城市目前所拥有的资源状况、电子政务的推进水平、整合能力水平以及面临的环境等因素的审视，认识城市营销的发展水平，找出与城市整合营销应该达到的理想水平之间的差距，使资源充分发挥整合效应。

2. 评估城市现实营销水平与理想营销水平之间的差距

分析城市营销状况是为了认识某个时点或时间段上城市现实营销水平与理想营销水平之间的差距。对差距进行评估，如果城市营销的现实水平与理想水平之间非常接近或重合，说明城市营销本身具有很好的状态，不需要进行整合；反之，则表明城市营销要达到其目标，还需要通过城市的整合营销，发挥其整合效应来实现。这两种情况中，前者由于城市自身处于营销的良好状态中，所以它不在我们的研究范围之内，而后者才是我们研究的重点。

（二）选择整合主体

确认了城市整合目标与其自身目标之间的差异之后，要缩小差距，就要采取整合营销的营销方式，在此之前，必须确定整合营销的主体。选择整合主体主要是解决在实施整合营销前应与什么样的主体整合才能达到预期的整合效应目标，选择整合主体是实施整合营销的突破口，只有准确及时地选择了整合主体，才能围绕整合机会采取种种营销措施和方法，取得整合营销应有的效果。同时，整合主体的选择也是整合营销后续行为的基础。

首先是进行整合主体的价值预先评价。整合主体价值预先评价是对整合营销过程中整合主体所体现出来的价值或贡献进行的预先评价。其作用主要体现在两个方面：一是通过对整合营销过程中整合主体价值进行预先评价，可以比较整合过程中产生的整合成本与整合价值的大小，进而确定整合主体对整个整合过程的贡献程度如何。二是通过整合主体价值预先评价环节，可预先确定整合主体在整合营销过程中所体现的价值，有助于合理有效地分配由于发挥整合效应后所带来的利益，保证后续整合行为的顺利进行。其次是控制整合主体冲突，有效整合各要素。整合营销主体在一起实施整合营销行为时，不免会发生各种各样的冲突，整合营销主体应采取积极的治理措施，保证整合营销冲突被控制在一定的范围之内，同时进行要素整合，为实现整合营销目标而对整合主体进行权衡、选择和协调。其整合的目的是最大化地挖掘整合营销系统各子系统或主体的优势，弥补不足，使整合营销系统由于优势互补而产生整体功能效应。

当然，选择整合主体的同时还必须遵守三条原则，如适应性原则、互补性原则及成本最小化原则等。适应性原则是城市整合营销系统在进行主体的选择时，必须把自己放在动态变化的环境中并以环境的变化为基点，做出快速、灵活和有效的反应以求使其与环境变化相适应。互补性原则是指在进行城市整合主体选择时，要善于利用自身现有或潜在的资源要素和能力整合运作，通过在外部积极寻求限制自身发展不足的方式或途径，在功能、优势相互补充的条件下，共同发挥各自的优势以弥补其不足，实现整合效应。成本最小化原则是指城市在进行整合主体选择时必须考虑到成本问题。整合虽然能实现整合效应，为城市治理创造新的价值，但整合也会产生成本，因此，在选择整合主体时，如果整合成本过高，超过整合效应带来的价值，这种整合就没有必要进行。

（三）确定整合方式

城市整合营销系统中主体各要素整合的作用是改善或突破影响和限制城市整合营销系统发展的“瓶颈”或制约环节，使整合要素发挥最佳作用，实现整合营销系统的有关价值增值活动和系统整体功能效应。在选择整合主体之后，整合方式的确立是至关重要的，关系到整合治理效应能否实现以及整合要素能否在整合过程中进行价值创造。

城市整合方式可以分为并行整合、串行整合和混合整合三种整合营销方式。具体分别如下：

1. 并行整合营销

所谓的并行整合营销，就是政府、企业与第三部门处于并行、平等状态，无地位高低之分，共同完成整合任务的一种方式。并行整合营销使各整合要素的共同运动构成了整体新的发展和新的状态。在城市整合营销中并行整合营销的整合效应体现在规模的效果与集聚的效应上，如多个主体可以完成一个营销主体完成不了的事情。这就像一块大石头，一个人搬不动，但多个人共同出力时，石头就搬动了，这就是合力的作用。如有些公共物品的供给、社会意识形态的形成，单靠政府是不能满足日益个性化的要求的，还需要其他整合主体（如各种社会组

织）的援手，才能达到整合营销的效果。

并行整合营销的理论基础源自西方传统政治学的以强调行为主体自主权为核心的自治理论，也就是说强调政府与社会的分权。这在社区自治中表现尤为突出。社区治理中除了社区组织之外，还有政府组织、社会中介组织、邻里组织、辖区单位等表达权利的自主权、自我协调，拥有共同治理自身事务的自主权。当然社区自治组织和社会组织应是其治理的主体，它们在社区治理中具有根本性的作用，政府的功能仅在于提供博弈规则和基础性、普适性的公共产品。如同市场经济条件下企业和政府的关系一样，各有各的规则，井水不犯河水。

并行整合营销如图 4–2 所示。两者的整合营销可以看作是两者以上整合营销的子整合。

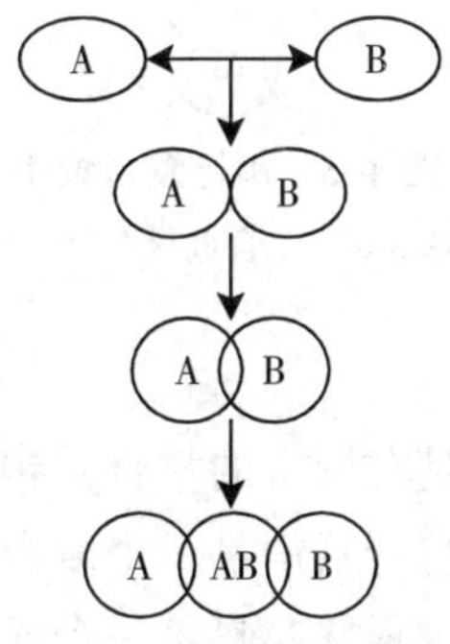

图 4–2 并行整合营销

注：A、B 分别表示整合营销的主体。

2. 串行整合营销

所谓的串行整合营销，就是政府、企业与第三部门处于串行状态，政府处于主导地位，其他营销主体辅助政府共同完成整合任务的一种方式。串行整合营销是各要素构成的整体新的发展和新的功能，其整合效应体现在协同效应上。正如一台计算机需要 CPU、显示器、键盘、鼠标等要素的相互配合，最后由统一的机构组装才能产生特有的功能一样。

串行整合营销方式的最大特点就是由城市政府行政机构自上而下地实行，进行直线式治理。在实行整合营销的过程中，一般由城市的政府部门设立专门的营销机构，作为城市组织体系的重要组成部分，负有规划和管理的职能。通过对政府专门机构的指导，在其营销中体现政府的意志及其所倡导的社会价值观，通过对社会组织的物质支持和行为引导，把握营销发展的方向，通过政府对城市营销活动的领导和资助以及对营销领袖及社团组织领导人的任命和培训，用政府的要求统一活动的思想，使整合营销发展有意识地朝着城市的目标推进。因此，在串行整合营销方式中，政府是整合营销的主角，机构的组织、活动的开展、人员的安排、资金的筹集等都是政府部门的职责，完全由政府推动。

串行整合营销如图 4-3 所示。两者的整合营销可以看作是两者以上整合营销的子整合。

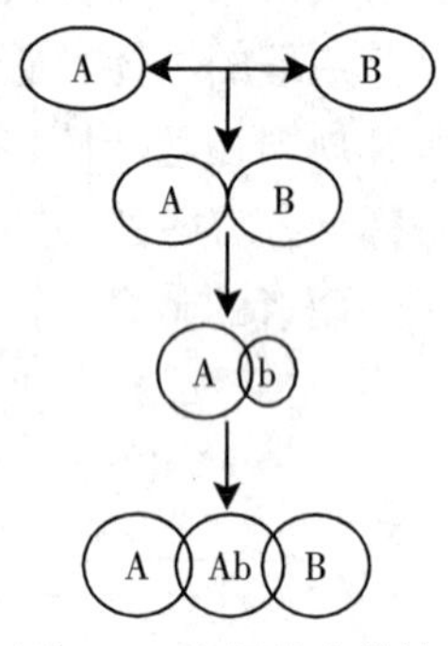

图 4-3 串行整合营销

注：A、B 分别表示整合营销的主体，b 表示整合过程中产生的独立新主体。

3. 混合整合营销

所谓的混合整合营销，就是在城市的整合营销过程中既包含了并行整合，同时也含有串行整合。因为城市整合营销是一个复杂的过程，整合营销系统也是一个复杂的大系统，完成整合的过程并非只是一个简单的过程，一项任务中夹杂着众多的子任务，所以大多数的城市整合都是城市混合整合营销。

混合整合营销方式的特点是，政府对整合任务加以规划和指导，并从资金上给予支持，但政府对整合任务的干预比较宽松，政府的角色介于并行整合和串行整合之间，起着指导和支持作用。在社区营销中，由政府部门人员与地方及其他社团代表共同组成城市营销机构，或是由政府有关部门对社区营销加以规划、指导，并拨给较多经费，但政府对社区的干预相对比较宽松和间接，社区组织和营销方式以自营为主。以以色列为例，以色列社区中心协会是全国性的社区组织，协会实行董事会负责制，董事会成员由政府代表和地方代表以及其他机构代表等组成，经居民代表选举产生。国家对协会的指导、支持通过教育部和文化部进行，社区中心协会对全国各地的社区中心负有指导、协商、培训、监督的职能，社区中心实行管理委员会负责制。管理委员会由地方当局的代表、居民代表、教育部和文化部的代表、犹太代办事处的代表以及社区中心协会的代表组成。社区中心是一个独立主体，其功能相当于一个责任有限行会或营利性机构，社区中心通过管理委员会负责中心的预算、组织和计划等。为了协调各社区间的关系，几个相邻社区又组成不同区域，每一个区域设一名主管，指导各社区的工作，并同

地方当局和各种组织保持联系，以便为社区中心创造良好的外部环境。

混合整合营销如图4-4所示。两者的整合营销可以看作是两者以上整合营销的子整合。

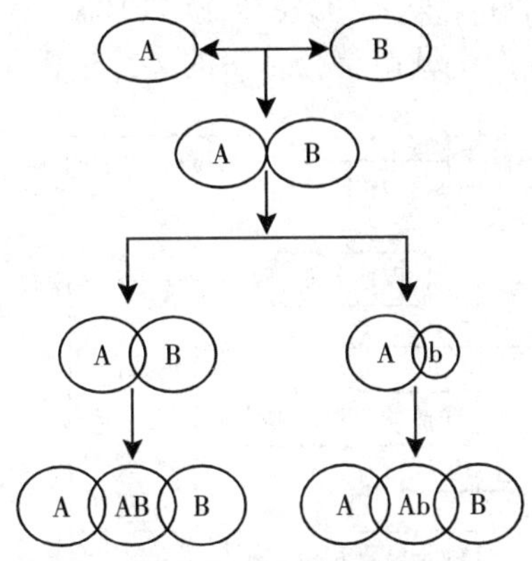

图4-4 混合整合营销

注：A、B分别表示整合营销的主体，b表示整合过程中产生的独立新主体。

无论是哪种整合方式，它们的共同机制仍是不同要素中个别属性的配合。城市整合营销的本质也是由这三类方式发挥整合作用，达到不同的整合效应。

在实践中，政府、企业与第三部门采用何种整合营销方式，还必须根据整合任务、整合主体双方的依赖程度具体情况具体分析。也就是说，根据城市整合营销系统中各要素相互作用、相互依赖的程度来确定整合方式。如果系统中的要素相互作用程度低，相互影响少，则表明系统要素在完成任务时，没有相互利用信息，整合作用的成分小，这时就不去利用整合治理。相反，在完成整个任务过程中，如果系统要素间相互牵制和依赖，也即耦合程度高，则认为其整合程度高，就要利用整合。如果主体间的相互牵制和依赖程度无主次之分，则采用并行整合营销；如有主次之分，则以主要方为主进行串行整合营销。当然，对一项复杂的任务，在实施过程中，随着主客体及外部环境的变化，主体之间的相互牵制和依赖程度并不是一成不变的，因此，对整合方式的确认，必须依据具体情况灵活应用。

（四）实施整合营销

完成以上步骤以后，就可以实施整合了。在执行城市整合营销的过程中，应不断地调整整合方式，整合营销系统也将会从无序的不稳定状态走向一种新的有序的稳定状态，产生新的时间、空间和功能结构，进而实现整体功能效应。当然，这种整体功能效应就是整合营销过程达到的一种结果。但这种结果是否是城市整合营销系统所追求的协同效应，要通过对照整合营销目标的反馈信息。其结果有两种情况：一种是实现了整合效应，达到的结果与整合营销目标一致；另一种是在整合的过程中有着过度的整合冲突，而导致整合成本过高或整合效应不突出等情况，需返回到整合营销实现的开端，对分析整合营销目标以及后续环节进行重新考虑。因此，在城市整合营销过程中，一定要认真完成每一步，避免整合冲突的出现。一旦冲突出现，要及时使冲突得到控制。

基于上述的认识，我们将城市整合营销的运行过程用图 4–5 表示。

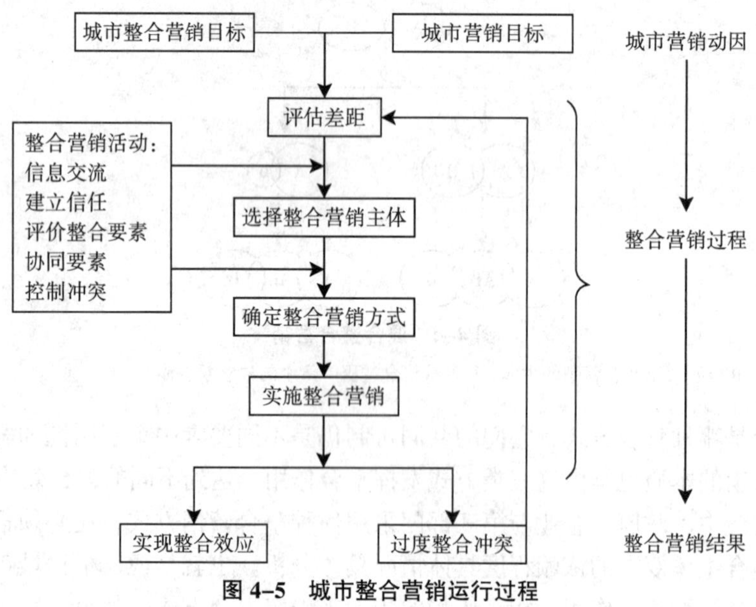

图 4–5　城市整合营销运行过程

第四节　城市整合营销的 AGIL 框架

著名学者 Talcott Parsons（1960）在其名作《现代社会的结构和过程》中提出了一个组织理论的经典功能分析模型——AGIL 模型。在 AGIL 模型中，Parsons 认为每个正式的组织都必须形成各不相同的子系统以满足四个基本功能需要：适应（Adaptation）：系统为了能够存在下去，必然同环境发生一定关系，必须拥有从外部环境中获取的充足的资源；目标（Goal Achievement）：任何具有目标导向的行动系统都必须能够清楚地确定自己的目标，进行适当排序，然后有效调动系统内部能量以集中实施系统目标；整合（Integration）：任何行动系统都有若干个部分，系统必须将各个部分协调一致地联系在一起，在系统子部门中维持团结或

协调，这样整个系统才能作为一个整体从而有效地发挥功能；维模（Latency Pattern Maintenance）：系统运行过程有可能发生暂时中断，那么组织就必须完整地保存原有的运行模式，以保证系统一旦重新开始运行就能照常恢复互动关系，即组织需要创造、保持和传播该体系独特的文化和价值观。一般的组织通过行为有机体、人格系统、社会系统、文化系统四个子系统分别满足 AGIL 的功能需求。行为有机体可以适应于环境，从环境中获取资源；人格系统能够理性地辨别自己的目标并制定计划予以实现；社会系统则通过政治、法治、道德规范将整个社会纽结起来；文化系统则传承了人类社会的文明，使制度、规范、概念等能够延续下去。而且，一般组织的各个相对独立的子系统本身也是一个独立的组织系统，那么各独立的子系统也面临着同样四项必须满足的基本功能要求。所以只要子系统的规模达到一定程度，子系统内部仍然会分化出相互区别、相对独立的第二层子系统。

于是，AGIL 这四个基本范畴为研究所有的组织系统提供了一般意义的多层次功能分析框架。所以，我们可以用 AGIL 模型揭示的每个组织结构的四层次功能来分析组织活动，如图 4-6 所示。

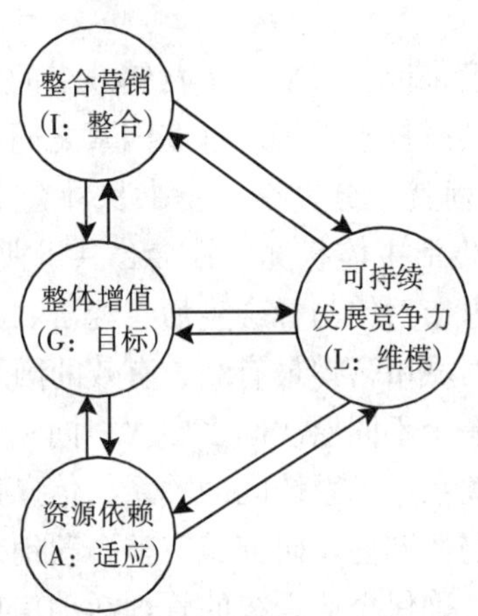

图 4-6　从资源依赖和价值视角出发的城市整合营销核心：AGIL 模型

从城市价值增值的终极目标探索城市的整合营销，围绕这个核心理念，全文理论分析框架的中心概念与关系可以如模型所示。城市营销活动中，整合营销、价值增值、资源依赖三者相互关联，最终指向城市竞争力的可持续发展；城市竞争力又反过来进一步加强对资源的获取、对主体的整合能力和价值的进一步扩大。这个模型是本书后续三个章节展开的逻辑关系体现，构成了本书对城市营销问题的分析框架。

以 AGIL 模型为核心，本书提出城市整合营销的框架如图 4-7 所示。

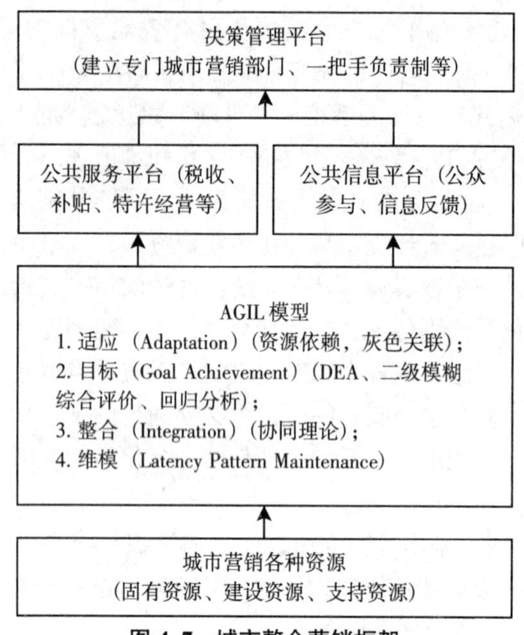

图 4-7 城市整合营销框架

从城市营销资源的角度来说，影响城市营销效果的资源因素有很多，如经济发展水平、人口数量、社会科技水平等。这些因素之间相互关联，因此指标和这些因素之间的相互影响过程就十分复杂。本书从社会生活与环境、人口发展状况、社会总体科技水平、生活主体状况、社会公共事业状况五个方面进行分析，采用灰色关联理论，得到城市营销与社会生活、经济、科技、公共政策等关键资源因素的关系，从中选择对城市营销最有利、有效的因素，辅助城市营销决策。

城市整合营销系统是一个不同层次间多层次、同一层次中多部门的复合结构系统。各主体在系统间的关系、子系统间的关系、信息传递的相互关系等方面反映了这个系统的协同结构与协同性。研究城市整合营销系统的各个子系统的协同性、协调组织结构的关系、确保企业系统的管理活动信息流畅和提高协同运行各个部门的效率是一个十分重要和复杂的问题。

市场经济环境下，城市旅游业能否产生经济效益和经济效益的多少，是城市旅游业是否值得发展和能否可持续发展的前提，同时也是旅游企业生存和发展的基础。开展城市旅游营销的目的之一，就是为了提高旅游业的经济效益。因此，需要分析城市旅游所带来的经济效益。回归分析是处理变量之间相互关系的一种数理统计方法。用这种数学方法可以从大量观测到的散点数据中寻找到能反映事物内部的一些统计规律。本书以宁波为对象，选择了社会消费品零售总额作为衡量居住质量的指标，选择了旅游总收入作为衡量游客市场的指标。

一、城市营销与资源依赖

对应于城市营销，这个组织的适应行为“A”就表现为对营销资源的获取。资源依附理论强调的就是组织对外界环境具有依赖性。为了适应环境，组织必须从环境中获取生存所需资源，努力提高生存机会。另外，组织也在与环境的交互中能够改变环境。这样构成一个双向的适应性。只有适应，组织才能在环境中扎根。城市也只有发展出一套去适应环境的战略营销方法，才能获取资源，壮大自身。

每一个城市的发展都离不开其所在的环境，该环境表现为城市自身、兄弟城市、农村、政府、企业、本地居民、外部人群和其他社会组织构成的宏观网络体系。该体系因此也构成了服务于城市发展的城市营销的活动环境。营销战略是一种组织战略，作为一个组织实体，城市在这个网络中设计、塑造、推广自己的品质、生态环境、意象、文化与未来发展，即进行营销活动，必然需要一定营销资源。由营销资源转化为营销能力，再经由营销能力转化为营销资产，最后表现为营销绩效。营销资源既来自于城市内生，也来自于它与网络环境的交换。在一定程度上，资源的获取更多地依赖于网络组织环境。因此构建城市营销战略必然要增强对营销资源的关注。

但是从国内外学者的研究综述中可以看到，虽然他们对资源依赖理论或城市营销理论有着较为丰富完整的研究，但是没有学者将二者综合起来。所以，我们可以从组织理论的资源依附视角研究城市营销战略。资源依附理论强调组织对环境的适应性，此理论的基本假定是，所有组织都与环境进行交换，并由此获得生存。资源依附理论强调组织体的生存需要从周围环境中吸取资源，需要与周围环境相互依存、相互作用才能达到目的。

如果将城市自身视作一个抽象的意义符号，那么抽离出组成城市的各项行动主体，城市所在的组织环境中的各个元素组成了一个完整的营销环境网络，居于网络核心角色的是作为营销对象的意义符号——城市自身。在这个组织环境中，城市营销的营销主体是本级和上级政府以及本市居民、企业和社会团体组织，当然外部人群与组织、其他城市也有可能成为营销的推动者，但并非主体。政府、居民、企业和社会组织团体在营销活动中扮演了不同的角色，为城市营销提供相应的营销资源支持。进一步地，这些营销主体都是城市固有的内生资源，还有更多的资源来自于外部的行动体，如兄弟城市、上级政府、外界投资者、观光客等。所以从资源依附视角，我们就要研究城市如何从这些行动主体中稳定、良性、可持续地获取所需资源，同时与它们进行资源交换，互利互惠，共同成长。

这种资源依附视角下的城市营销战略是在确定城市资源优势的基础上对城市

进行准确定位，并通过城市资源的高效运用和增值创造优质的城市产品来满足城市目标顾客的需求，以获得竞争优势，增加城市财富与资源，促进城市经济又好又快地发展，提高城市广义居民的生活品质。研究城市资源营销对城市在日益激烈的竞争中打造核心竞争力，建立竞争优势具有重要的实践指导意义。城市只有善于创造性地利用资源，尤其是利用好优势资源，才能在竞争中处于有利的地位，为城市顾客提供更好、更有竞争力的产品，使城市获得持久的竞争优势。城市营销主体的角色与资源如图 4-8 所示。

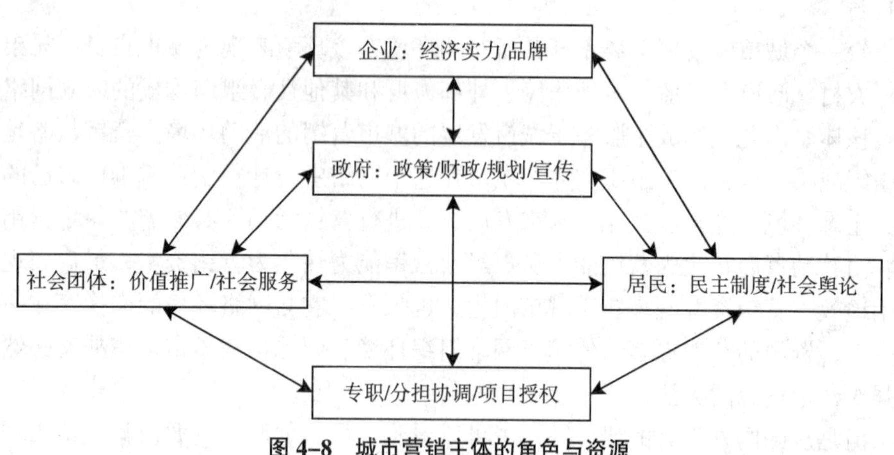

图 4-8　城市营销主体的角色与资源

二、城市营销与主体整合

那么城市的营销战略应该如何挖掘、寻找、集聚、提升环境中的这些资源呢？这就离不开整合“I”的概念。组织是有意图地寻求达成相对具体目标的个体的集合体，组织行为是由有意图的、协调的成员所实施的行为。一个形式理性的组织必须使得组织成员能够共同为组织目标而付出贡献。如果将成员的范围推广到环境中去，那么组织就应该包容整个环境中的成员，尽量让环境中的成员为组织目标服务，至少减少它们的妨碍。在城市营销中，整合的概念就对应于统筹协调各方营销主体的资源，使得各方主体为我所用。

由于资源来自于营销主体，外在于城市这个本体概念，所以资源的获取必然离不开城市与各个营销主体的交互。因此最重要的还是城市依赖于营销主体的战略行为和各个营销主体之间的交互行动，即政府、企业、居民、社会团体组织各自应当发挥什么作用，如何行动。只有将各个营销主体的行为整合到统一的战略框架下，城市营销才能充分协调指挥、统筹运作原本由分散决策主体掌控的营销资源，实现整体资源的最优利用。城市整合营销的目的是通过整合行为将各种基

础资源进行有效的配置，形成资源优势，将这种资源优势转化为市场中的竞争优势。因此，城市整合营销必须建立在统一规划、共同目标、主体协调的前提之上。

整合营销需要在各个营销主体中选择一个主体作为整合主体，由该整合主体发挥牵头作用，其他主体为辅。整合主体的选择是一个视角问题。每一个营销主体都可以站在自己的立场上以自己为中心，与其他主体进行互动协调，从自己的角度达成促进营销的共同目的，区别只是在于各个主体的整合能力和效果不同。这里所考虑的应该是最重要的几个整合主体。在城市营销过程中，很多关键资源掌握在政府手中，而另一些经济技术资源则是企业更具有相对优势。

由于政府往往掌握着不少优势资源，很多都是不可替代资源或者各种公共资源，使企业对其形成依赖，所以政府往往是城市营销中积极的倡导者和组织，是城市建设和发展的政策制度供给者，发挥着主导性作用，是营销战略设计的主体和实施推动的引导力量，在整个城市营销主体系统中占据最突出的地位，因此，政府的营销战略选择应当成为研究的重中之重。政府作用可以通过两条途径显示出来：第一是政府领导者的作用，领导力是最高端的定位城市、战略决策、整合所有资源的营销能力；第二是政府与企业、社会组织的公私协作，将市场机制、行政机制和社会机制三者结合，各司其职，发挥比较优势，共建战略组合，使有限的资源产出最高的效率。有学者将地区营销的战略因素归纳为规划组织、愿景和战略分析、地区识别和地区形象、公私协作、领导力，从中我们可以看到，领导力对城市营销的定位与决策、城市营销中的公私协作都是成功的地区营销的战略要素之一，需要我们重点关注。这里的公私合作从本质上是整合营销的一种。

除了围绕政府对各方营销主体的行政整合，整合营销还有其他众多形式。企业与公民是另一方非常重要的整合主体，如鼓励企业之间、企业和公民社会组织之间相互合作。首先，企业可以依靠政府，依赖政府掌握的优势资源，吸引合作商和政府投资，使产业集聚增长、产业群发展，壮大企业本身和增强市场竞争力。其次，不同企业具有自己的行业专长和资金优势，通过优秀企业之间的合作联盟，产生优化配置的经济资源，生产更为优质的产品和服务，塑造更为突出的企业品牌，从而为城市声誉带来增值。再次，企业和公民社会之间是一个良性互动的关系，企业繁荣，人民安居乐业，从而社会更加和谐稳定，更有助于企业发展，二者的正面互动促成了整个城市的欣欣向荣，即城市经济、文化资源的较大提升，这将有利于城市的营销。最后，企业和公民还具有与外界沟通的能力，经济组织和个人的影响力和辐射力能够跨越边境，这样以它们为中介与外界沟通，能够有效吸引外界投资者、游客等，使得城市品牌被打造得越来越好。

总之，不论是哪一个整合主体来统一运作其他营销主体，其根本利益都是为了这个城市的最佳营销。城市作为典型的社会复杂大型系统，不能单靠某一方面的努力实现整体绩效的提升与价值的升值。城市整合营销是城市营销发展的必然趋势，而城市营销主体的协调与博弈，存在着市场协调机制、关系协调机制、权利协调机制等诸多机制。鉴于城市营销的产品大多具有多元性和公共性，城市营销不仅要考虑城市微观个体的现实需求，更要考虑城市的整体发展，体现城市的公共利益。公共产品的分配往往靠权威的行政命令推广，要想有效地营销公共产品，必须以政府营销能力提高为前提。政府在城市营销的过程中，不应做全能政府，应该有所为有所不为，根据公共产品的各自特点有效地发挥第三方力量。城市营销作为一个具有特定公共性的具体的政策活动，其表现出来的价值反映在不同的社会时期和社会的各个领域并不一致。因此，需要政府作为总协调人，在城市营销活动中把握全局，协调各方发挥主导作用。城市营销过程中需要政府通过整合营销活动调动起整个城市、上级政府、周边地区甚至世界各地的行动者，共同直接或间接投入到城市的营销活动中。只有这样，各方面资源才能被充分整合到一起，发挥集体凝聚的合力。具体地说，一方面，需要通过对关键资源进行不断投资与更新，保持和提升其优势地位，增强战略优势；另一方面，要发挥关键资源的渗透与辐射能力，实现资源效用最大化，从而将资源优势转变为竞争优势。

三、城市营销与整体增值

大部分组织首先是一个理性系统，或至少在目标达成上具有一定的理性——尽管许多组织并非完全理性行动，因为成员的目标和组织法定目标不一致，导致行为冲突。组织的一个基本特征就是目标具体化，有确定的组织目标指向。组织必须要有指向目标的功能，即目标达成“G”的概念。脱离了目标导向，组织的行为就会变得盲目。一个城市的营销活动同样必须具有目标达成的功能，所有的营销活动都应该指向一个能够让城市获得网络环境中所有行为体认同的合法性目标，才能够维持下去。

城市从网络环境中通过整合行动吸取各方面的资源，由此从环境中吸收更多的资本、人流、声誉等利益，而不是被周边城市吸引走本该属于自己的资源和利益。这是一个典型的组织与环境交互行为，使组织成员被维系在组织内部。任何一个组织的成员之所以愿意留在组织内部为组织行动服务，是因为所获得的收益超过了付出的成本。所以城市营销一定要为参与整合营销的各方主体提供大于其成本的利益，才能保证他们始终参与到营销过程中。

这个利益就是城市的整体价值。城市是公共物品，政府和社会大力营销这种公共物品，其目标在于打造城市品牌，促进城市政治、经济、文化、社会等各方面实力的提升。如果将这些实力视为某一方面的价值，那么城市营销就要促进各个方面价值的整体增值。当城市的价值得到增值后，生活在城市里的居民会发现

自己的住房、工作、生活设施都有更高价值，外来投资者发现自己的企业具有更大盈利能力，游客发现旅游物有所值，上级政府发现用这个城市作为区域经济场内的一个重要发展极能给周边乃至全国带来一定辐射影响力，是一个具有战略意义的城市。总之，城市公共品这个稀缺资源能生产出满足更多消费者需求的产品和服务，从而更好地满足人们的生产生活。而且，这是一个整体性的价值，并非某一单方主体获益的价值。由于外部性的存在，一方主体价值的增加会产生价值的“溢出效应”，使得其他主体也逐渐获得收益。更深入地进行剖析，城市通过综合系统可以促进包括经济价值、人文价值、社会价值等在内的各种城市价值的提升，完成引导并满足城市顾客对城市的物质产品和精神产品需求的过程。这个过程是一个城市的理念、文化、美学、生态等经济价值得到推广和社会认同的过程。城市营销是创造、提升城市价值，增益城市核心竞争力的有效战略，城市借由城市顾客的需求而彰显其特性和价值，并通过顾客的满意而实现其价值。

对比之下，营销主体所付出的营销成本就小得多。居民和企业并不需要为城市营销付出太多额外支出，只需做好本职工作。而对政府来说营销行为是它的职责，尽管政府需要花费较多成本进行营销活动，但一方面，部分成本可以通过公私合作由企业赞助主体承担；另一方面，相对于城市品牌得到很大提升后给城市带来的长远声誉利益来说，这部分成本也非常微小。

因此，城市营销这项组织活动的收益远高于成本。经过各个主体的努力付出，城市实现了整体价值的增值，反过来又为各个主体带来了程度不同的较高收益，从而进一步吸引更多主体参与到这个过程中，形成一个良性循环。城市价值增值既是城市营销的目的，也是城市营销的维系途径。

第五章　城市营销价值增值与创意城市

城市营销有其最重要的目标，这个目标就是城市价值的增值。在全球化竞争中要取得最大化的城市受益和稳定持续发展，必须坚持价值导向的城市营销策略，注重城市价值增值的全面性和持续性。然而目前对城市营销的多数研究仍然存在一定的误区，普遍体现在对城市系统的复杂性和持续性考虑不足。如何通过城市营销实现全面持续的价值增值？这是亟待解决的核心问题。本章将通过对城市价值的构成和增值过程的分析提炼出营销过程中的价值增值机制，纠正城市营销中的认识误区，推动城市营销理论的进一步发展。此外，一个有价值的、独特的创意对价值增值具有突出贡献，为此本章对创意城市理论及国内外创意城市的发展实践进行了介绍。

第一节　城市营销过程中的价值增值

一、城市价值观的形成与内涵

（一）系统化城市价值观的形成

人类发展史在工业革命之前经历了漫长的过程，这期间，作为军事防御和手工业商业聚集之地成了城市的功能，也是当时人们对城市发展的理想化认识。工业革命之后，城市拥挤和居民负担加重等情况显示了城市本身出现的一系列问题。为此，城市管理者采取了一些尝试，产生了许多乌托邦式的想法，这些理想的城市设想为现代城市发展和规划提供了重要借鉴意义。后来，英国学者霍华德倡导“花园城市”理论，这个著名理论成为蓬勃兴旺的城市规划思想的开始。1933 年，《雅典宪章》颁布，从而标志着城市规划的人本主义理性达到高潮。但《雅典宪章》倡导理性主义，过分强调了机械规划，却无法从复杂性上适应城市，这种在物质空间规划发挥到极致却在实际人文主义上有缺陷的思想难以解决城市

中的种种问题。

随着社会经济转型引发的一系列城市问题，多样性和多元要素日益受到重视，对人的心理和生理特征以及城市的制度意义有了更多的关注。进入20世纪80年代，后现代主义思想强调城市是一个复合空间，这个空间以人为中心，突出多要素的多元化，该思想在全球广受关注。城市中的联系并非简简单单的因果关系，这种联系体现为相互作用的动态平衡，社会的公正性、公民性、市民性是它更关注的特性。

从世界上城市发展理念的演进和变化来看，人类对城市发展的认识首先处于懵懂的阶段，20世纪初这种思想趋向于理想主义，进入20世纪80年代后规划和理性主义成为至上的思潮，但随后的问题使人类意识到城市规划和管理必须考虑市民，直到现在的城市管理营销终于走向形成区域观、面向国际化的过程。城市是一个以人为主的复杂开放的巨型系统，这个巨型系统承载了物质、文化、信息等多种要素和政府、个体、企业等多元主体以及它们之间交错的网络关系。作为集合体的概念，城市发展具有多元化的目标，它的发展目标包括市民生活幸福、经济持续繁荣、社会福利增进、文化传承悠远等，对城市发展的国际评价标准也日趋多元化，联合国的城市指标体系涵盖了经济、社会发展，环境、政府、住房交通等不同方面。城市发展的过程是多要素综合作用的结果，城市是要素汇集的平台，要素的集聚效应构成了城市形成和发展的动力基础，同时城市发展环境的开放性使得世界城市成为城市发展的一个新范式。新时期系统化的城市观需要从整体上把握城市发展各部分的关系，并实现城市优势要素的不断积累和城市竞争力的持续发展，也即城市价值的不断增值。

（二）城市价值概念的厘定

“价值”最初是作为经济学的一个概念，作为商品对消费者的效用的一种度量。后来“价值”一词作为哲学的一个概念，逐渐扩展到政治学、社会学等领域，泛指客体对主体的意义。城市作为一种相对固定的空间形态，是人类经济社会活动的载体，可以满足城市内外利益主体的一定效用，因而毫无疑问具有价值。

城市价值观的引入本质上是在城市发展过程中对城市是什么、作用如何这一本源问题的反思，从追溯城市顾客需求的角度来研究城市的发展战略，顾客需求导向的城市价值观应当作为城市发展的出发点，作为城市营销战略的根本动力。关于城市价值观，国内外一些学者尚存在争论，倪鹏飞（2003）用城市受益的概念来界定城市价值。许峰（2004）则进一步提出“城市产品理论的价值实现观”，认为城市产品的价值分为交换价值、生产价值和消费价值三个角度。刘彦平（2005）则认为城市价值“蕴含于城市产品和城市顾客的关系之中，蕴含于城市发展和竞争的过程之中，蕴含于公共价值和私人价值的关系之中”，城市营销的本质是让渡顾客价值以获得顾客满意度和忠诚度的过程。

尽管学界对城市价值的定义尚存争议，但从不同学者的界定中可以辨析出城市价值概念的必备要素：其一，城市价值的效用主体；其二，城市价值的效用构成及实现；其三，城市价值的大小度量；其四，城市价值区别于其他产品价值的特殊性。本书认为，城市价值是对满足城市利益主体一定效用的刻画，是一组由多要素构成的向量，具有以下特性：从效用主体来看，城市价值体现为满足特定时空条件下城市主体（包括常住者、旅游者、投资者、购买者）的效用；从效用实现来看，城市价值既通过可分解的价值单元满足主体的部分效用，例如公共交通设施对出行需求的满足，又作为一个整体影响主体的感知和总体效用；从价值度量来看，城市价值体现为不同主体整体效用判断的差异性和价值分量统计意义上的可比较性，即由于效用函数不同，城市价值对不同主体的整体效用大小不同，但每一个价值分量是可以分别度量的，可以进行纵向和横向的比较；从特殊性来看，城市具有非同质性，其价值向量与城市定位有关，城市价值处在不断地变化中，新的价值创造依赖于已有的价值支持，城市价值本身决定了城市进一步发展的能力，各分量之间并非完全独立。

二、城市整体价值的构成及增值机制

（一）城市整体价值构成要素

实现城市价值增值，关键是要识别和管理城市所有可能的价值增值机会及其环节，在区域和全球的价值网络中寻求发展，由此也引入了城市价值链的概念。产业中的价值链模型最早由波特提出，模型中包括了一系列联系紧密的经济活动，包括基本活动和支持性活动两类。波特的价值链模型主体是企业个体。类比于波特的价值链模型，国内学者在城市研究中提出了城市价值链模型，将城市整体作为主体。这一模型将城市活动分为魅力系统、潜力系统、活力系统、能力系统和实力系统五个系统，将价值流分为物流、人力流、资本流、技术流、信息流、服务流六类，五个活动系统反映了价值创造过程中城市价值增值实现的各个环节，六类要素反映了价值实现过程中的载体及其流动、整合。还有学者从地方政府的作用出发，将政府在城市价值增值中的战略制定、功能分析评估、发展规划等增值活动定义为城市价值链。刘彦平（2005）对价值链模型进行了修改，认为城市价值链应该能指向创造城市边际价值的方向，将价值流进行了扩展，加入了城市基础设施、公司协作治理，将其定义为价值支持活动，并将价值创造活动按照空间特征划分为内源内生性活动、外源内生性活动、内源外生性活动、外源外生性活动四类。从上述学者的讨论可以看出，各个不同要素之间存在密切联

系，需要对整体价值进行考虑，城市价值的创造过程需要各要素的协同作用，这一过程需要政府发挥巨大作用。

（二）城市价值增值机制

城市价值在增值过程中呈现出两种相对的机制，从价值需求来看，城市价值体现为城市顾客让渡价值的最优，从价值供给来看，城市价值体现为公共价值的最大化。因此，城市整体价值同时涉及公共领域、私人领域和公—私领域，城市价值的增值受到多重因素的影响，可以视为内部诱因、外部环境、竞争压力、需求牵引四种因素综合作用的结果。内部诱因包括政府的政绩表现驱动力、企业的经济利益驱动力、公众的生活利益驱动力；外部环境条件包括制度条件、技术条件和空间—经济条件；城市竞争压力包括周边新兴城市、替代城市的压力；顾客需求牵引力包括企业、投资者、居民、游客等的期望。

由于城市价值对不同主体的整体效用存在差异，城市价值在不同分量上存在差异，因此城市价值的整体大小主要是相对城市主体而言，城市价值与其主体是相互作用、双向选择的关系，主体的需求变化会导致城市价值增值方向和幅度的变化，同时城市价值的差异会导致不同主体的差异化偏好选择，从而完成“用脚投票”的过程；另外，城市价值的现状会造成城市对不同要素吸引力的差异，导致城市价值增值能力的差异，这种差异进一步造成增值后新的城市价值的差异。因此，城市价值增值是一个自我强化与调整干预共同作用的连续过程，整体上是增值能力不断增强的螺旋上升过程。为了更好地揭示这一机制，下面首先剖析理想状态下城市价值增值的自发过程，然后分析加入调整干预后的增值过程。

理想状态下，城市价值增值沿着预期的方向发展，在较长的时间内自发地完成增值过程。这个过程包含三个基本阶段：第一阶段，根据城市的资源环境、历史条件等限制条件，确定城市在产业发展、设施配套、形象建设等方面的定位，形成长期战略与规划，通过城市与主体的相互选择形成较为稳定的城市主体构成，这一阶段往往发生在成立之初或定位重大调整时期。第二阶段，依据战略规划构建城市价值体系框架，依据定位对各类构成要素进行相应比例的发展和建设。第三阶段，保障基本发展秩序，城市遵从正常的市场机制、自然规律和社会秩序，在各主体常规的价值创造活动中实现城市价值的规模增长。然而如上文所述，城市价值受内部诱因、外部环境、竞争压力、需求牵引四种因素的综合作用，可能会导致新的价值需求的产生，或者使价值要素之间产生短板要素，从而导致发展的不协调、不适应。此时，需要城市营销主体主动地进行干预调整以保证城市价值增值的持续性，使之调整后重新回到自发的增值过程中。因此，在价值增值过程中有一个很重要的步骤和关注点，就是及时识别各个阶段的顾客需求，针对性地调整营销策略，多方面地吸收资源、发展优势，促进城市各个方面的价值优势齐头并进，协调增长。例如城市的商业价值可能是首先吸引城市顾客的因素，但是随着人口的增加，城市容量受到挑战，于是城市要注重提升人居环境价值；安居乐业之后，城市又必须提升文化价值。如果片面发展某一个优势价值，而忽略其他，城市发展就会成为“跛脚鸭”，整体价值增长会有问题。这意味着，一个城市价值可能是由价值A、价值B、价值C等多个方面组成，应该得到均衡重视，不能偏废任何一项。这是城市价值增值的关键理念。

既然城市营销必须注意调整各个方面的价值增值，那么具体来说，城市价值增值过程中的调整步骤通常包括四个基本环节。

环节1：识别客户需求，确定目标价值

了解城市内外客户现阶段对公共服务提供的最主要需求或最主要制约因素，确定城市价值的改进方向。与此同时，识别改进当前供给情况的影响因素，沿价值函数的梯度方向（即边际收益最大的方向），并考虑现实的可行性，确定将某一或某些价值要素作为改进的目标价值。

环节2：制定和实施目标价值导向的城市发展战略

以改进目标价值为主要目的，结合城市的长期战略规划，制定短期的城市发展战略，对之前的实施项目、资源配置、机构设置进行调整；城市发展战略制定后，政府发挥主导作用，通过政策供给、法律法规制度制定等方法建立战略实施的制度保障平台，通过资金、资源倾斜、融资等建立战略实施的物质保障平台，根据目标价值的特点培育、引导、鼓励企业、非营利性组织等主体参与战略的实施，并在此过程中实现主体对价值的评价、反馈。

环节3：其他价值优势的利用和价值整合

当目标价值在城市竞争中不处于优势时，城市单纯从内部达到目标价值的增进较为困难，此时城市可以通过对其他价值优势的利用形成对外部资源的吸引力，集聚目标优势从而达到价值整合。

环节4：增进目标价值，整体价值重新调整

目标价值增进后，需要注意发挥目标价值的优势或克服固有的目标价值的弊端，通过克服整体价值的“短板效应”以及城市发展战略的调整实现城市整体价值增值的乘数效应。整体价值调整后，各价值要素之间实现了相对稳定的协调状态，重新进入城市价值增值的自发过程中。

实际上，城市价值的增值在大多数情况下处于调整状态，受到自我强化与调整干预的共同作用。城市营销不同于城市规划的重要一点即是营销过程的动态性，需要根据实际中出现的偏差适时地做出营销策略的调整，城市营销者应当积极地对实际变化做出回应，致力于城市价值的持续增值。城市价值增值的动态机制如图5-1所示。

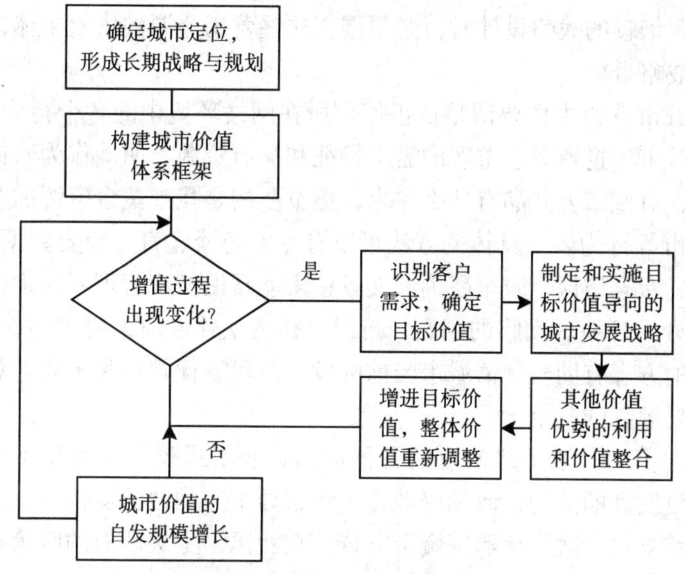

图 5-1　城市价值增值的动态机制

第二节　基于 AGIL 的城市整合营销战略设计

上文建立并详细论证了基于资源依赖的城市整合营销的 AGIL 理论框架，清楚地剖析了资源依赖、整合营销、价值增值的原理、机制、路径和模式，并通过宁波案例展示了具体实践。

根据以上研究，本书提出对城市营销主体的若干营销战略设计建议。这些建议同样可以根据 AGIL 的分析框架被划分为资源依赖战略、整合营销战略、价值增值战略、模式维持战略四部分。这四部分战略建议得到实施后，才有可能更大地促进城市的价值增值。

一、资源依赖的战略设计

本研究发现，城市所在的组织网络环境中有各种各样的行为体，每个行为体中都具有一定程度的营销资源。城市营销密切依赖于从周边环境中吸收所需要的营销资源。这些行为体及其对应的资源包括上级政府的政治资源、企业的经济资源、本地居民的文化和政治资源、人民群众和专家、学者的智力资源等。所以城市在进行资源依赖的战略设计时，必须围绕这些营销资源的供给主体，以向他们获取资源为战略目标。

第一，城市营销主体要清楚认识城市所在网络环境中的各个行为体如居民、企业、兄弟城市、投资者、游客的需求特征和拥有资源，明确作为营销服务对象的顾客是谁，对城市公共品有什么需求，更重要的是找准蕴含资源的企业、投资者和伙伴城市等行为者。具体的方法可以有专家访谈建言、历史数据、地方志、文献检索等。专家访谈、政策咨询、文献检索能帮助城市管理者从理论高度梳理城市营销所处的环境、面临的问题、可以合作的伙伴、应该树立的长期目标等；历史数据和地方志有助于认清城市当前的发展阶段、优缺点和未来趋势，能够更好地辅助战略规划的制定。

第二，要努力争取上级政府的各种正式和非正式政治资源和经济资源的支持，包括建设发展的法规、政策资源，上级领导个人的政治支持，上级政府的财政补贴、转移支付、融资优惠等资金支持。在我国，上级政府的政策支持是一个城市发展的最大资源，能使城市获得超越周边竞争对手的强大助推力量，超常发展。深圳特区从一个小渔村一跃成为中国最大的都市之一，浦东新区发展成为中国金融最高端，无不是上级政府优惠支持的典范。

第三，积极主动地开展在全球经济圈内的系列交流合作，扩大城市影响力，从国际环境中获取更高层次、更好质量的资源。在中国资本市场发育不足、资金紧缺、产业技术粗糙、管理方式落后的情况下，积极扩大开放，引入国外发达公司的资本投入，通过跨国公司在本地城市的二、三产业投资，不仅有助于扩大城市发展资本存量、带动当地就业，更重要的是提高城市在区域乃至全球生产网络中的地位，扩大城市知名度。

第四，要积极倡导市民、企业和其他社会组织对城市文明形象的奉献，通过服务于外来投资者、公商务人士和游客，创造良好口碑，进一步增加城市的美誉度。这可以通过制定一系列城市文明条例、多媒体宣传城市文明口号和要求、积极申请参与全国文明卫生城市、参与全国旅游星级景点等系列活动来实现。

第五，努力建设政策建言沟通表达渠道，打造民主意见充分交流平台，并通过若干重大战略规划咨询项目的实施，从城市环境中的各个行为体获取城市营销的智力资源。城市的人才资源、智力资源是最大的资源。城市可以通过购房补贴、创业资金支持、高新技术孵化园、生活设施配套等措施吸引高级人才来城市创业；通过建立常规、长效的城市—科研机构合作平台，向专家获得宝贵建议；通过建立城市—企业—社会组织沟通机制，使城市管理者能够倾听市民的心声，解决他们的问题。

二、整合营销的战略设计

本研究发现，由于城市建设营销的过程中存在着外部性问题，如果仅仅通过单一营销主体的运作实践，并不能取得有效率的营销效果。所以城市营销必须整合所有利益相关者，共同承担成本收益。在城市营销的实践过程中，以政府权力为主导的纵向整合机制和政府—企业—外界组织广泛合作的关系型横向整合机制是整合营销的两大表现形态，城市的营销整合必须综合这两个思路进行挖掘拓展，积极寻找所有能够参与到城市营销过程中的各方行为主体，在有序战略规划设计下共同协作，达到城市营销的多方合作共赢，实现城市价值的增值。

第一，正确区分城市营销产品中不同公共产品的类型和外部性问题，通过税收、补贴、特许经营等手段将外部成本内部化，调整主体的利益分配。具体地，城市应该建立有效的环境保护条例、环境污染补偿的金融财政体制和市场交易制度、公益主体补偿机制等内部化机制，使得各个主体的营销收益与成本能够相互匹配，达到最优的社会总效率。

第二，构建城市整合营销对话和交流平台，加强公共媒体对社会公众良好风貌的引导，鼓励社会公众积极反馈政府的作为，促进旅游业和投资者的相互沟通。这既是城市整合营销的措施，也体现了城市对市民社会的智力和政治资源的依赖。

第三，对资源整合获取和运用开展中长期战略规划，以此有效引导城市主体的战略资源整合，防止为达到短期内提高知名度、吸引城市消费者的目的而采取一系列不可持续发展的营销策略，进而影响长期发展。城市营销是将整个城市的资源、品牌、发展机遇等所有方面作为一个整体产品进行推销，它的对外营销措施必然具有一定的公信力，因此在做全盘整体规划时，城市必须保证规划合理、有效、持续、和谐，通盘考虑，综合协调，不能出现局部最优的情况。

第四，充分整合城市区位内外主体所拥有的资源，通过降低进入门槛、提供优惠条件、努力反馈收益等措施积极吸纳外部拥有优势资源的私人主体参与到本地城市营销中。城市应通过土地优惠、财税优惠、融资支持等多种措施激励外地投资者到城市进行投资，让城市吸引外部资源，将外部资源为我所用，都整合到营销活动的实践中。

第五，要动员和协调城市居民、各政府机构、企业、社会组织，依托各个组织的系统和比较优势，对城市进行整合营销，使得各方都能发挥自己的能力，不至于出现效率不足和浪费。为此，城市管理者应该与市民、企业、社会组织开展多方协调，发挥社区居民委员会、企业联合会、城市企业协商机制等多种方式渠道的作用，积极动员市民、企业、社会组织参与进来。

第六，增加营销活动的专业外包比例，提高城市营销的专业化程度和生产效率，积极加强与专业宣传策划、新闻媒体等组织的合作沟通，发挥它们的主观能动性，避免因城市公共部门完全包揽营销活动而导致低效的现象。城市营销在很大程度上离不开专业营销媒体包装，如制作城市宣传片、宣传手册等，良好的宣传片如浙江的《西湖印象雨》、张艺谋导演的《刘三姐》等都已经成为地区的名片。这也是双方比较优势的发挥。

三、价值增值和模式维持的战略设计

本研究发现，城市营销的价值增值机理是识别客户需求、确定目标价值后，制定和实施目标价值导向的城市发展战略。最重要的是让城市顾客的需求期望得到满足，从而使他们产生有价值的感觉。通过城市价值的增值，包括居民、本地企业、投资者、游客等在内的城市顾客都会对城市品牌形象产生较强的认同，从而反过来也认同城市营销的实践行动，有利于成功营销模式的维持和发挥继续放大效应。城市营销的战略也应该从巩固增值效果、巩固模式维持的角度着手。

第一，充分调研城市顾客对城市的需求期望，可以聘请专业营销人员通过问卷调查、专家访谈等多种形式了解各类城市顾客对中长期内城市发展的期望和具体建议，从而能够针对顾客需求制定合适的战略规划。

第二，建立城市价值分享机制，使广大市民和企业能够感受到城市价值增值后的切身福利增进，从而更有积极性地参与到城市营销中。具体的方法有：将城市土地注资进入政府投资平台，在土地增值后将平台公司的利润注入财政，投入到公共事业资金中；在城市升值、财政收入扩大后，加大转移支付力度，让更多百姓得到实惠。

第三，通过一系列文体宣传活动让市民、企业和社会组织对城市的营销活动有一定认识，使他们能够了解营销实践，参与到实践中，并在取得成效后认同营销行为，形成良好的城市营销氛围和市民文化心理积淀。

第四，及时总结城市营销战略措施的成败得失，汇集成相关文字或视频材料，制定一系列市民公约，使得本轮城市营销的模式行为能够被记录下来，作为继续执行下一轮营销活动的重要参考，维持优良模式的延续。

尽管本书提出了这一系列整合营销的战略建议措施，但是这些措施只是粗浅的一般论述。具体措施的实施必要性（如现有情况、未来定位）与可行性条件（如资源约束、法规限制），还需要进一步深入分析讨论，才能制定出更合理的战略措施。

第三节　创意城市

一、创意城市概述

创意城市（Creative City）是在经济全球化、城市发展进入后工业化时代的背景下，伴随产业转移、城市重生和创意产业兴起而出现的一种推动城市复兴和重生的模式，是着眼于文化、艺术创造过程中所表现出来的创造、创新能力的驱动力与活力进行城市规划，并建立在消费文化和创意产业基础上向社会其他领域延伸的城市发展模式，是科技、文化、艺术与经济的融合。近年来，世界许多城市都将创意城市建设作为城市发展的一种模式，制定了发展战略，并将其纳入城市发展规划。

创意城市一般具有创意经济发达、创意人才密集、创新能力强大、创意氛围宽松、知名大学众多等特点。创意、创意产业和创意城市之间呈现出一种难度递增、发展递进的关系：创意形成创意产业，创意产业构筑创意城市；创意城市又促进创意产业，萌生新的创意，创意产业与创意城市之间存在着明显的依存关系。20 世纪 70 年代以来，城市中心区如何重塑形象、重获生机和重新定位的问题，使人们将注意力转移到了城市，并把城市看作是实现社会和经济复兴的一个可能的场所，创意城市应运而生。通过创意产业的兴起赋予城市新的生命力和竞争力，以创意方法解决城市发展的实质问题，是未来城市发展的必然趋势。虽然经济主要是由产业和贸易推动发展的，但城市作为创新的孵化器却是产业创新和经济增长的核心动力。创意城市突出了消费引导经济、文化生产和城市规划的重要性。英国创意城市研究机构 Comedian 的创始人查尔斯·兰德利（Charles Landry）认为，城市要达到复兴只有通过城市整体的创新，而其中的关键在于城市的创意基础、创意环境和文化因素。因此，任何城市都可以成为创意城市或者在某些方面具有创意。创意城市能吸引创意人才与创意企业，是推动文化经济、知识经济的重要平台。创意城市的建设至少需要满足三个条件：第一，社会文化的多元性和开放性，可以促进创意人才、企业和整个行业的交流、融合；第二，城市的产业体系能提供足够的发展空间；第三，能够提供吸引创意阶层的高品质的生活环境。佛罗里达认为，构建创意城市的关键要素是“3T”理论，即技术（Technology）、人才（Talent）和包容（Tolerance），为了吸引创意人才、产生创意和刺激经济的发展，创意城市必须同时具备这三个条件。技术是一个地区的创新实力和高科技的集中表现；包容可以定义为对所有民族和种族开放、宽容的态度，允许生活态度和生活方式的多样性；人才则是指那些获得学士学位以上的从业人员，即所谓的创意阶层。

二、创意城市的内涵

创意城市不是定义规范的学术概念。关于如何理解创意城市的内涵，国际上主要有两种代表性观点：一是美国城市研究学者简·雅各布斯（Jane Jacobs）的观点；二是英国著名创意城市研究学者查尔斯·兰德利及其研究小组提出的观点。此外，日本学者佐佐木雅幸在概括上述两种观点的基础之上提出了一种对创意城市的综合性解释。

（一）简·雅各布斯对创意城市的理解

简·雅各布斯在她1984年所著的《城市与国民财富》一书中提出，国民经济发展的前提是要转变经济发展模式，实现创意城市经济体系。她所关注的“创意城市”是像意大利中部的波洛涅、佛罗伦萨那样的集聚了拥有众多富于创造性、技巧和高质量劳动者的专业化中小企业群的城市。这些中小企业的生产模式与工业化大生产模式完全不同，它们具有灵活性、高效率、适应性，拥有依靠创新和想象力进行经济的自我修正的能力，它们结成网络，依靠劳动者和工匠的高度熟练技术与灵敏感性生产出具有国际竞争力的个性商品，这种生产模式是继工业化大生产体系之后出现的又一种新的生产体系。因此，简·雅各布斯理解的创意城市就是拥有脱离大生产体系的灵活而富于创造性的“自由修正型”城市经济体系的城市。

（二）以查尔斯·兰德利为代表的欧洲创意城市研究小组对创意城市的理解

第二种具有代表性的观点是以查尔斯·兰德利为代表的欧洲创意城市研究小组所发表的《创意城市》和查尔斯·兰德利所著的《创意城市：城市创新的工具箱》提出的关注创意城市政策体系的观点。他们立足于如何解决欧洲随着制造业的衰退而出现的大量青年失业、传统的福利国家体系所面临的财政危机等问题，将目光转向了利用艺术文化所具备的创造力而挖掘社会性潜力的城市实践，认为创意是艺术文化与产业经济的媒介，艺术文化的创造性是解决城市问题的一种途径，城市的创意重要的是能够在经济、文化、组织、金融等各个领域创造性地解决问题并不断引发连锁反应从而导致原有体系改变的流动性。

兰德利认为，“创意城市”概念的出现，是由于依靠传统模式的城市再生失去了效果，城市必须吸引新的有才之士，而他们需要城市为其提供能够发挥创造力和想象力的环境，在这个环境中，软件基础设施与硬件基础设施同等重要，人

们对应对变化有充分的精神准备。创意城市建设就是为这样一些创新创造必要的前提条件。要成为创意城市，就必须改变对创意、对事物的思维方式，创造性地思考，促进人与人之间的互动，建立超越工作范围的网络联系，培育宽容性，实行异文化共享，而不是仅仅停留于多元文化的相互理解。创意城市的本质就是培育、吸引、留住具有各种各样才能的人才，并允许失败，创意城市必须具有能够反映本地特色的城市品牌标识，拥有来源于本身所具有的地域特色的全球意识、多样性和宽容性以及想象力。

查尔斯·兰德利还提出构成创意城市的基础需要七个要素，即个人特质、意志力与领导力、人力的多元性与各种人才的发展机会、组织文化、地方认同感、城市空间与设施、网络动力关系。

（三）佐佐木雅幸对创意城市内涵的概括

日本创意城市研究者佐佐木雅幸在概括简·雅各布斯和查尔斯·兰德利观点的基础上，提出了创意城市的定义：创意城市是基于市民创意活动的自由发挥，文化与产业均富于创造性，同时具备脱离了大生产体系的、创新性的灵活的城市经济体系，能够创造性地解决全球性环境问题或区域性社会问题，拥有丰富创意场所的城市。

此外，佐佐木雅幸还提出创意城市应具有六个要素：一是艺术家与科学工作者的创意，同时一线劳动者与手工艺工作者也需要开展创意活动；二是一般市民要具备能够享受艺术文化的充裕收入和自由时间；三是具备各种大学、技术学校、研究所和剧场等充实的文化设施；四是环境政策是城市发展政策的重要组成部分；五是城市发展政策要考虑经济与文化平衡发展；六是在城市综合发展政策中创意文化政策占有一席之地。

佐佐木雅幸对创意城市的定义及其所总结的创意城市的六个要素，简明扼要地给出了创意城市区别于其他城市的内涵特质和建设创意城市的必要条件，为我们理解创意城市的内涵与特征提供了一个较为清晰的轮廓。实际上，他所提出的六个要素包含创意及创意活动、创意产品的消费市场、创意人才的培养场所和文化创意设施等创意空间以及城市发展政策四个方面，这也正是我们建设创意城市所应关注的。

三、创意城市的发展模式

国外创意城市已形成内生型和外生型两种发展模式。两种发展模式的划分并不是截然分离的，也没有孰优孰劣之分。通过创意城市建设让城市的经济、文化平衡发展，创造性地解决城市发展中所面临的经济、社会、环境等问题，使城市获得可持续发展，使市民的精神生活和物质生活质量都得到提高，这是创意城市发展的共同目标。

(一) 内生型

有些城市天生具备创意土壤或创意氛围，在一定的环境条件下可能自然形成创意城市，其发展模式可以被归为内生型，即创意城市发展是其自然选择的结果。代表性城市如伦敦、纽约、巴黎、东京、柏林等这样一些国际性大都市，以及像意大利波洛涅、佛罗伦萨那样的集聚了拥有众多富于创造性、技巧和高质量劳动者的专业化中小企业群的中小城市。内生型创意城市大都没有加入“全球创意城市网络”[①] 等创意城市国际组织，其发展路径也大都是自下而上的，政府是在创意产业或创意经济已经发展到一定阶段以后，才主动发挥主导、引导、支持的作用，积极推动创意城市建设。伦敦是这种类型的典型，而纽约则几乎没有政府有意识的推动，主要依靠其本身的创意基础和环境形成了创意城市。

(二) 外生型

有些城市本身的创意氛围并不浓厚，但由于创意城市建设的巨大经济效益和社会效益以及城市重生的需要，促使其将创意城市建设作为工具，对城市进行创意的改造，这类城市的发展模式可以被归为外生型。已经加入“全球创意城市网络”且被联合国教科文组织授予“设计之都”称号的布宜诺斯艾利斯、蒙特利尔、名古屋、神户等当属这种类型。外生型创意城市偏向于加入“全球创意城市网络”这样的国际性组织，得到国际认可，提高城市的知名度。这从一个侧面体现出外生型创意城市倾向于通过创意城市建设这样一种手段，获得更大的经济、社会效益。此外，外生型创意城市的发展路径与内生型大多为自下而上不同，它们大都是自上而下的，政府从一开始就在城市发展战略中明确提出了建设创意城市的目标并确定了发展战略乃至行动计划，并发挥强有力的主导作用，出台政策措施，积极推动创意城市建设，典型代表如日本的神户、名古屋。

四、创意城市类型

Hospers (2003) 认为，Haal 的研究说明创意城市是属于每个时代的一种现象，但没有一个城市总能永久展现创意。根据经济与城市发展的历史进程，Hospers 总结出四种类型的创意城市（见表 5-1）。

(一) 技术创新型城市

这类城市多为新技术得到发展甚至技术革命的发源地。一般是由一些具备创

① 全球创意城市网络，是联合国教科文组织于 2004 年推出的一个项目，旨在通过对成员城市促进当地文化发展的经验进行认可和交流，从而达到在全球化环境下倡导和维护文化多样性的目标。被列入全球创意城市网络，意味着对该城市在国际化中保持和发扬自身特色的工作表示承认。成员城市加入时需要得到联合国教科文组织认可，可以自由退出，联合国教科文组织也可以在其失去代表性后建议其退出。

表 5-1 Hospers 的创意城市分类

创意城市类型	特点	历史上的创意城市	当代创意城市
技术创新型城市 (Technological-Innovative Cities)	这类城市多为新技术得到发展甚至技术革命的发源地。由一些具备创新精神的企业家，即Schumpeter 所谓的“新人”(New Man)，通过创造既相互合作又专门化分工并具有创新氛围的城市环境而带动城市的繁荣	1900 年的底特律（汽车工业）；19 世纪的曼彻斯特（纺织业）、格拉斯哥（造船业）、鲁尔（采煤和钢铁业）、柏林（电力）	美国硅谷（信息技术，英国剑桥（信息技术）
文化智力型城市 (Cultural-Intellectual Cities)	这类城市较之技术创新型城市更偏重于“软”条件，如文学和表演艺术，通常都是出现在现存的保守势力和一小群具有创新思维的激进分子相互对峙的紧张时期；主张改革的艺术家、哲学家、知识分子的创造性活动引起了文化艺术上的创新革命，随后形成了吸引外来者的连锁反应	古典时期的雅典；文艺复兴时期的佛罗伦萨；17 世纪的伦敦（舞台剧）、巴黎（绘画）、维也纳（科学与艺术）；20 世纪早期的柏林（歌剧）	大学城，如德国的海德堡；爱尔兰的都柏林；法国的图卢兹；荷兰的阿姆斯特丹；比利时的卢维恩
文化技术型城市 (Cultural-Technological Cities)	这类城市兼有以上两类城市的特点，技术与文化携手并进，形成了所谓的“文化产业”(Cultural Industries)	20 世纪 20 年代的好莱坞和宝莱坞（电影产业）、孟菲斯（音乐产业）、巴黎和米兰（时尚产业）；20 世纪 90 年代的曼彻斯特（新摇滚乐）和柏林墙推倒后的莱比锡（多媒体产业）	阿姆斯特丹、鹿特丹（2001 年被选为“欧洲文化之都”）
技术组织型城市 (Technological-Organizational Cities)	在政府主导下与当地商业团体和公司合作推动创意行为的开展；人口大规模聚居给城市生活带来了种种问题，如城市生活用水的供给，基础设施、交通和住房的需求等，这些问题的原创性解决方案造就了技术组织型的创意城市	凯撒时期的罗马（引水工程）；19 世纪的伦敦和巴黎（地铁系统）；20 世纪初的纽约（摩天大楼）；斯德哥尔摩（耐久住宅）；20 世纪 80 年代的伦敦(道克兰地区改造)	提耳堡（公司制管理城市）；鹿特丹（港口区复兴）

新精神的企业家，即 Schumpeter 所谓的“新人（New Men)”，通过创造既相互合作又专门化分工并具有创新氛围的城市环境而带动城市的繁荣。

（二）文化智力型城市

与技术创新型城市相反，这类城市偏重于“软”条件，如文学和表演艺术，通常都是出现在现存的保守势力和一小群具有创新思维的激进分子相互对峙的紧张时期。主张改革的艺术家、哲学家、知识分子的创造性活动引起了文化艺术上的创新革命，随后形成了吸引外来者的连锁反应。

（三）文化技术型城市

这类创意城市兼有以上两类城市的特点，技术与文化携手并进，形成所谓

“文化产业”。相应地，Hall（2003）也曾提出“艺术与技术的联姻”，认为这种类型的创意城市将是21世纪的发展趋势，其将互联网、多媒体技术与文化密切地结合在一起，将会有一个黄金般美好的未来。

（四）技术组织型城市

技术组织型城市是在政府主导下与当地商业团体公私合作推动创意行为的开展。人口大规模聚居给城市生活带来了种种问题，如城市生活用水的供给，基础设施、交通和住房的需求等。这些问题的原创性解决方案造就了技术组织型的创意城市。

五、国外创意城市的一般特征

无论创意城市的发展模式是外生型还是内生型，它们都具有一些共同的特征。在此，我们主要以伦敦、纽约、巴黎、东京这样一些公认的国际一流创意城市以及“设计之都”布宜诺斯艾利斯、蒙特利尔、柏林、名古屋、神户为对象，对它们的一些共同特征进行概括。

（一）创意产业发达，并呈集聚发展态势

创意产业与创意城市之间存在着明显的相辅相成关系。城市的创意氛围和创意环境吸引、集聚和培育创意人才与创意产品消费市场，从而形成创意产业，创意产业发达促进构筑创意城市，吸引、集聚更多创意人才、创意企业，促进创意城市的发展。创意产业在创意城市所营造的创意氛围和创意环境中往往形成集聚发展的态势，伦敦、纽约、东京、巴黎都是创意产业集聚发展的代表性城市。

伦敦：据官方统计，早在2001年伦敦十三项文化创意产业年产值就达到1120亿英镑，占英国GDP的8.2%，雇用4.3%的人口。如今，创意产业已经是伦敦主要的经济支柱之一，所创造的财富仅次于商业服务业，大约有50万人就业于伦敦的创意产业，并且这个城市1/5的新工作都产生于创意产业。创意产业正成为伦敦经济增长新的、主要的源泉。此外，英国超过1/3的表演艺术公司、70%的唱片公司、90%的音乐活动、91%的国家级报纸、1/3以上的设计机构集中在伦敦，其设计产业产值占英国设计产业总产值的50%以上，音乐产业产值约占全国的一半，出版产业产值占全国的36%，电影和广播业的收入占全国的75%。

纽约：该市在其最新发布的创意产业报告中，首次定义了“创意核心产业部门”，即广告、电影和电视、广播、出版、建筑、设计、音乐、视觉艺术、表演艺术九大类。纽约市艺术产业每支出1美元，就为城市经济增值77美分。2005年，艺术部门产生的经济效益达到212亿美元，创造就业岗位逾16万个，为纽约市创税约9亿美元。纽约是美国核心版权业的集聚地，其出版业占全美的70%。

东京：创意产业以动漫、游戏、音像制作等内容产业最为知名，也是其支柱

产业，代表了日本内容产业的发展水平。除此之外，信息服务、时尚设计、出版、广告、演艺业也很发达。根据2010年公布的调查数据，2006年东京的创意产业企业数较五年前增长了3.9%，与全产业-4.5%的负增长形成鲜明对比，除了设计业，东京集聚的这些产业的企业数超过了全日本的50%，设计业则集聚了全日本40%的企业。

（二）创意人才集聚

创意产业的发展和创意城市的形成，都离不开创意人才的创意和努力，创意人才的多寡是创意产业乃至创意城市发展程度的决定性因素之一。国际一流创意城市无不集聚了大量创意人才。

伦敦：英国广播电视从业人员的50%、广告人员的46%、时装设计师的80%~85%、出版业从业人员的40%都在伦敦工作。

纽约：全美约8.3%的创意产业部门员工集中在纽约，他们占纽约市下属五个行政区总就业人口的8.1%以上。

巴黎：提供了全国76%的创意设计岗位。创意人才的集聚甚至形成了被佛罗里达称为创意阶层（Creative Class）的一个新的阶层。

东京：集聚了全日本50%以上的创意产业从业人员，其中，动漫产业从业人员的72%、信息服务业的73%、音像制作业的79%、游戏和软件业的50%、出版业的67%、时尚设计业的47%、演艺业的54%均集聚于东京。

（三）经济基础雄厚

创意城市都拥有雄厚的经济基础，即使小城市也不例外，只有雄厚的经济基础才能够为创意产品的生产源源不断地提供资金和市场。发达国家的历史经验表明，人均国民生产总值突破8500~9000美元水平时，文化消费占居民消费的比重就开始进入明显提高的阶段。国外创意城市人均GDP都处于较高水平。在尚未走出工业化大生产时代的城市和生活水平低下的城市，由于缺乏对满足精神需要的创意产品的需求和市场，也缺少吸引创意人才的环境和氛围，所以不可能发展创意经济，也就不可能形成创意城市。

正因为创意城市拥有雄厚的经济基础，才使其拥有了众多创意产品的爱好者和消费者。如伦敦市内每年有22万观众观看音乐、戏剧和舞蹈，将近300万的访问者参观博物馆和陈列室，有36万访问者参观英国文化遗产景点，有5150万人次造访公共图书馆，泰特现代艺术画廊自2000年开馆以来吸引了将近2亿游客，它每年为伦敦带来4.9亿英镑的收入。“设计之都”布宜诺斯艾利斯建有占地3000平方米的“布宜诺斯艾利斯设计”购物城，专门展示销售本土设计师设计的本土品牌创意产品。

（四）文化创意氛围浓郁

浓郁的文化创意氛围是创意城市区别于其他城市的一大主要特征，这种特征有利于诞生和培育富于个性、创新性和创造力的创意人才，营造适于创意人才和企业生存发展的优良环境，形成巨大的创意产品消费市场。其主要表现在以下几个方面：

1. 对多元文化的包容与融合

许多创意城市由于其地理位置、发展历史以及对外来文化的包容与学习传统、开放的政策等原因，而形成多种族、多民族以及多元文化共存、交流融合的文化氛围。创新诞生于各种文化、思想、人物的交流，多元文化的交流融合特别有利于引发创新，产生各种各样的创意。

纽约：在该市人口构成中，黑人、意大利人、波多黎各人和爱尔兰人后裔占80%左右，来自世界各地的移民集聚于此，带来了世界各地、各种族和各民族的文化，这些文化相互交融，形成了纽约极富创新、创意的土壤和开放、自由的氛围。

柏林：地处欧洲的“十字路口”，是各种历史文化的交融之地。2007 年柏林人口超过 341 万，其中 47 万多人口为来自世界 185 个国家的外国人，每年还有 1300 万游客到访，这也促使柏林形成了多元文化融合的开放、宽松氛围和富于创新、创意的环境，吸引了众多年轻创意人才和设计部门高度集聚于此，柏林大约有 5000 名设计专业的学生，以及 2400 余家设计方面的企业，年产值达到 4.2 亿欧元。

布宜诺斯艾利斯：最早被联合国教科文组织授予“设计之都”称号的布宜诺斯艾利斯也有着与其他创意城市相似的多元文化兼容并蓄的特点，其容纳了来自不同文化背景，包括意大利、黎巴嫩、亚美尼亚等不同国家和地区的大量移民，从而发展出一种显著的多元融合性文化，其文化产业创造了本地 7%的经济收入和 4%的就业。根据《经济学家》杂志调查，布宜诺斯艾利斯因其充满活力的文化氛围被评为拉丁美洲的最佳城市，这个城市集中了全国 80%的文化创意产业及其 10%的产出。

其他创意城市如日本的东京、“设计之都”神户等，都是包容并融合多元文化形成了开放、宽松、富于创新与时尚的文化氛围，这些成为其形成创意城市的基础优势。

2. 文化、教育设施充实，文化活动丰富

文化、教育设施以及文化活动的数量是最能体现一个城市文化环境和氛围的要素之一。创意人才以及兰德利所说的“关键多数”或者佛罗里达的“创意阶层”都需要多种培育和表现的平台或舞台，将其无限的创意才能、创新的思维通过各种方式加以发掘和表现，并且他们还需要不断地相互交流，通过交流产生新

的创意。丰富的文化、教育设施以及各种文化活动能够为他们提供足够充分的培育、表现、交流的平台和舞台，能够吸引、培育一批又一批年轻创意人才和创意产品的受众，营造浓郁的文化创意氛围。尤其是国际一流创意城市，这方面的表现更加出众。

伦敦、纽约、巴黎：在国家博物馆数量方面，伦敦、纽约和巴黎分别为22个、16个和19个；在主要剧场演出剧目数量方面，伦敦、纽约和巴黎分别有17285个、12045个和15598个；在音乐场所数量方面，伦敦、纽约和巴黎分别有400个、151个和122个；在文化节数量方面，伦敦、纽约和巴黎分别有200个、81个和40个，这也印证了伦敦是世界上最具创意文化活力的城市。

柏林：每天有1500个文化活动。此外，有五所艺术大学以及数不清的私立院校提供设计专业的教育，大约有5000名设计专业的学生，其中很多学生在毕业后都选择留在柏林继续从事设计类工作，进一步推动了柏林设计产业的发展。

布宜诺斯艾利斯：有40多所大学，其中的数所开设六大类设计专业，仅布宜诺斯艾利斯大学招收的设计专业学生就多达35000名，每年会举办大量各种各样的设计比赛以及其他创意活动，吸引众多参赛者和参会者，这对营造城市的创意氛围、进一步吸引创意人才集聚产生了极大的促进作用。

六、中国重要创意城市介绍

（一）北京：2012年，设计之都

2012年，北京成为继柏林、蒙特利尔、名古屋和深圳、上海后全球第12个“设计之都”城市。目前，北京设计产业已形成工业、工程、建筑、服装和时尚设计等12个分支领域，设计院校100余所，各类设计机构2万余家，设计从业人员近25万人，其中规模以上设计企业超过800家，全市设计产业年总收入已超过千亿元。

2010年，北京市出台了《北京市促进设计产业发展的指导意见》，通过实施企业成长等六大工程，促进设计产业发展。同年还启动建设了中国首个设计交易市场，为7000余家设计企业提供技术服务。2011年，北京市政府又采取多项措施提升首都设计产业，有11个设计领域的60家企业的设计创新得到大力支持。2011年秋季，举办了第二届北京国际设计周。本届设计周云集了国际设计力量，展示出北京将创意设计产业作为经济增长新亮点、城市发展新引擎所取得的丰硕成果。2013年9月，北京公布了《北京“设计之都”建设发展规划纲要》，这是北京历史上首份关于设计产业发展的总体规划。《纲要》提出，两年内设计产业从业人员将达到35万人；在2015年之前，吸引50家以上国际著名设计机构和研发设计中心落户北京；设计产业收入实现1400亿元，年均增长率不低于15%；设

计单位输出技术合同成交额增至300亿元；到2020年，北京基本建成全国设计核心引领区和具有全球影响力的设计创新中心，设计产业年收益将达到2000亿元。

北京具有丰富的设计资源和良好的产业发展基础，是充满设计魅力的城市。北京是中国科技创新之都，拥有全国约1/3的国家级科研院所、实验室和技术中心，2012年全社会研究与试验发展经费支出约1031.1亿元，万人发明专利拥有量34.5件，居全国首位。北京也是中国的教育中心、文化中心，全市有25座公共图书馆、165座博物馆和203家影剧院。北京还是全球前10名的国际会议城市，每年举办的国际会议达5000余个——平均每天超过13个，国际展览超过240个。目前，北京已经发展出完整的设计产业链条、繁荣的产业生态，并形成了建筑设计、规划设计、工业设计、集成电路设计等优势行业。北京DRC工业设计创意产业基地、798艺术区、751时尚设计广场等30个设计产业集聚区，汇集了上万家各类创意企业。设计已经成为北京转变经济发展方式、促进产业结构调整的重要力量。北京设计的国际地位也日益凸显，如北京国际设计周已成为国际设计产业的重要活动。中国设计"红星奖"经过8年发展，参评国家累计达到29个，2013年更是吸引了包括美国哈曼、韩国三星、法国阿尔卡特、德国博世、瑞士ABB、丹麦丹佛斯等103家跨国企业在内的1000多家企业、5000多件产品参评。

（二）上海：2010年，设计之都

上海把握住了19世纪末以来现代设计的潮流，即设计是人类面向未来而不断超越自己的过程。从科学的产品功能设计到新型的产业形态设计，从以用户为中心的设计到绿色生态型设计，从顺应全球化潮流和数字化的设计到创新城市最佳模式，设计融入了上海经济和社会发展的各个领域。

从19世纪开始，依托快速发展的金融、交通、工业和商业，上海早期的设计业从一开始就具有国际包容性，如引入了克虏伯（Friedrich Krupp）的工业设计、EMI的唱片设计、L.E.邬达克的建筑设计等，表达了现代主义、装饰艺术等前沿的设计思潮。此后，在上海的造船、纺织、轻工、印刷、食品、烟草等行业中，一些本土企业相继建立设计部门，"上海设计"逐渐成为时尚、精致、实用的代名词，上海的设计从产品设计、品牌设计、功能设计，发展到最佳城市设计，正如一位专家所说："不了解上海的设计产业，就无法理解中国和亚洲现代设计产业的起源。"

跨入21世纪，上海以"创意上海，设计未来"为主题口号，确立了发展创意经济的目标：开发可持续发展的新经济源泉，创造科学合理、生态友好、可持续发展的城市和生活形态，以此丰富人类的文明成果，将上海建设为具有世界级能量和影响力的设计之都和创意城市，推动中国、亚洲乃至世界范围内创意产业

的发展。2010年世博会正是上海作为世界设计之都的全面展示。根据《上海创意产业“十一五”发展规划》，到2010年使上海创意产业增加值达到地区生产总值10%以上，到2015年把上海建成亚洲最有影响的创意产业中心之一，到2020年使上海成为全球最有影响的创意产业中心城市。

上海创意产业还与各个区县的产业转型和文化资源相结合，与上海的旧城改造相结合，形成了具有上海特色的发展模式。如长宁区的创意产业方向定位为数字长宁、时尚长宁，以多媒体产业园、时尚产业园等为亮点；杨浦区的创意产业以高校资源为知识中心，以存量厂房的开发为路径，以产业结构调整为目的，定位于“知识杨浦”。正因如此，联合国有关报告中以“上海的创意产业：中国方式”为标题，肯定了上海的成就：“在中国，上海是一个推动创意产业发展的先行者，市政府在其中扮演了重要角色”，而中国的经验将推动亚洲和全球创意经济的发展，“尽管中国的经验并不容易复制，但它可以作为其他国家，尤其是发展中国家的一个有意义的参考”。

（三）成都：2010年，烹饪美食之都

在成都周围200公里内，拥有除大海以外的各种地理和生态，集聚着53个少数民族，也是大熊猫、金丝猴等珍稀动物的故乡。多样化的生态保存了多样化的人文，导致了成都美食文化的多样性。全世界有三大美食流派，东方菜系以中国菜系为代表，西方菜系以法国菜系为代表，伊斯兰菜系以土耳其菜系为代表。而成都正是中国四大菜系之一——川菜的发源地和中心。成都市的特级厨师、国家级烹饪大师、服务大师以及名吃名点众多，世间公认“最好的美食在中国，最丰富的滋味在成都”。成都率先举办了中国成都国际非物质文化遗产节，建立了中国第一个菜系博物馆——川菜博物馆，显示了成都市保护和开发非物质文化遗产的决心。饶有趣味的是：成都虽为内陆城市，却创建了中国第一个“鱼文化”节日——中国成都鱼文化节，成为成都辐射整个中西部的盛大文化美食节庆。1000多年前的2月15日，成都人创立了“花节”，它是中国本土宗教——道教创始人张道陵的生日，1000多年来，它逐渐由“花的庆典”主题转化到“美食和文化”主题，在21世纪更发展成为规模盛大、辐射海内外的“中国国际美食旅游节”。这样的例子在成都不胜枚举，古城、遗产、创意、美食、文化在成都形成了有机的统一。成都为全世界富有历史传统的城市提供了宝贵的经验，那就是：以完整传承的遗产作为文化产业的基础，让创意经济使古老的文脉绽放出活力之花。

（四）哈尔滨：2010年，音乐之都

2010年6月22日，哈尔滨被联合国教科文组织授予“音乐之都”称号。联合国之所以授予中国哈尔滨“Music City”之称，是因为哈尔滨这座城市具有百年的音乐传承历史，音乐是哈尔滨这座城市的固化品牌。

哈尔滨有着千年音乐历史文脉和百年多元灿烂的音乐文化。历史上，黑龙江流域诞生过辉煌的“渤海乐”和金王朝的宫廷音乐及多姿多彩的北方少数民族音乐。20世纪初，伴随着中东铁路的开通，西方传统经典音乐经哈尔滨传向东北亚地区。1908年，中东铁路管理局成立哈尔滨（中）东清铁路管理局交响乐团，鼎盛时期被外界称为远东第一交响乐团，后被简称为老“哈响”，是哈尔滨交响乐团的前身。1921年，哈尔滨最早创办了正规的西方音乐学院，从建校到20世纪40年代初期，培养了近百位音乐家。抗战歌声也最先在哈尔滨唱响。新中国成立后，第一部民族歌剧《星星之火》在哈尔滨上演。

如果说冰雪是自然的恩赐，音乐则是哈尔滨人主动选择的精神家园。1961年，第一届“哈尔滨之夏音乐会”在青年宫剧场举行，很快蜚声全国，并逐渐走上国际化、品牌化道路。如今，其已成为中国举办时间最长、届次最多、最具国际影响力的音乐盛会，同时也成为展示哈尔滨历史文化名城形象、促进中外文化交流的重要载体，成为世界了解哈尔滨、哈尔滨走向世界的重要窗口。

（五）杭州：2012年，工艺与民间艺术之都

2012年4月10日，联合国教科文组织正式批准杭州市加入联合国教科文组织“全球创意城市网络”。杭州是网络中第五个“工艺与民间艺术之都”主题城市，也是中国第一个该主题的城市。

杭州是中国的历史文化名城，历史积淀深厚，文化资源丰富，在保护、传承、创新民间艺术与民间手工艺方面具有悠久的传统。茶叶、丝绸、南宋官窑是杭州工艺及民间艺术传承发展的印记。杭州素有“丝绸之府”的美誉，历来是中国丝绸的设计、生产和商贸中心，形成了包括种桑养蚕、丝织印染、设计制造、商贸会展、旅游观光等在内的完整的产业链，并在此基础上形成了门类齐全、规模庞大的产业集群。杭州同时也是中国茶文化的起源地之一，是中国最著名的茶叶产区之一，西湖龙井茶以其精湛的制茶工艺和独特的品质风格而位居中国十大名茶之首。除了丝绸和茶叶，杭州的陶瓷工艺也历史悠久，周边遍布各类古窑址。杭州是“南宋官窑”瓷的生产、集散中心，所制南宋官窑瓷器位居宋代“官、哥、汝、定、钧”五大名瓷之首，被誉为“瓷器明珠”。此外，杭州还拥有一大批百年老字号品牌（企业），为国家培育了众多的手工艺、民间艺术大师，如都锦生织锦、西湖绸伞以及王星记扇子、张小泉剪刀等，在巴拿马万国博览会等国际展会上屡获大奖。自18世纪起，杭州民间刻印、赏印、藏印、论印之风兴盛；1904年，由民间发起并自筹资金成立了中国历史上第一个印学社团——西泠印社，现以西泠印社为代表的“中国篆刻艺术”已被列入世界非物质文化遗产名录。

工艺与民间艺术作为杭州市文创产业重点培育发展的行业门类之一，在传承、保护、创新等方面建有完整的工作体系与政策机制。2007~2011 年，全市文创产业增加值年均增速高于全市 GDP 增速 5.7 个百分点，2012 年第一季度，全市文创产业限额以上企业共实现主营业务收入 376.77 亿元，增长 15.2%。截至 2011 年底，全市 16 家市级文创产业园区建成面积达 236.45 万平方米，其中已使用面积达 215.86 万平方米。文创人才队伍建设成效显著，通过出台实施各项文创人才政策，吸引了蔡志忠、赖声川、朱哲琴等一大批海内外文化名人来杭发展，并成功聘请现居香港的学界泰斗、国学大师饶宗颐先生为西泠印社第七任社长。此外，杭州还成功打造了一大批文创品牌，目前，杭州已拥有五个国家级动画基地、五家国家文化产业示范基地，国家级动画产业基地总数居全国第一位。2010 年 6 月，国务院批准实施的《长江三角洲地区区域规划》把打造“全国文化创意中心”作为杭州城市发展功能定位之一。飞速发展的文创产业也带动了杭州工艺和民间艺术的飞速发展。这些传统的行业针对不断变化的时代和市场需求，在设计、材料、产品和工艺等方面大胆创新，将文化、创意和现代科技有机结合起来，在保持传统工艺精髓的基础上为其注入现代生活内涵，涌现出一批具有高科技含量和文化附加值的手工艺精品，进一步提升了杭州工艺和民间艺术品牌的知名度与影响力。

第六章　城市整合营销实证研究

本章的目的是在前文定性分析的基础上，对城市整合营销的绩效进行实证研究，以阐明城市整合营销所能创造的经济价值。本章首先基于协同竞争机制对城市整合营销进行定量评价；其次以数据包络分析方法对城市整合旅游营销的绩效进行评价；再次用二级模糊综合评价方法对城市整合旅游营销的绩效进行评价；最后利用回归分析方法对城市整合旅游营销的绩效进行研究。所有的定量评价都是基于浙江宁波的城市营销实践。研究表明，宁波市整合营销系统的子机制自2002年以来一直朝着有序的方向发展，虽然各个子机制有序发展程度稍有不同，但总体呈稳定趋势。基本DEA的评价结果表明，宁波市2009年、2010年相对效率指数为100%，为DEA有效，因而最具竞争力，这意味着整合营销之后的宁波市比2009年之前没整合营销时要发展得好。模糊综合评价结果说明，宁波市旅游营销运作绩效的评价结果综合成绩属于良好水平。回归分析发现，宁波市在针对游客和居民两个市场进行营销时的效果不同：针对居民市场的营销比较成功，但针对游客市场进行营销的效果并不太好。

第一节　基于协同理论的城市整合营销评价

城市整合营销系统是一个非线性复杂系统。系统的各个子机制按一定方式存在着相互作用，表现为子机制间的协同和竞争。子机制间既协同又竞争，使城市营销系统的机制构成一个有机整体；协同促使系统的子机制之间耦合，使系统各独立的子机制相互联结，相互促进，从而增强系统的整体效应。

一、系统协同评价的基本概念

城市整合营销系统是一个复合结构系统。各主体在系统间的关系、子系统间的关系、信息传递的相互关系等反映了这个系统的协同结构与协同性。研究城市

整合营销系统各个子系统的协同性、协调组织结构的关系、确保企业系统的管理活动信息流畅和提高各个部门协同运行的效率是一个十分重要和复杂的问题。在系统协同性评价中，协同、协同度、协同机制和复合因子是四个重要的要素。

(1) 协同。城市整合营销系统的协同是指在系统内部的自组织和来自外界的调节管理活动（即他组织）作用下，子系统之间或子系统组成要素之间在发展演化过程中彼此和谐一致，以实现系统的整体效应。

(2) 协同度。城市整合营销系统内部子系统之间或子系统组成要素之间在发展演化过程中彼此和谐一致的程度称为城市整合营销的协同度。

(3) 协同机制。城市整合营销系统内所有协同活动及其所遵循的相应的程序与规则称为协同机制，协同机制反映了协同作用的选择与作用规律。

(4) 复合因子。假定城市整合营销系统的整体机制为由 m 个子机制构成的复杂系统 $S=(S_1, S_2, \cdots, S_m)$，其中 S_j 为第 j 个子机制或要素，$j=1, 2, \cdots, m$，而且 $S_j=(S_{j1}, S_{j2}, \cdots, S_{jm})$，即 S_j 也由若干元素构成。S_j 的相互作用及其相互关系形成 S 的复合机制。技术城市营销系统的整体机制 S 可以表示为：

$$S=f(S_1, S_2, \cdots, S_m) \tag{6-1}$$

这里称式（6-1）中的 f 为城市整合营销系统机制的复合因子。

二、模型构建的基本原则

本书基于协同学的序参量原理和支配原理，遵循科学性与实用性相结合的原则，研究构建城市整合营销系统的机制协同度测度模型。

（一）科学性原则

(1) 模型的参变量选择合理，应选择实际意义明确、在系统的发展演变过程中起决定性作用的因素作为模型参变量。

(2) 模型设计合理，整体模型应符合城市营销系统的运行规律。

（二）实用性原则

模型的规模应适当，对城市整合营销系统而言，系统要素相互关联的特性及其层次性关系使系统有多种分解方法，如果对系统划分过细，模型参变量过多，模型结构过于复杂，则会失去实用价值。模型的设计应在科学性与实用性之间进行权衡。

三、子机制有序度模型

考虑城市整合营销系统的整体机制 $S=(S_1, S_2, \cdots, S_m)$ 中的子机制 S_j，$j\in[1, m]$。设其发展过程中的序参量变量为 $e_j=(e_{j1}, e_{j2}, \cdots, e_{jn})$，其中 $n\geqslant 1$，$\beta_{ji}\leqslant e_{ji}\leqslant \alpha_{ji}$，$i\in[1, n]$。这里 α、β 为系统稳定临界点上序参量 e_{ji} 的上限和下

限。不失一般性，假定 e_{j1}，e_{j2}，…，e_{jk_1} 取值越大，系统的有序程度越高，其取值越小，系统的有序程度越低；假定 e_{jk_1+1}，e_{jk_1+2}，…，e_{jn} 的取值越大，系统的有序程度越低，其取值越小，系统的有序程度越高。因此有下述定义：

定义 1：定义式（6-2）为子机制 S_j 序参量分量 e_{ji} 的系统有序度。

$$u_j(e_{ji})=\begin{cases}\dfrac{e_{ji}-\beta_{ji}}{\alpha_{ji}-\beta_{ji}} & i\in[1,\ k_1]\\[2ex] \dfrac{\alpha_{ji}-e_{ji}}{\alpha_{ji}-\beta_{ji}} & i\in[k_1+1,\ n]\end{cases} \tag{6-2}$$

由上述定义可知，$u_j(e_{ji})\in[0,\ 1]$，$u_j(e_{ji})$ 值越大，e_{ji} 对系统有序的“贡献”越大。需要注意的一点是，在实际的系统中，还会有若干 e_{ji}，其取值过大或过小都不好，而是集中在某一特定点周围最好，对这类 e_{ji}，总是可以通过调整其取值区间 $[\beta_{ji},\ \alpha_{ji}]$ 使其有序度满足式（6-2）的定义。

从总体上看，序参量变量 e_j 对系统 S_j 有序程度的“总贡献”可通过 $u_j(e_{ji})$ 的集成来实现。集成形式不仅取决于各序参量数值的大小，还取决于子机制之间的组合形式。在实际应用中，一般常采用几何平均法或线性加权求和法。

$$u_j(e_j)=\sqrt[n]{\prod_{i=1}^{n}u_j(e_{ji})} \tag{6-3}$$

$$\text{或}\ u_j(e_j)=\sum_{i=1}^{n}\xi_i u_j(e_{ji}),\ \xi_i\geqslant 0,\ \sum_{i=1}^{n}\xi=1 \tag{6-4}$$

定义 2：定义式（6-3）及式（6-4）的 u_j（e_{ji}）为序参量变量 e_j 的系统有序度。由式（6-3）及式（6-4）可知，$u_j(e_{ji})\in[0,\ 1]$，$u_j(e_{ji})$ 越大，e_j 对系统有序的“贡献”越大，系统有序的程度就越高；反之则越低。在线性加权求和法中，权系数 ξ_i 的确定既应考虑到系统的现实运行状态，又应能够反映系统在一定时期内的发展目标，其含义是 e_{ji} 在保持系统有序运行中所起的作用或所处的地位。

四、城市整合营销系统的机制协同度模型

定义 3：对给定的初始时刻 t_0，设各子机制序参量的系统有序度为 $u_j^0(e_j)$，j =1，2，…，m，则对整体系统在发展演变过程中的时刻 t_1 而言，如果此时各个子机制序参量的系统有序度为 $u_j^1(e_j)$，j = 1，2，…，m，定义 SIM 为整合营销系统机制协同度（Synergy of Integration Mechanism），简称 SIM 模型。

$$SIM=\eta\sum_{j=1}^{m}\omega_j\left|u_j^1(e_j)-u_j^0(e_j)\right| \tag{6-5}$$

其中，$\eta\dfrac{\min[u_j^1(e_j)-u_j^0(e_j)\neq 0]}{|\min[u_j^1(e_j)-u_j^0(e_j)\neq 0]|}$，j = 1，2，…，m；$\omega_j\geqslant 0$，$\sum_{j=1}^{m}\omega_j=1$

关于定义 3 的几点说明：

(1) 城市整合营销系统的机制协同度 $SIM \in [-1, 1]$，其值越大，系统全面协同的程度越高；反之则越低。

(2) 参数 η 的作用在于：当且仅当 $u_j^1(e_j) - u_j^0(e_j) > 0$，$\forall j \in [j, m]$ 成立时，系统机制才有正的协同度。

(3) $u_j^1(e_j) - u_j^0(e_j)$ 为子机制 S_j 从 t_0 到 t_1 时段序参量的系统有序度的变化幅度，它刻画了子机制 S_j 从 t_0 到 t_1 时段中"在多大程度上变得更加有序"。

(4) 定义 3 综合考虑了所有子机制的情况，如果一个子机制的有序程度提高幅度较大，而另一些子机制的有序程度提高幅度较小或下降，则整个系统机制不能处于较好的协调状态或根本不协调，其体现为 $SIM \in [-1, 0]$。

(5) 利用定义 3 可以验证城市整合营销系统机制在考察期间内，其协同程度的特征与变化趋势。该定义是从子系统的序参量系统有序度的变化中把握整体系统的协调状况，有助于对城市整合营销系统机制实施动态预测与分析。

五、SIM 模型数据的处理方法

(一) 数据标准化

由于对城市整合营销系统机制分析的角度和深度不同，序参量的参数选择不同，各指标原始数据的量纲也不同，因而指标的测量值相差较大。因此，需要对原始数据进行数据标准化处理，即数据无量纲化。数据标准化处理可采用两种方法。

1. 均值—标准差法

设 S_{ij} 为第 i 年第 j 项价值或实物量指标的数据，令 $\bar{S_j}$ 为第 j 项指标的样本均值，则有：

$$\bar{S_j} = \frac{1}{n}\sum_{i=1}^{n} S_{ij} \quad (i = 1, 2, \cdots, n; j = 1, 2, \cdots, k)$$

假定 R_j 为第 j 项指标的样本标准差，则有 $R_j = [\frac{1}{n-1}\sum_{i=1}^{n}(S_{ij} - \bar{S_j})]^{\frac{1}{2}}$

那么，标准化的数据为：

$$S'_{ij} = \frac{S_{ij} - \bar{S_j}}{R_j} \tag{6-6}$$

2. 区间法

区间法数据标准化的依据是式（6-2），这里的关键是确定考察区间的上下限值。一般情况下，要结合系统的实际情况和数据的可获得性予以综合考虑。在本书所做的研究中，将研究区间的初始值（或最差值）作为区间的下限，而把研究区间的目标值（或最好值）作为上限。

（二）序参量指标的权重确定

评价模型中需要确定不同指标的权重，反映不同指标对系统影响的程度。针对实际研究的需要，权重数值的确定可以采用区间 AHP 法和相关矩阵赋权法。

1. 区间 AHP 法

层次分析法（AHP）是由美国匹兹堡大学的 Thomas Satty 于 20 世纪 70 年代中期提出的一种定性和定量相结合的决策方法。AHP 通过构造有序的递阶层次结构使复杂问题简单化，通过两两比较得到各因素之间的相对重要性。在实际问题中，由于客观因素的复杂性和不确定性，使专家不能对因素的相对重要性做出精确判断，本节引入模糊层次分析法（FAHP）用区间数表示两因素的相对重要性，用区间数判断矩阵计算被比较元素的权重向量。区间 AHP 法的步骤如下：

（1）构造层次因素分析模型。根据研究需要构造多层次的递阶结构，即将研究系统分成目标层、准则层、方案层等。

（2）决策信息收集。影响系统目标和决策准则的因素是多方面的，如外部环境因素、内部微观因素等，这些决策要素既有定性变量又有定量变量，很难精确做出判断。收集整理相关信息后，应请专家就各类因素对决策的影响程度做出判断（区间数），据此建立区间判断矩阵。

（3）区间判断矩阵。建立区间判断矩阵的方法是：

1）请 m 个专家参加评定，任取两个判断因素让每个专家独立地判断因素 u_i 和 u_j 的相对重要性，得到区间数。设第 k 个专家得出的区间数为 $A_{ij}^{(k)}=[a_{ij}^{(k)}, b_{ij}^{(k)}]$。

2）取 $a_{ij}=\frac{1}{m}\sum_{k=1}^{m}a_{ij}^{(k)}$，$b_{ij}=\frac{1}{m}\sum_{k=1}^{m}b_{ij}^{(k)}$，$1\leqslant i\leqslant n$，m 为专家人数。

3）构造上三角区间数判断矩阵 $\begin{bmatrix}[1, 1] & [a_{12}, b_{12}]\cdots & [a_{1n}, b_{1n}]\\ & [1, 1]\cdots & [a_{2n}, b_{2n}]\\ & \vdots & \\ & \cdots & [1, 1]\end{bmatrix}$，根据互反性质，$A_{ij}=\frac{1}{A_{ij}}$，可得区间数判断矩阵 $A=[A_{ij}]_{mn}$，$a_{ij}=\frac{1}{b_{ij}}$，$b_{ij}=\frac{1}{a_{ij}}$。

（4）区间数判断矩阵排序权重计算。

1）计算单一准则下元素的相对权重区间。首先，对区间数判断矩阵 A 进行一致性逼近，得矩阵 M，计算 M 的权重 $W=(w_1, w_2, \cdots, w_n)$。其次，求矩阵 A 与矩阵 M 的两端极差矩阵△1M 与△2M，从而得到权重区间 $(w_j-\Delta_1 w_j, w_j-\Delta_2 w_j)$，$j=1, 2, \cdots, n$。

2）计算各层元素的组合权重。合成权重的计算又称层次总排序，由上而下逐层计算各层次所有元素对于总目标（即最上层因素）的合成权重。普通 AHP 算法是：如果上一层次 A 包括 m 个因素 A_i（$i = 1, 2, \cdots, m$），求出相邻下层元素在上层元素的总排序 a_i($i = 1, 2, \cdots, m$) 以及下层 B 包括 n 个因素 B_j($j = 1, 2, \cdots, n$) 中各元素相对于 a_i 的单排序 b_j^i（$j = 1, 2, \cdots, n$）后，B 层元素的合成权重即相对最高层因素的总排序由下式算出（这里，若 B_j 与 A_i 无关，则 $b_j^i = 0$）：

$b_j = \sum_{i=1}^{m} a_i b_j^i$，$j = 1, 2, \cdots, n$。

对区间数判断矩阵，也可以运用上述方法进行总权重的计算，但要运用区间数的运算法则进行总权重的计算，即：

$$[a, b] + [c, d] = [a + c, b + d]$$

$$[a, b] \times [c, d] = [\min(ac, ad, bc, bd), \max(ac, ad, bc, bd)]$$

对权重区间数进行相对重要性排序有不同的方法。一种方法是用中心区间的形式，其中区间中点表示元素的相对重要性的估计，区间半径表示判断的不确定性，综合考虑区间的中点和半径，可以克服传统 AHP 法简单地按数值大小进行排序而忽略决策者偏好信息的缺陷。另一种方法是考虑区间数为特殊的梯形模糊数，可利用概率分布法中均匀分布情形下对梯形模糊数的排序指数，按下式计算区间的排序指数，利用 m_u 的大小进行排序。

$$m_u = (g_i^1) = (g_i^{1-} + g_i^{1+})/2$$

$$\sigma_u = (g_i^1) = (g_i^{1+} - g_i^{1-})/2\sqrt{3} \quad i = 1, 2, \cdots, n$$

2. 相关矩阵赋权法

相关矩阵赋权法的基本思想是：指标间的相关系数反映了指标间相互影响的程度，相关系数的绝对值越大，说明指标间相互影响的程度越高；反之，说明指标间相互影响的程度越低。如果某指标与指标体系中其他所有指标的总相关程度较高，说明该指标对其他指标的影响较大，而且影响较大的指标在指标体系中的作用也较大，理应给其赋予相对较大的权数；反之，如果某指标与指标体系中其他所有指标的总相关程度较低，说明该指标对其他指标的影响较小，亦即它在指标体系中的作用较小，从而应该给其赋予相对较小的权数。

基于这种思想，相关矩阵赋权法的基本步骤可具体表述如下：

设指标体系中包含 n 个指标，它们的相关矩阵为 R。

$$R=\begin{bmatrix} r_{11} & r_{12} & \cdots & r_{1n} \\ r_{21} & r_{22} & \cdots & r_{2n} \\ \vdots & \vdots & \vdots & \vdots \\ r_{n1} & r_{n2} & \cdots & r_{nn} \end{bmatrix}，其中 r_n=1，i=1，2，\cdots，n$$

令 $R_i=\sum_{j=1}^{n}|r_{ij}|-1$ （i=1，2，…，n），则 R_i 表示第 i 个指标对其他（n－1）个指标的总影响。R_i 较大，说明第 i 个指标在指标体系中的影响较大，即其作用较大，故其权数也应较大。因此，将 R_i 归一化即可得相应各指标的权数：

$$\lambda_i=\frac{R_i}{\sum_{i=1}^{n}R_i}，i=1，2，\cdots，n$$

六、基于协同理论的宁波城市整合营销评价

根据前面讨论的城市营销系统的机制协同度评价指标设计原则，结合宁波市的具体实际，设计宁波市整合营销系统机制协同度评价指标体系如表 6–1 所示。指标的基础数据来源于宁波市旅游局官方网站和政府门户网站，如表 6–2 所示。基础数据中的定量指标来源于宁波市的实际数据，其最差值和目标值则根据国际同类先进企业指标以及宁波市的目标值来确定；数据中的定性指标采取调查问卷打分法，最差值＝0，目标值＝10。

表 6–1　宁波市整合营销系统机制协同度评价指标体系

一级指标	二级指标
经济效益	营销收入占 GDP 比重
	税收比重
社会效益	居民就业率
	城市基础设施建设水平
市场竞争力	营销收入增长率
	外资投入增长率
	外来人口入居率
城市支持力	政府支持力
	企业支持力
	居民支持力
	社会团体支持力
产业发展力	城市资源丰度
	促销力度

表 6–2　宁波市整合营销系统机制协同度指标基础数据

一级指标	二级指标	最差值	目标值	2002 年	2003 年	2004 年	2005 年
经济效益	营销收入占 GDP 比重	0	10	2.8	4.3	6.5	8.6
	税收比重	0	10	1.9	3.4	5.7	7.4
社会效益	居民就业率	0	10	2.3	5.9	7.2	8.9
	城市基础设施建设水平	0	10	3.4	4.8	6.2	8.4
市场竞争力	营销收入增长率	0	10	2.1	3.4	5.4	6.8
	外资投入增长率	0	10	1.2	2.5	3.3	5.3
	外来人口入居率	0	10	2.8	4.7	6.9	8.5
城市支持力	政府支持力	0	10	4.6	3.7	5.8	6.8
	企业支持力	0	10	4.2	5.3	6.1	6.7
	居民支持力	0	10	3.8	4.7	5.9	7.2
	社会团体支持力	0	10	2.5	3.5	4.6	6.3
产业发展力	城市资源丰度	0	10	5.1	6.3	7.5	8.6
	促销力度	0	10	2.3	5.4	7.3	7.9

（一）数据标准化

由于各原始数据量纲不同，不能直接进行计算，故先进行数据标准化（无量纲化）处理。方法是：设 e_{ji} 为第 i 年第 j 项指标的实际值，α_{ji}、β_{ji} 分别为序参量 e_{ji} 的上限和下限，即 $\beta_{ji} \leqslant e_{ji} \leqslant \alpha_{ji}$（若指标越大越好时，上限 α_{ji} 取目标值，下限 β_{ji} 取最差值；若指标越小越好时，上下限取值则相反），令 $u_j(e_{ji})$ 为无量纲后的标准数据，则有：

$$u_j(e_{ji}) = \begin{cases} \dfrac{e_{ji} - \beta_{ji}}{\alpha_{ji} - \beta_{ji}}，i \in [1，k_1]，\text{当指标越大越好时} \\ \dfrac{\alpha_{ji} - e_{ji}}{\alpha_{ji} - \beta_{ji}}，i \in [k_1 + 1，n]，\text{当指标越小越好时} \end{cases} \tag{6-7}$$

按式（6–7）将表 6–2 中的数据进行标准化处理，标准化处理后的数据如表 6–3 所示。

表 6–3　宁波市城市整合营销系统机制协同度评估各项标准化数据

1. 经济效益标准化数据

2002 年	2003 年	2004 年	2005 年
0.28	0.43	0.65	0.86
0.19	0.34	0.57	0.74

2. 社会效益标准化数据

2002 年	2003 年	2004 年	2005 年
0.23	0.59	0.72	0.89
0.34	0.48	0.62	0.84

3. 市场竞争力标准化数据

2002 年	2003 年	2004 年	2005 年
0.21	0.34	0.54	0.68
0.12	0.25	0.33	0.53
0.28	0.47	0.69	0.85

4. 城市支持力标准化数据

2002 年	2003 年	2004 年	2005 年
0.46	0.37	0.58	0.68
0.42	0.53	0.61	0.67
0.38	0.47	0.59	0.72
0.25	0.35	0.46	0.63

5. 产业发展力标准化数据

2002 年	2003 年	2004 年	2005 年
0.51	0.63	0.75	0.86
0.23	0.54	0.73	0.79

（二）确定各指标权重值

根据研究的需要，采用相关矩阵赋权法计算二级指标的权重；而子机制的权重采取专家打分，用区间 AHP 法计算区间排序指数的大小来确定。具体数据如表 6–4 所示。

表 6–4　宁波市整合营销系统机制协同度评价指标权重计算

一级指标	一级指标权重	二级指标	二级指标权重
经济效益	0.287	营销收入占 GDP 比重	0.729
		税收比重	0.271
社会效益	0.119	居民就业率	0.592
		城市基础设施建设水平	0.408
市场竞争力	0.122	营销收入增长率	0.635
		外资投入增长率	0.321
		外来人口入居率	0.044
城市支持力	0.292	政府支持力	0.437
		企业支持力	0.352
		居民支持力	0.186
		社会团体支持力	0.025
产业发展力	0.180	城市资源丰度	0.473
		促销力度	0.527

（三）子机制有序度计算

宁波市城市整合营销系统子机制有序度的计算结果如表 6-5 及图 6-1 所示。

表 6-5　宁波市城市整合营销系统子机制的有序度

	2002 年	2003 年	2004 年	2005 年
经济效益	0.256	0.406	0.628	0.827
社会效益	0.275	0.545	0.679	0.870
市场竞争力	0.184	0.317	0.479	0.639
城市支持力	0.426	0.444	0.589	0.683
产业发展力	0.362	0.583	0.739	0.823

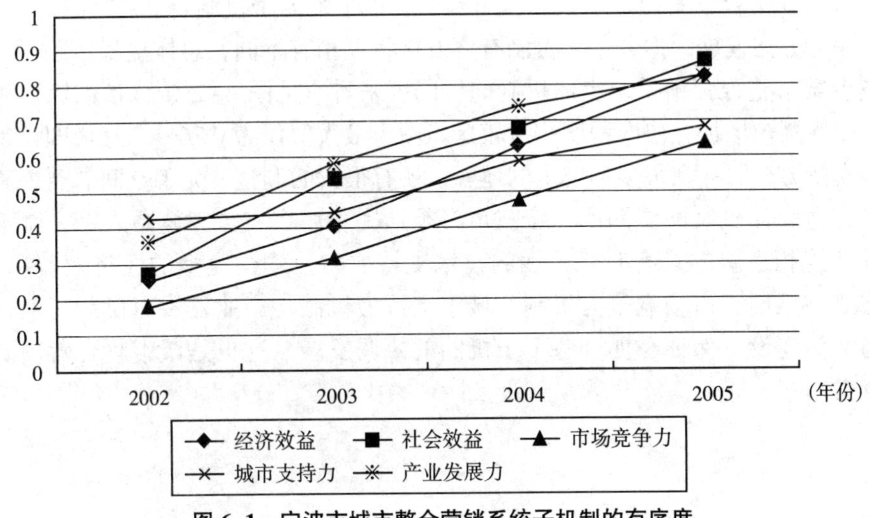

图 6-1　宁波市城市整合营销系统子机制的有序度

（四）整体机制协同度计算

根据系统机制协同度测度 SIM 模型，计算得到宁波市城市整合营销系统整体机制的协同度，如表 6-6 及图 6-2 所示。

表 6-6　宁波市城市整合营销系统整体机制的协同度

2002 年	2003 年	2004 年	2005 年
0.318	0.455	0.624	0.766

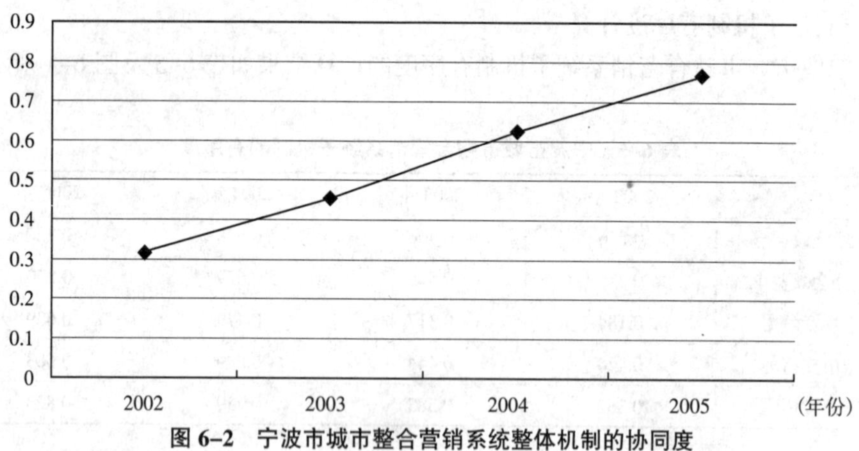

图 6-2 宁波市城市整合营销系统整体机制的协同度

从图 6-1 可以看出，宁波市城市整合营销系统的子机制自 2002 年以来一直朝有序的方向发展，但各个子机制有序发展程度稍有不同，总体呈稳定趋势。从宁波市城市整合营销系统整体机制的协同度来看（见图 6-2），该市的整体机制协同度在逐渐增加，协同程度相对较低（图中最大值仅为 0.766）。这说明该市的城市支持力机制存在很多不健全的地方，还有很大的调整、完善空间。要提高城市支持力整体机制的协同度，宁波市必须从完善城市支持力体系入手，制定与内外环境相适应的具有时代内涵的技术支持战略，建构完整的经济效益机制、社会效益机制、市场竞争力机制、城市支持力机制与产业发展力机制，加强制度与文化建设，保证和促进各个子机制的协调发展。这也是城市整合营销研究的意义所在。

第二节 基于数据包络分析法的城市整合营销绩效评价

数据包络分析现已成为管理科学领域一种重要而有效的分析工具。数据包络分析主要是根据输入、输出数据对同类型部门、单位（决策单元）进行相对效率与效益方面的评价。数据包络分析具有较高的灵敏度与可靠性，可以对无法价格化甚至难以确定权重的指标进行分析，各测量指标能够以原来的面目出现，不必统一单位，大大简化了测量过程，保证了原始信息的完整，也避免了人为确定权重的主观影响。数据包络分析可以对具有多指标投入和多指标产出特点的相同类

型单元的相对效率进行综合评价，不需要任何变量间的函数假设，特别适合性质相同的单元之间的评估比较。本案例的分析目标是选取宁波市城市整合营销前后各个时期的数据进行各个年份的竞争力评价，所以采用数据包络分析模型来构建营销城市竞争力评价模型。

一、决策单元

一个经济系统或一个生产过程都可以看成是一个单位（或一个部门）在一定可能范围内，通过投入一定数量的生产要素并产出一定数量的“产品”的活动。虽然这种活动的具体内容各不相同，但其目的都是尽可能地使这一活动取得最大的“效益”。由于从“投入”到“产出”需要经过一系列决策才能实现，或者说，由于“产出”是决策的结果，所以这样的单位（或部门）被称为决策单元（Decision Making Units，DMU）。本案例在城市评价分析中选择整合营销前后不同时期的宁波市作为被评价的决策单元。假设选择 n 个年份的宁波市，则决策单元集合为 $\{DMU_1, DMU_2, \cdots, DMU_n\}$，每个 DMU（第 j 个 DMU 常记作 DMU_j）代表或表现出第 j 个年份宁波的竞争能力。

二、输入/输出

每个决策单元的基本特点是具有一定的输入和输出，在输入转化成输出的过程中，努力实现自身的决策目标，体现效益或效率。按照系统的语言，“投入”常称为“输入”，“产出”常称为“输出”。这样，一个 DMU 就是一个将一定“输入”转化成一定“输出”的实体。在许多情况下，多个同类型的 DMU 更引人关注。所谓同类型的 DMU，是指具有以下三个特征的 DMU 集合：相同的目标和任务；相同的外部环境；相同的输入和输出指标。对城市来说，可以利用具有输入或输出特征的评价指标进行综合评价，反映城市不同的竞争力。按照决策方向可以确定指标的输入或输出特征，设其中有 m 个输入指标，s 个输出指标。每个决策单元 DMU_j 均具有相同的 m 个输入指标和 s 个输出指标，则：

$X_{ij} = DMU_j$ 对第 i 个输入指标的值

$Y_{ij} = DMU_j$ 对第 j 个输出指标的值

记：

$X_j = (x_{1j}, x_{2j}, \cdots, x_{mj})^T$，$j = 1, \cdots, n$

$Y_j = (y_{1j}, y_{2j}, \cdots, y_{sj})^T$，$j = 1, \cdots, n$

三、基本的 C^2R 模型

对城市竞争力进行评价时，还需根据实际对指标给出输入或输出的权重，形成权系数向量。即：

$v=(v_1, v_2, \cdots, v_m)^T$ 为输入指标权向量

$u=(u_1, u_2, \cdots, u_s)^T$ 为输出指标权向量

对权系数 $v \in E^m$ 和 $u \in E^s$，在希望输入越小越好、输出越大越好的情况下，决策单元 DMU_j 的效率评价指数为：

$$h_j=\frac{u^T \cdot Y_j}{v^T \cdot X_j}, \quad j=1, \cdots, n \tag{6-8}$$

总是可以适当选取权系数 v 和 u，使得 $h_j \leqslant 1$，$j=1, 2, \cdots, n$。

考察 DMU_{j0} 的效率评价问题，则以 DMU_{j0} 的效率评价指数

$$h_{j0}=\frac{u^T \cdot Y_{j0}}{v^T \cdot X_{j0}} \tag{6-9}$$

为目标，以所有的决策单元（$j=1, 2, \cdots, n$）的效率指数（包括 DMU_{j0}）最优为目标。

一般来讲，h_{j0} 越大，表明 DMU_{j0} 能够用相对较少的输入而得到相对较多的输出。如果想了解 DMU_{j0} 在这 n 个决策单元中相对来说是不是“最优”的，可以考察当尽可能地变化 u 和 v 时，h_{j0} 的最大值究竟为多少。为此 A.Charnes、W.W. Cooper 和 E.Rhodes 于 1975 年提出了 C^2R 模型：

$$\max \quad \frac{u^T Y_0}{v^T X_0}=V_{\bar{P}}$$

$$\text{s.t} \quad \begin{cases} \dfrac{u^T Y_0}{v^T X_0} \leqslant 1, \quad j=1, \cdots, n \\ u \geqslant 0, \ v \geqslant 0 \end{cases} \quad (\bar{p}) \tag{6-10}$$

其中，为了方便记 $X_0=X_{j0}$，$Y_0=Y_{j0}$，这是一个分式规划问题。

将式（6-8）做 Charnes-Cooper 变换，转化为一个等价的线性规划模型。令：

$$t=\frac{1}{V^T \cdot X_0}, \quad t \cdot V=\omega, \quad t \cdot U=\mu \tag{6-11}$$

$$\frac{U^T \cdot Y_0}{V^T \cdot X_0}=t \cdot U^T \cdot Y_0=(t \cdot U)^T \cdot Y_0=\mu^T \cdot Y_0 \tag{6-12}$$

$$\frac{U^T \cdot Y_k}{V^T \cdot X_k}=\frac{t \cdot U^T \cdot Y_k}{t \cdot V^T \cdot X_k}=\frac{(t \cdot U)^T \cdot Y_k}{(t \cdot V)^T \cdot X_k}=\frac{\mu^T \cdot Y_k}{\omega^T \cdot X_k} \tag{6-13}$$

即 $\omega^T \cdot X_k-\mu^T \cdot Y_k \geqslant 0$

$$\omega^T \cdot X_0=(t \cdot V)^T \cdot X_0=t \cdot V^T \cdot X_0=\frac{V^T \cdot X_0}{V^T \cdot X_0}=1 \tag{6-14}$$

则有：

$$\max \mu^T Y_0=V_{\bar{P}}$$

$$\text{s.t}\begin{cases}\omega^T X_j - \mu^T Y_j \geqslant 0,\ j=1,\ 2,\ \cdots,\ n\\ \omega^T X_j = 1 \qquad\qquad (P)\\ \omega \geqslant 0,\ \mu \geqslant 0\end{cases} \qquad (6\text{-}15)$$

$$\min \theta$$

$$\text{s.t}\begin{cases}\sum_{j=1}^{n} X_j \lambda_j \leqslant \theta X_0\\ \sum_{j=1}^{n} Y_j \lambda_j \geqslant Y_0 \quad (D)\\ \lambda_j \geqslant 0,\ j=1,\ \cdots,\ n\end{cases} \qquad (6\text{-}16)$$

其对偶规划为：

定义4：若线性规划（P）的最优值 $h^*j_0=1$，则称 DMU_{j0} 为弱DEA有效。

定义5：若线性规划的解中存在 $\omega^*>0$，$\mu^*>0$，并且 $V_P=\mu_{y_0}^{*T}=1$，则称 DMU_{j0} 为DEA有效。

四、DEA有效性的含义

从一般意义上来说，通过规划（D）来评价 DMU_{j0} 的DEA有效性，表明（D）力图在输入可能集中、保持产出 Y_0 不变的前提下，将投入 X_0 的各个分量按同一比例 θ（≤1）减少。如果这一点能够实现，则表明可以用比 DMU_{j0} 更少的投入而使产出不变。这说明 DMU_{j0} 一定不是有效的生产活动；反之，则表明 DMU_{j0} 是有效的生产活动。

运用规划（D）来评价城市竞争能力时，对被考察的城市 DMU_{j0} 来说，在保持被考察城市输出指标 Y_0 不变的前提下，如果能将城市输入指标 X_0 的各个分量按同一比例 θ（≤1）减少，则说明可以用比被考察城市 DMU_{j0} 更少的输入值而使输出不变，则 DMU_{j0} 不是有效的营销活动，该城市的竞争能力有待提高。

为了使DEA有效性（C^2R）的经济含义更清楚，把问题（$\bar{P}$）的目标函数

$$\max \quad \frac{u^T Y_0}{v^T X_0} = V_{\bar{P}} \qquad (6\text{-}17)$$

取倒数改为 $\min \quad \frac{v^T X_0}{u^T Y_0} = V_{\bar{P}'}$，类似地，令 $t=\frac{1}{V^T \cdot X_0}$，$t \cdot V=\omega$，$t \cdot U=\mu$，得到线性规划（P′）及其对偶规划（D′），其中：

$$\max \mu^T Y_0 = V_{\bar{P}'}$$

$$\text{s.t}\begin{cases}\omega^T X_j - \mu^T Y_j \geqslant 0,\ j=1,\ 2,\ \cdots,\ n\\ \mu^T Y_0 = 1 \qquad\qquad (P')\\ \omega \geqslant 0,\ \mu \geqslant 0\end{cases} \qquad (6\text{-}18)$$

$$\min \alpha$$

$$\text{s.t}\begin{cases}\sum_{j=1}^{n} X_j\lambda_j \leqslant X_0 \\ \sum_{j=1}^{n} Y_j\lambda_j \geqslant \alpha Y_0 \quad (D') \\ \lambda_j \geqslant 0,\ j=1,\ \cdots,\ n\end{cases} \tag{6-19}$$

通过规划（D′）来评价 DMU_{j0} 有效性，是在保持投入量不变的情况下，而使产出量 Y_0 以同一比例 α 扩大。如果 α > 1，则表明该 DMU_{j0} 未能使现在的投入转化为“最大”的产出；如果 α = 1，则说明 DMU_{j0} 已使投入 X_0 变成了最大的产出，即 DMU_{j0} 是有效的生产活动。

用规划（D′）来评价城市竞争能力时，对被考察的城市 DMU_{j0} 来说，在保持被考察城市输入指标 X_0 不变的前提下，将城市输出指标 Y_0 的各个分量按同一比例 α 扩大。如果 α > 1，则说明被考察城市 DMU_{j0} 未能使现在的输入产生“最大”的输出，DMU_{j0} 不是有效的营销活动，该城市的竞争能力有待提高。如果 α = 1，则说明城市 DMU_{j0} 已使投入 X_0 变成了最大的产出，即城市 DMU_{j0} 是有效的营销活动。

模型（P）和（D）的决策方向是研究输出不变情况下的输入是否最小（或有效），即研究 DMU 输入的有效性，而（P′）和（D′）的决策方向是研究输入不变情况下的输出是否最大（或有效），即研究 DMU 输出的有效性。

用 DEA 方法评价决策单元的相对效率时，最后的结果很可能出现多个单元同时为相对有效，C^2R 模型对这些有效单元无法做出进一步的评价与比较。为了弥补这一缺陷，Andersen 和 Petersen 提出了一种 DEA 的“超效率”（Super-Efficieney）模型，又称 SE 模型，使有效决策单元之间也能进行效率高低的比较。SE 模型与 DEA 模型的数学形式相似，其形式如下：

$$\min \alpha$$

$$\text{s.t}\begin{cases}\sum_{j=1}^{n} X_j\lambda_j \leqslant X_0 \\ \sum_{j=1}^{n} Y_j\lambda_j \geqslant \alpha Y_0 \quad (D') \\ \lambda_j \geqslant 0,\ j=1,\ \cdots,\ n\end{cases} \tag{6-20}$$

这里各数学符号意义同前，与前面模型不同的是其基本思想是在进行第 k 个决策单元效率评价时，使第 k 个决策单元的投入和产出被其他所有的决策单元投入和产出的线性组合替代，而将第 k 个决策单元排除在外，而 C^2R 模型是将本

单元包括在内的。一个有效的决策单元可以使其投入按比例增加，而效率值保持不变，其投入增加比例即其超效率评价值。

五、采用 Frontier Analyst 进行数据包络分析

Frontier Analyst 是一款专门用于评估多指标综合效率的软件，其采用 DEA 方法对多个输入及多个输出进行相对效率评估。该软件提供两种规划，即输入导向和输出导向模型，回归模型可以选择 C^2R 或者 BC2，根据不同的评价对象和目的选择组合。利用该软件分析可以得到如下信息：

（1）计算每个 DMU 的效率指数，当该效率指数为 1 时，表明该决策单元为（弱）DEA 有效，否则为无效。效率指数表示投入和产出之间的相对效率。

（2）当某个决策单元不为 DEA 有效时，可以得到其在生产前沿面上的“投影”。使用“投影”值可以使非 DEA 有效的决策单元变为相对有效；也可以对某一输入指标（或输出指标）考查相对投影值，用来评价各决策单元对该指标的相对消耗（或相对产出）状况。

（3）可以得到对偶变量数据。它是在评价决策单元时获得的对该决策单元最为有利的权系数。

（4）利用松弛变量数据的信息，可以判断决策单元是 DEA 有效，还是弱 DEA 有效。

（5）增加或减少决策单元之后，重新对决策单元进行评价，可以确定决策单元之间的相对地位。

（6）增加或减少一个输入或输出指标重新进行评价，从决策单元 DEA 有效性的变化可以看出各决策单元对该指标的依赖程度。

（7）通过增加或减少输入和输出指标，进行多次评价计算，最终确定指标体系。

（8）通过评价计算，可以对决策单元进行分类。

六、基于数据包络分析法的宁波市整合旅游营销运作绩效评价

依据前文所述，城市竞争力是城市营销 AGIL 模型的重要组成之一。城市营销的绩效如何，可以借助于对城市竞争力水平的评价进行判断。首先运用基本 DEA 模型对宁波市历年城市竞争能力进行有效性评价，其次利用超效率模型对宁波市历年营销策略的有效性排序进行对比分析。

（一）建立 DEA 的输入、输出指标体系

宁波市五年的指标值如表 6-7 所示。

使用 Frontier Analyst 软件对三个系统的开发进行综合评价。Frontier Analyst

表 6-7 宁波市五个年份的主要指标值

指标类别	具体指标	指标类型	1995 年	2007 年	2008 年	2009 年	2010 年
人口发展状况	人口自然增长率（%）	输入	5.1	2.3	2.2	1.9	2.3
	年末总人口（万人）	输入	521.86	564.56	568.09	571.02	574.08
社会总体科技水平	每万人拥有的在校大学生数（人）	输出	18.5	223.3	229.6	237.2	245.9
	专任教师数（万人）	输出	4.05	6.84	7.04	7.17	7.29
生活主体状况	市区居民人均可支配收入（元）	输出	10023	22307	25304	27368	30166.36
	市区居民人均消费性支出（元）	输出	2745	13921	16379	18203	19420.13
	农村居民人均纯收入（元）	输出	3293	10051	11450	12641	14261
	农村居民人均生活消费支出（元）	输出	2166	8062	9174	9798	9794
社会公共事业状况	每万人拥有公共交通车辆（辆）	输出	2.69	12.2	14	15.2	13.2
	每万人拥有移动电话数（台）	输出	89	13421	14462	15220	14767
	每万人拥有医生数（人）	输出	16.5	27.3	26.6	28.3	30
环境状况	建成区绿化覆盖率（%）	输出	11	37	37.11	37.45	37.52
	污水处理率（%）	输出	12.52	75.61	79.69	81.27	82.81
	垃圾无害化处理率（%）	输出	36.89	70.81	74.74	100	100

注：本表数据均来源于《宁波市统计年鉴》，www.nbstats.gov.cn。

是一款专门用于评估多指标综合效率的软件，它采用 DEA 方法对多个输入及多个输出进行相对效率评估。在 DEA option 功能选项中选择决策方向和基本 DEA 模型，如图 6-3 所示。在 Advanced 标签页中选择超效率 DEA 模型，如图 6-4 所示。

（二）城市竞争力的评价结果

采用 Frontier Analyst 软件对宁波历年的输入与输出数据，以 C^2R 输入导向进行求解，宁波历年的相对效率指数如表 6-8 所示。

从表 6-8 基本 DEA 的评价结果可以看到，宁波市 2009 年、2010 年相对效率指数为 100%，为 DEA 有效，因而最具有竞争力。这意味着整合营销之后的宁波市比 2009 年之前没整合营销时要发展得好。从超效率 DEA 结果可知，1995 年宁波市城市竞争力最为薄弱。从原始输入数据可知，1995 年宁波市的人口发展状况、社会总体科技水平、生活主体状况、社会公共事业状况、环境状况均与现在存在相当大的差距。例如，1995 年的人口自然增长率高达 5.1%，而 2007 年、2008 年、2009 年、2010 年的人口自然增长率则仅分别为 2.3%、2.2%、1.9%、2.3%。再以每万人拥有的在校大学生数为例，1995 年、2007 年、2008 年、2009 年、2010 年的数值分别为 18.5、223.3、229.6、237.2、245.9，1995 年与近些年的差距是显而易见的。从表 6-8 中可以看出，2009 年宁波市的城市竞争力要比 2010 年强，原因在于，该超效率 DEA 模型中，作为仅有的两个输入参

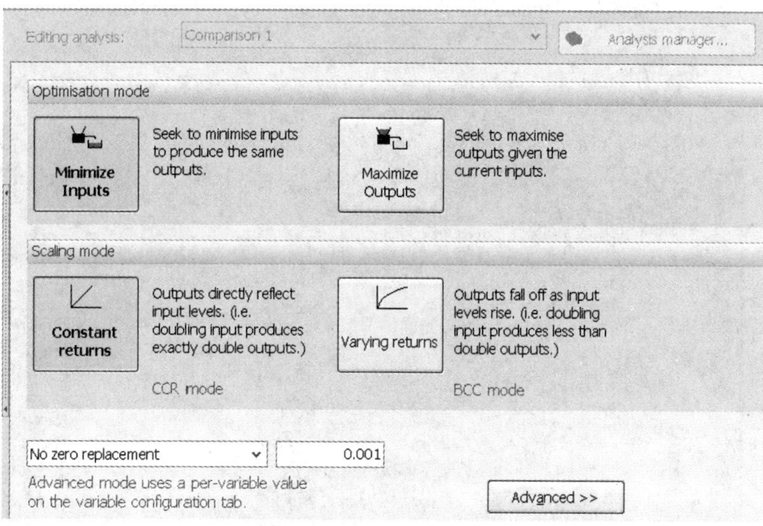

图 6-3　基本 DEA 模型选项

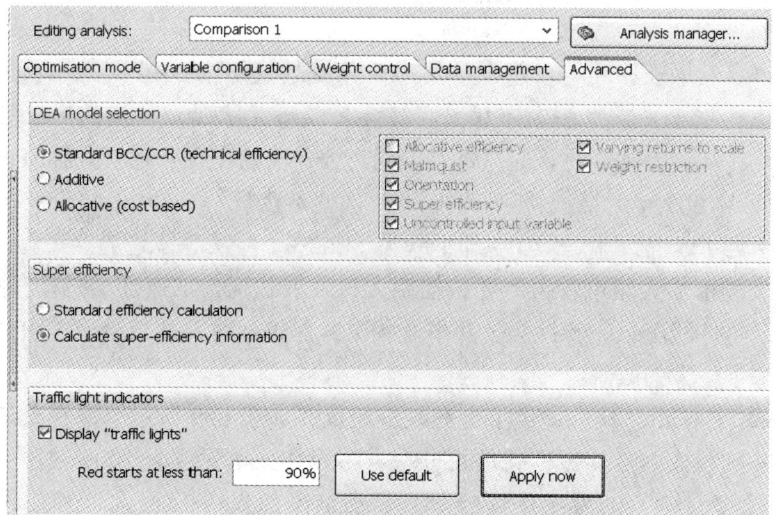

图 6-4　超效率 DEA 模型选项

表 6-8　宁波市五个年份相对效率评价结果

年份	基本 DEA 法	超效率 DEA 法
1995	61.1	61.1
2007	99.9	99.9
2008	99.6	99.6
2009	100.0	139.4
2010	100.0	112.2

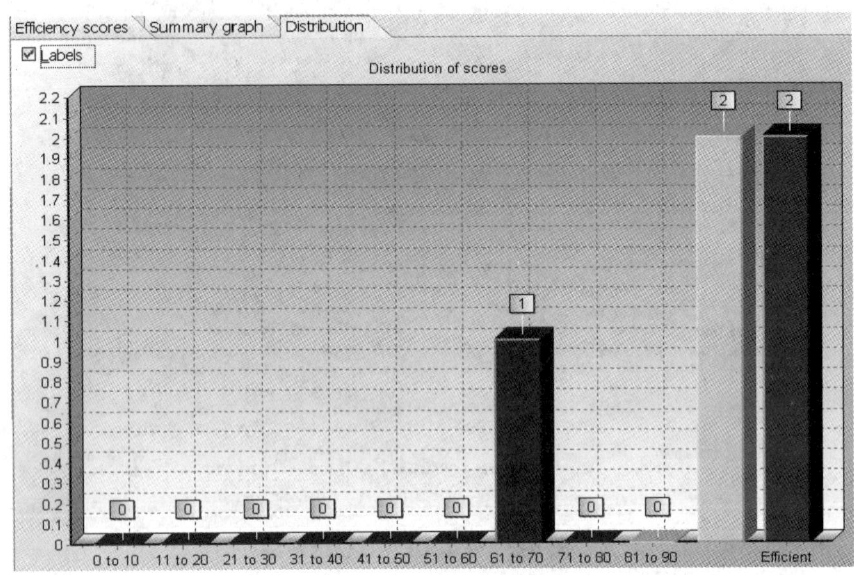

图 6-5 效率分值分布窗口

数：人口自然增长率和年末总人口，2009 年的数值均比 2010 年的小，但其他如社会总体科技水平、生活主体状况、社会公共事业状况、环境状况二者相差无几，甚至在社会公共事业状况（每万人拥有公共交通车辆、每万人拥有移动电话数）方面，2009 年的情况优于 2010 年，这就不难理解 2009 年的宁波市城市竞争力效率为 139.4%，而 2010 年却下跌为 112.2%。但从总体趋势上来看，近十几年来，宁波市加大城市营销力度，控制人口发展状况，加速社会总体科技发展，改善生活主体状况，完善社会公共事业状况，保护环境，从而给宁波市的城市竞争力带来了极大的改观。

Frontier Analyst 软件提供了潜在改进建议，如表 6-9 所示。潜在改进建议表明，每一项投入（产出）变化的百分率，可以使该单元成为 100%效率。Y 轴为投入/产出变量，X 轴为变化百分率。表中给出投入/产出当前值和使单元达到 100%效率应该具有的值，以及潜在改进比率。

表 6-9 宁波市五个年份相对效率评价结果

变量	实际值	目标值	潜在改进比率（%）
1995 年			
建成区绿化覆盖率	11	20.84	89.45
垃圾无害化处理率	36.89	55.56	50.60
每万人拥有的在校大学生数	18.5	136.61	638.44
每万人拥有公共交通车辆	2.69	7.33	172.61

续表

变量	实际值	目标值	潜在改进比率（%）
每万人拥有医生数	16.5	16.67	1.01
每万人拥有移动电话数	89	8203.89	9117.85
年末总人口	521.86	318.93	-38.89
农村居民人均纯收入	3293	7922.78	140.59
农村居民人均生活消费支出	2166	5441.11	151.21
人口自然增长率	5.1	1.28	-74.95
市区居民人均可支配收入	10023	16759.09	67.21
市区居民人均消费性支出	2745	10788.96	293.04
污水处理率	12.52	46.01	267.46
专任教师数	4.05	4.05	0.00
2007 年			
建成区绿化覆盖率	37	37	0.00
垃圾无害化处理率	70.81	98.8	39.53
每万人拥有的在校大学生数	223.3	234.15	4.86
每万人拥有公共交通车辆	12.2	15.02	23.09
每万人拥有医生数	27.3	27.96	2.42
每万人拥有移动电话数	13421	15037.12	12.04
年末总人口	564.56	564.16	-0.07
农村居民人均纯收入	10051	12489.11	24.26
农村居民人均生活消费支出	8062	9680.27	20.07
人口自然增长率	2.3	1.88	-18.38
市区居民人均可支配收入	22307	27039.15	21.21
市区居民人均消费性支出	13921	17984.27	29.19
污水处理率	75.61	80.29	6.19
专任教师数	6.84	7.08	3.56
2008 年			
建成区绿化覆盖率	37.11	37.11	0.00
垃圾无害化处理率	74.74	99.09	32.58
每万人拥有的在校大学生数	229.6	234.85	2.29
每万人拥有公共交通车辆	14	15.06	7.59
每万人拥有医生数	26.6	28.04	5.43
每万人拥有移动电话数	14462	15081.82	4.29
年末总人口	568.09	565.84	-0.40
农村居民人均纯收入	11450	12526.24	9.40
农村居民人均生活消费支出	9174	9709.05	5.83
人口自然增长率	2.2	1.88	-14.42
市区居民人均可支配收入	25304	27119.53	7.17

续表

变量	实际值	目标值	潜在改进比率（%）
市区居民人均消费性支出	16379	18037.74	10.13
污水处理率	79.69	80.53	1.06
专任教师数	7.04	7.1	0.92
2009 年			
建成区绿化覆盖率	37.45	43.2	15.37
垃圾无害化处理率	100	115.15	15.15
每万人拥有的在校大学生数	237.2	283.16	19.48
每万人拥有公共交通车辆	15.2	15.2	0.00
每万人拥有医生数	28.3	34.55	22.07
每万人拥有移动电话数	15220	17004.42	11.72
年末总人口	571.02	661.06	15.77
农村居民人均纯收入	12641	16421.76	29.91
农村居民人均生活消费支出	9798	11277.94	15.10
人口自然增长率	1.9	2.65	39.39
市区居民人均可支配收入	27368	34737.02	26.93
市区居民人均消费性支出	18203	22362.57	22.85
污水处理率	81.27	95.36	17.33
专任教师数	7.17	8.39	17.08
2010 年			
建成区绿化覆盖率	37.52	42.25	12.60
垃圾无害化处理率	100	112.82	12.82
每万人拥有的在校大学生数	245.9	267.37	8.73
每万人拥有公共交通车辆	13.2	17.15	29.91
每万人拥有医生数	30	31.93	6.42
每万人拥有移动电话数	14767	17170.51	16.28
年末总人口	574.08	644.2	12.21
农村居民人均纯收入	14261	14261	0.00
农村居民人均生活消费支出	9794	11053.66	12.86
人口自然增长率	2.3	2.14	-6.80
市区居民人均可支配收入	30166.36	30875.33	2.35
市区居民人均消费性支出	19420.13	20535.79	5.74
污水处理率	82.81	91.69	10.72
专任教师数	7.29	8.09	10.96

第三节 基于二级模糊综合评价的城市整合营销绩效评价

模糊综合评价是以模糊数学为基础，应用模糊关系合成的原理，将一些边界不清、不易定量的因素定量化，并进行综合评价的一种方法。在城市整合旅游营销系统运作绩效评价中，涉及大量的复杂现象和多种因素的相互作用，而且评价中存在大量的模糊现象和模糊概念。因此，在综合评价时，常用到模糊综合评价的方法进行定量化处理，评价出城市整合旅游营销系统运作的绩效等级。但权重的确定需要专家的知识和经验，具有一定的缺陷，为此，本节采用层次分析法来确定各指标的权系数，使其更有合理性，更符合客观实际，并易于定量表示，从而提高模糊综合评判结果的准确性。此外，模糊综合评价中常采用的取大取小算法，造成信息丢失很多，常常出现结果不易分辨（即模型失效）的情况。所以，本书提出了针对模糊综合评价的改进模型。另外，本书在对模糊综合评价结果进行分析时，对常用的最大隶属度原则方法进行了改进，提出了加权平均原则方法。

一、二级模糊综合评价原理

（一）因素分类和层次划分

把因素论域（指标）按某种属性分成 m 个子集，即因素集 $U=\{U_1, U_2, \cdots, U_m\}$，其中 $U_i(i=1, 2, \cdots, m)$ 为第一层次中的第 i 个因素，它又由第二层次中的 n 个因素决定，即 $U_i=\{U_{i1}, U_{i2}, \cdots, U_{in}\}$。

（二）建立权重集

根据每个因素在对应层次中的重要程度，给每个因素赋予相应的权数，进行归一化处理。设第一层次的权重集为 $W=(w_1, w_2, \cdots, w_m)$，$\sum_{i=1}^{m} w_i=1$，其中 $w_i(i=1, 2, \cdots, m)$ 是第一层次中第 i 个因素 U_i 的权重。第二层次的权重集为 $W_i=(w_{i1}, w_{i2}, \cdots, w_{in})$，其中 w_{ij}（$i=1, 2, \cdots, m$；$j=1, 2, \cdots, n$）是第二层次中决定因素 U_i 的第 j 个因素的权重。

（三）建立评价论域

设评语等级论域为 $V=\{V_1, V_2, \cdots, V_p\}$，其中 $V_k(k=1, 2, \cdots, p)$ 为

评价值。

（四）一级模糊综合评价

一级模糊综合评价是从第二层次因素进行的。设评价对象是第二层次中的因素 U_{ij}，对评价集中第 k 个元素的隶属度为 r_{ijk}，则第二层次单因素隶属度矩阵为：

$$R_i = \begin{bmatrix} r_{i11} & r_{i12} & \cdots & r_{i1p} \\ r_{i21} & r_{i22} & \cdots & r_{i2p} \\ \vdots & \vdots & \vdots & \vdots \\ r_{in1} & r_{in2} & \cdots & r_{inp} \end{bmatrix} \tag{6-21}$$

其中，$i=1, 2, \cdots, m$；$j=1, 2, \cdots, n$；$k=1, 2, \cdots, p$。

则一级模糊综合评价模型为 $B_i = W_i R_i$。

（五）二级模糊综合评价

为综合考虑第二层次上的各因素的影响，需对第二层次上各个因素的影响进行二级综合评价。将 U_i 看成一个综合因素，用 B_i 作为它的单因素评价结果，可得隶属关系矩阵：

$$R = \begin{bmatrix} B_1 \\ B_2 \\ \vdots \\ B_m \end{bmatrix} = \begin{bmatrix} r_{11} & r_{12} & \cdots & r_{1p} \\ r_{21} & r_{22} & \cdots & r_{2p} \\ \vdots & \vdots & \vdots & \vdots \\ r_{n1} & r_{n2} & \cdots & r_{np} \end{bmatrix} \tag{6-22}$$

于是二级模糊综合评价集为 $B(b_1, b_2, \cdots, b_p) = W \times R$。为全面综合考虑各影响因素，此处选用 $M(\bullet, \oplus)$ 模型。其中，“$\oplus$”表示环和，其定义为 $\alpha + \beta = \min(1, \alpha + \beta)$。

二、基于二级模糊综合评价的城市旅游营销绩效评价指标体系

二级模糊综合评价应用的第一步是建立评价指标体系。构建一个科学、有效的评价指标体系，需要经过指标初选、完善至最终使用等过程。考核指标体系的设计应遵循“目的性、科学性、可操作性、导向性原则”的基本原则。本书根据城市整合旅游营销的特点，本着目的性、本质性、可行性、适应性、成本—效益比较的评价原则，考虑影响城市旅游营销绩效的主要因素，构建了城市旅游营销绩效综合评价指标体系。它包括经济效益、社会效益、市场竞争力、政府保障力、产业发展力、环境支撑力六个一级指标，一级指标之下有二级指标。指标体系之间的结构层次关系配置如表 6-10 所示。

城市旅游营销是从城市旅游目的地角度开展的营销，既具有经济效益的考虑，也具有社会效益的考虑，更具有可持续发展的考虑。因此，城市旅游营销绩

表 6-10　城市旅游营销绩效综合评价指标体系

综合指标	评价指标
A. 政府保障力	a_1 城市旅游产业规划水平 a_2 城市旅游业政策支持和资金投入水平 a_3 城市旅游业发展政府主导机制的完善程度 a_4 城市旅游业管理体系的完善程度 a_5 城市旅游业软硬件水平 a_6 城市旅游业市场秩序
B. 社会效益	b_1 旅客居民比率 b_2 入境游客比率 b_3 旅游就业率 b_4 国际旅游就业率
C. 环境支撑力	c 城市的生态自然环境水平
D. 经济效益	d_1 旅游收入占 GDP 比重 d_2 旅游外向度 d_3 旅游税收比重 d_4 旅游收入增长率
E. 产业发展力	e_1 城市旅游资源丰富度 e_2 城市住行便利度
F. 市场竞争力	f_1 旅游市场占有率 f_2 游客满意度

效综合评价指标体系的框架设置应考虑经济效益与社会效益相结合、竞争性与公益性相结合、定量指标与定性指标相结合、累积型的旅游营销资产与当期绩效产出相结合、当前绩效与可持续发展相结合。

城市旅游营销评价层次分析结构分为四个层次：目标层 A、准则层 B、子准则（指标）层 C 和方案层 D，每一层次的指标都是由上一层指标展开的，而上一层次的指标需通过下一层的结果反映出来。递阶层次的最高层为目标层，即城市旅游营销评价；第二层为准则层，反映影响城市旅游营销绩效评价的各个不同侧面，包括经济效益、社会效益、市场竞争力、政府保障力、产业发展力、环境支撑力六个一级指标；第三层为指标层，共包括了 19 个二级指标。按目标到指标自上而下地将各类因素之间的直接关系排列于不同层次，并构成层次结构图。

第一，城市旅游营销是在政府主导下进行的，政府对旅游业发展的努力自然成为影响旅游营销绩效的重要因素。政府不仅能通过城市旅游总体上的发展规划来引导旅游产业的发展，还能通过对旅游产业的政策支持和资金投入，以及对城市旅游业进行管理来保障旅游业的规范经营。此外，政府还为旅游产业的发展建设了城市旅游基础设施，这些基础设施是公共用品，旅游企业不会也不可能做好这方面的工作。政府的这些努力是营销城市旅游业的有力保障，因此，城市旅游营销绩效评价要考察政府对城市旅游业发展的保障能力或水平。

第二，城市旅游业虽然有经济效益的要求，但是，城市旅游业的绩效不能仅仅用经济效益衡量，还有不能用货币表达的游客人数。游客人数的多少，反映了城市旅游业后期的发展能力以及城市形象知名度，甚至城市其他产业繁荣发展的助力大小。因为游客具有传播城市旅游体验和城市形象的能力，可以增加潜在旅游者对该城市的旅游兴趣，以及对该城市企业生产的产品的认同度，甚至到该城市投资或居住。此外，城市旅游业还能为我国政府一贯比较重视的社会问题——就业问题提供岗位，旅游就业是城市旅游业的一项重要绩效。因此，城市旅游业营销的绩效需要考虑旅游业所带来的无法用货币衡量的社会效益。

第三，城市旅游营销的绩效受制于城市的旅游环境，包括城市的生态自然环境、城市的旅游安全与保险等。它们对城市旅游业的发展起到了积极的支撑作用，在一定程度上影响了游客满意水平，展现了城市形象，提高了城市旅游的绩效水平。所以，这些城市旅游业的支撑因素可以作为衡量城市旅游营销绩效的指标。

第四，市场经济环境下，城市旅游业的发展需要资金，旅游企业也追求效益最大化，旅游业能否产生经济效益和经济效益的多少，是城市旅游业是否值得发展和能否可持续发展的前提，同时也是旅游企业生存和发展的基础。开展城市旅游营销的目的之一，就是为了提高旅游业的经济效益。因此，需要分析城市旅游所带来的经济效益。

第五，城市旅游营销的绩效也来自于旅游产业的各个部门、各个行业、各个企业的共同努力。一方面，这些部门、行业、企业是旅游业发展的基础，没有它们就没有旅游业，游客正是基于它们才会来到这个城市旅游；另一方面，这些部门、行业、企业的绩效水平决定了游客的体验和价值获取，决定了游客的满意度。所以，这些旅游产业的发展能力将制约着城市旅游营销的绩效水平，尤其是将来的城市旅游营销绩效水平。因此，有必要通过评价城市旅游产业的发展能力，来衡量城市旅游营销的绩效水平。

第六，市场经济条件下，竞争已经普遍存在，城市旅游营销的战略目标之一就是吸引潜在旅游者，扩大游客市场占有率。市场占有率的提升，将能获得更多的收益，产生更大的口碑效应，从而有助于保持和进一步提高游客市场占有率。提高游客市场占有率的重要途径是不断提高旅游服务质量，提升游客满意度。城市的旅游产品或服务越能使游客满意，游客的消费量、重游率和传播率就可能越大。因此，城市旅游营销绩效评价要考虑以游客满意度为核心的市场竞争力指标。

第七，城市旅游营销绩效评价中没有考虑效率指标。由于旅游方面的投入有

多种来源，涉及政府、各个行业与企业，难以确定它们到底投入了多少资金、人力资源；许多举措如城市形象建设方面的措施，对城市旅游的发展也有或多或少的影响。因此，城市旅游营销的投入在许多方面是难以确定的。既然难以计算投入，就难以计算效率，只能计算效果。另外，哪些效果属于哪些投入也难以区分清楚，它们之间是互相交错的，一项投入有多个方面的效果，一项效果又可能来自于多方面的投入。因此，通过分析投入和产出来计算城市旅游营销的效率是相当困难的。只有专项的城市旅游促销活动能大致计算出投入和产出，从而计算出效率，而对整体上的城市旅游营销，在统计数据还比较缺乏的现在，是很难测算效率指标的。

三、基于二级模糊综合评价的宁波整合旅游营销绩效评价

在评价指标间的重要性程度有差别的情况下，模糊数学的评价方法很实用。

（一）样本抽样

本章以宁波市旅游营销运作绩效评价为例，选择城市营销领域的专家和普通旅游爱好者，采用自填式问卷法收集数据。将涉及旅游营销运作绩效的有关评价指标设计成问卷，然后采用分层抽样方法，将问卷随机发放给被调查人，让其独立完成调查问卷，并对每份问卷进行有效性审查。

问卷设计成李克特量表的格式，所制定的环境质量评价指标体系共由 6 个一级指标（含总印象）与 19 个二级指标构成，指标的测量采用李克特量表的方法，利用语义学标度分为 4 个测量等级：好、良好、一般、差。为了便于计算，我们将主观评价的语义学标度进行量化，并依次赋值为 4、3、2、1。所设计的评价定量标准如表 6-11 所示。

表 6-11 评价定量分级标准

评价值	评语	定级
$X_i > 3.5$	好	E1
$2.5 < X_i < 3.5$	良好	E2
$1.5 < X_i < 2.5$	一般	E3
$X_i < 1.5$	差	E4

（二）计算一级指标权重

对于 6 个一级指标，我们采用层次分析的方法求出指标权重。构造判断矩阵 $S = (u_{ij})_{p \times p}$，即：

$$S=\begin{bmatrix} 1 & \frac{4}{3} & \frac{5}{4} & 1 & \frac{9}{5} & \frac{6}{5} \\ \frac{3}{4} & 1 & \frac{9}{10} & \frac{8}{9} & \frac{7}{5} & \frac{8}{9} \\ \frac{4}{5} & \frac{10}{9} & 1 & \frac{4}{5} & \frac{3}{2} & 1 \\ 1 & \frac{9}{8} & \frac{5}{4} & 1 & 2 & \frac{5}{4} \\ \frac{5}{9} & \frac{5}{7} & \frac{2}{3} & \frac{1}{2} & 1 & \frac{4}{6} \\ \frac{5}{6} & \frac{9}{8} & 1 & \frac{4}{5} & \frac{6}{4} & 1 \end{bmatrix} \tag{6-23}$$

用 Mathematica 软件计算判断矩阵 S 的最大特征根，得 $\lambda_{max} = 6.00589$。由于受多种主客观因素的影响，判断矩阵很难出现严格一致性的情况。因此，在得到 λ_{max} 后，还需要对判断矩阵的一致性进行检验。

为了检验判断矩阵的一致性，需要计算它的一致性指标 C.I.，令：

$$C.I. = \frac{\lambda_{max} - n}{n - 1} \tag{6-24}$$

当 C.I. = 0 时，判断矩阵具有完全一致性，$\lambda_{max} - n$ 越大，C.I.就越大，那么，判断矩阵的一致性就差。为了检验判断矩阵是否具有满意的一致性，需要将 C.I. 与平均随机一致性指标 R.I.进行比较。R.I.的取值如表 6-12 所示。

表 6-12　平均随机一致性指标 R.I.值

n	1	2	3	4	5	6	7	8	9	10
R.I.	0	0	0.58	0.90	1.12	1.24	1.32	1.41	1.45	1.49

令：$C.R. = \frac{C.I.}{R.I.}$

称 C.R.为随机一致性比率，其中，R.I.为与 C.I.同阶的平均随机一致性指标。

当 C.R. < 0.1 时，可以认为判断矩阵具有满意的一致性。否则，就必须重新调整判断矩阵的元素，直到判断矩阵具有满意的一致性为止。

计算一致性指标如下：

$$C.I. = \frac{\lambda_{max} - n}{n - 1} = \frac{6.00589 - 6}{6 - 1} = 0.001178$$

平均随机一致性指标 R.I. = 1.24。随机一致性比率：

$$C.R. = \frac{C.I.}{R.I.} = \frac{0.001178}{1.24} = 0.00095 < 0.10$$

因此，认为层次分析排序的结果有满意的一致性，即权系数的分配是非常合理的。

其对应的特征向量为：

$A_0=(1.21372，0.935715，0.9911，1.21138，0.634379，1.0)$

再做归一化处理得：

$A=(0.202，0.156，0.165，0.202，0.109，0.166)$

（三）计算二级指标权重

同理，我们仍采用层次分析的方法来求出指标权重。分别对各个二级指标构造其各自的判断矩阵，再用 Mathematica 软件计算最大特征根和一致性检验，得出合理的权系数。

城市旅游营销运作绩效六个指标的权重，其特征向量为：

(1.72669，1.20273，1.97386，1.64237，1.87383，1.0)

归一化得：(0.183，0.128，0.210，0.174，0.199，0.106)

社会效益指标的权重：(0.213，0.321，0.285，0.181)

经济效益指标的权重：(0.217，0.285，0.246，0.252)

产业发展力指标的权重：(0.474，0.526)

市场竞争力指标的权重：(0.429，0.571)

（四）城市旅游运作绩效的加权平均模糊合成综合评价

利用加权平均 $M(\bullet, \oplus)$ 模糊合成算子将 A 与 R 合成得到模糊综合评价结果向量 B。模糊综合评价中常采用取大取小算法，在因素较多时，每一因素所分得的权重常常很小。在模糊合成运算中，信息丢失很多，常导致结果不易分辨和不合理（即模型失效）的情况。所以，针对上述问题，这里采用加权平均型的模糊合成算子。计算公式为：

$$b_i=\sum_{i=1}^{p}(a_i\cdot r_{ij})=\min\left(1,\ \sum_{i=1}^{p}a_i\cdot r_{ij}\right)，j=1，2，\cdots，m \tag{6-25}$$

其中，b_i，a_i，r_{ij} 分别为隶属于第 j 等级的隶属度、第 i 个评价指标的权重和第 i 个评价指标隶属于第 j 等级的隶属度。

将来源于抽样调查的统计数据代入建立的模型中，计算各级模糊综合评价的向量。

1. 政府保障力的评价向量

$A_1 = a \cdot R$

$$= (0.183, 0.128, 0.210, 0.174, 0.199, 0.106) \cdot \begin{pmatrix} 0.154 & 0.404 & 0.410 & 0.032 \\ 0.006 & 0.272 & 0.500 & 0.223 \\ 0.053 & 0.756 & 0.191 & 0.000 \\ 0.107 & 0.368 & 0.354 & 0.170 \\ 0.373 & 0.408 & 0.189 & 0.030 \\ 0.164 & 0.436 & 0.313 & 0.087 \end{pmatrix}$$

$= (0.150309, 0.458948, 0.311525, 0.079172)$

归一化得：(0.150，0.459，0.312，0.079)

2. 社会效益的评价向量

$$B_1 = (0.213, 0.321, 0.285, 0.181) \cdot \begin{pmatrix} 0.058 & 0.277 & 0.556 & 0.110 \\ 0.160 & 0.489 & 0.310 & 0.041 \\ 0.040 & 0.328 & 0.466 & 0.167 \\ 0.041 & 0.225 & 0.499 & 0.236 \end{pmatrix}$$

$= (0.082535, 0.225865, 0.498879, 0.197111)$

归一化得：(0.084，0.226，0.499，0.197)

3. 环境支撑力的评价向量

$C_1 = (0.035, 0.370, 0.511, 0.084)$

4. 经济效益的评价向量

$$D_1 = (0.217, 0.285, 0.246, 0.252) \cdot \begin{pmatrix} 0.049 & 0.417 & 0.441 & 0.093 \\ 0.024 & 0.224 & 0.483 & 0.270 \\ 0.034 & 0.203 & 0.532 & 0.231 \\ 0.025 & 0.296 & 0.543 & 0.137 \end{pmatrix}$$

$= (0.032137, 0.278859, 0.50106, 0.188481)$

归一化得：(0.032，0.279，0.501，0.188)

5. 产业发展力的评价向量

$$E_1 = (0.474, 0.526) \cdot \begin{pmatrix} 0.022 & 0.277 & 0.493 & 0.208 \\ 0.031 & 0.320 & 0.499 & 0.150 \end{pmatrix}$$

$= (0.026734, 0.299618, 0.496156, 0.177492)$

归一化得：(0.027，0.300，0.496，0.177)

6. 市场竞争力的评价向量

$$F_1 = (0.429, 0.571) \cdot \begin{pmatrix} 0.036 & 0.349 & 0.524 & 0.091 \\ 0.008 & 0.143 & 0.406 & 0.444 \end{pmatrix}$$

=（0.020012，0.231374，0.456622，0.292563）

归一化得：（0.020，0.231，0.457，0.292）

7. 综合评价向量

$$A=(0.202,\ 0.156,\ 0.165,\ 0.202,\ 0.109,\ 0.166)\cdot\begin{pmatrix}0.150 & 0.459 & 0.312 & 0.079\\ 0.048 & 0.226 & 0.499 & 0.197\\ 0.035 & 0.370 & 0.511 & 0.084\\ 0.032 & 0.279 & 0.501 & 0.188\\ 0.027 & 0.300 & 0.496 & 0.177\\ 0.020 & 0.231 & 0.457 & 0.292\end{pmatrix}$$

=（0.05629，0.316428，0.456311，0.166291）

归一化得：A′=（0.057，0.318，0.458，0.167）

8. 对综合评分值进行等级评定

$V_A = 4\times0.150+3\times0.459+2\times0.312+1\times0.079=2.68$

$V_B = 4\times0.084+3\times0.226+2\times0.499+1\times0.197=2.09$

$V_C = 4\times0.035+3\times0.370+2\times0.511+1\times0.084=2.356$

$V_D = 4\times0.032+3\times0.279+2\times0.501+1\times0.188=2.155$

$V_E = 4\times0.027+3\times0.300+2\times0.496+1\times0.177=2.177$

$V_F = 4\times0.020+3\times0.231+2\times0.457+1\times0.292=1.979$

根据上述计算，对照表 6-11 的评价分级标准可得，宁波市旅游营销运作绩效评价指标的结果为“良好”，属于 E2 级，其他五个指标的评价结果均为“一般”，属于 E3 级。按照各个指标评分等级的大小可以对其排序。而对总体的综合评判分值为：

$V=4\times0.057+3\times0.318+2\times0.458+1\times0.167=2.65$

说明宁波市旅游营销运作绩效的评价结果综合成绩为“良好”，属于 E2 级。

在应用模糊数学对城市旅游营销运作绩效进行综合评价时，由于评价指标较多，采用取大取小算法常常出现结果不易分辨的情况。而采用加权平均型进行评价，则取得了较好的效果。在对模糊综合评价结果进行分析时，常用的最大隶属度原则方法存在有效性的问题。采用加权平均原则方法对结果进行分析，可对多指标进行比较排序，结果令人满意。对权重的确定，目前大多由专家凭经验给出，人为干扰较为严重，导致评判结果存在出入。在模糊综合评价中采用层次分析法来确定权重，具有较强的逻辑性、实用性和系统性，并能准确地得出各评价指标的权系数。

第四节　基于回归分析的城市整合营销绩效评价

正如上文所述，在市场经济环境下，城市旅游业能否产生经济效益和经济效益的多少，是城市旅游业是否值得发展和能否可持续发展的前提，同时也是旅游企业生存和发展的基础。开展城市旅游营销的目的之一，就是提高旅游业的经济效益。因此，需要分析城市旅游所带来的经济效益。

一、回归分析

回归分析是处理变量之间相互关系的一种数理统计方法。采用这种数学方法可以从大量观测的散点数据中寻找到反映事物内部的一些统计规律，并可以按数学模型形式表达出来，故称它为回归方程（回归模型）。对具有相关关系的两个变量，若用一条直线描述，则称一元线性回归；若用一条曲线描述，则称一元非线性回归。对具有相关关系的三个变量，其中一个因变量、两个自变量，若用平面描述，则称二元线性回归；若用曲面描述，则称二元非线性回归。依此类推，可以延伸到 n 维空间进行回归，则称多元线性或非线性回归。在处理实际问题时，往往将非线性问题转化为线性问题。建立线性回归方程的最有效方法为线性最小二乘法，以下主要按照线性最小二乘法拟合实验数据。

回归分析法所包括的内容或可以解决的问题，概括起来有如下四个方面：①根据一组实测数据，按最小二乘原理建立正规方程，解正规方程得到变量之间的数学关系式，即回归方程式。②判断所得到的回归方程式的有效性。回归方程式是通过数理统计方法得到的，是一种近似结果，必须对它的有效性做出定量检验。③根据一个或几个变量的取值，预测或控制另一个变量的取值，并确定其准确度（精度）。④进行因素分析。当一个因变量受多个自变量（因素）的影响，则可以分清各个自变量的主次，并分析各个自变量（因素）之间的相互关系。

二、变量选择

（一）因变量的选择

在选择因变量时，主要考虑的是经济成果，主要指标有 GDP 和 GNP，本书选择的是 GDP 的增长率，这是由 GDP 的特征决定的。GDP 是国内生产总值，是一国一年内所生产的最终产品（物品与劳务）的市场价值总和。而 GNP 是国民

生产总值，是本国公民无论在国内或国外生产的最终产品的价值总和。在采用GDP时，强调的是境内概念，着重说明的是在本国领土范围之内的经济情况；而在采用GNP时，强调的是辖区内的人所产生的价值，并不强调区域的概念。因为本书希望分析的内容是营销的效果，如果我们将城市作为一个产品，它带来的效益必定是反映在区域内的，所以本模型选择GDP作为因变量。之所以没有选择国民经济指数来衡量，是因为自变量全部是原始数据，何况，这个模型讨论的是自变量因为城市政策的变化对因变量的影响，所以国民经济指数不在讨论的范围之内。

（二）自变量的选择

根据城市营销的概念，一个城市如果要进行营销，它面对的顾客有游客、居民和工人、商业和企业、出口市场，也就是四个细分的市场，不管城市希望向哪个细分市场发展，它都不可能将另外的市场完全地拒绝。

三、成本计算

（一）城市可持续发展PRED评价指标体系

在成本的计算上，采用了可持续发展PRED评价指标体系。所谓PRED问题，是指人口（Population）、资源（Resources）、环境（Environment）和发展（Development）不协调。

城市营销的目的在于促进城市的进一步发展，但城市的迅猛发展一方面推动了城市社会、经济、文化、教育、科技的进步，把城市的质量推向了一个新的高度；另一方面也给人类社会的未来带来一系列的问题和挑战，许多城市的“城市病”特征日益明显，如有限的空间拥挤了越来越多的人口、住房紧张、交通堵塞、失业人口增加、环境污染加剧、能源短缺、水资源匮乏、社会两级分化严重、贫富差距增大等。面临日益严峻的生存环境，城市可持续发展的概念应运而生。城市可持续发展就是指一座城市在其区域和自然空间内，在不牺牲城市未来需求的前提下，以清洁、节约、环保的手段实现城市社会、经济、文明、环境的全面发展和和谐统一。与城市可持续发展概念相近的提法还有城市可持续性、可持续城市和生态城市。城市的可持续发展强调事物的发展过程，城市可持续性和可持续城市更注重事物发展的条件和状态，生态城市则是从生态学的角度来表述这一概念的。PRED是反映城市可持续发展的指标体系，可以说，它也说明了我们在城市发展中所付出的成本。

PRED状态、水平、质量的指标具有三方面的基本功能：一是描述和反映任何一个时点上或时期内经济、环境、资源、人口等各方面持续发展的现实状况；二是描述和反映一定时期内以上各方面可持续发展的变化趋势及速率；三是综合测度一个国家或一个地区协调发展整体的各部分之间的协调性、和谐性，从而在整体上反映可持续发展状况。任何事物都具有量的规定性和质的规定性，每时每刻事物的数量都处于变化状态，量变积累到一定程度就会引起质的变化。只要存在人类的社会经济活动，只要存在大自然的作用，经济、资源、人口、环境等涉及可持续发展的各个方面就会不断地发生量和质的变化。通过指标可以经常地描述经济、社会、生态量的变化，进而反映这些变化是否朝着可持续发展的方向前进。也就是说，可持续发展指标具有信息功能，它能为我们提供可持续发展方面的各种信息。

客观世界的任何事物都存在相互联系、相互影响的关系，可持续发展涉及的经济、人口、资源、环境之间同样存在相互联系、相互影响的关系。通过对经济、人口、资源、环境各方面本身数量和质量变化以及相互影响和制约的分析研究，可以揭示、评价和监测可持续发展变化的趋势与规律。城市 PRED 发展是一个涉及人口、资源、环境、经济的多方面协调、综合发展的整体，只有这个整体实现了可持续发展才是真正的可持续发展。依据可持续发展指标可以建立多种多样的评价模型和评价方法，研究和设计 PRED 发展水平值、协调度等指标，通过这些模型、方法、指标可以从多方面来评价一个地区、一个国家是否真正地实现了可持续发展。

（二）指标分类

一个合理的指标体系应能反映城市 PRED 系统协调发展的特点及规律，对城市发展应有指导、监督作用，并能进行检查考核，反映人口、经济、资源、环境之间的相互作用，反映资源与环境所承载压力的变化和状况，使近期和长期结合，静态与动态结合，并能根据实际及时调整、修改，以利于进行综合平衡，促进城市 PRED 系统协调发展。根据上述原则，城市 PRED 系统的指标可分为四大类，即人口压力指标、经济发展指标、资源压力指标、环境压力指标。每一类指标又细分成若干子指标。具体说明如下：

1. 反映人口压力的指标

城市是一类较为特殊的地域类型，它本身具有鲜明的特征，即人口的高度聚集，高密度的人口导致了高密度的经济活动和社会活动。在城市 PRED 大系统中，人口与资源和环境的矛盾十分突出。城市人口既是城市生态子系统的主体和主要消费者，又是城市经济子系统的主人和主要生产者。城市人口子系统的这种特殊地位，决定了其在城市落实可持续发展战略中的重要地位与作用。在我国，超大城市一般指人口规模大于 200 万人的城市，在这类城市中，巨大的人口压力与城市有限的资源和有限的环境自净能力形成尖锐矛盾，许多城市相继出现了资源短缺和严重的环境污染，人口与资源、环境的矛盾突出。缓解这一矛盾只能从

两个方面着手：一是严格控制人口数量，减轻人口对资源、环境的压力；二是提高人口素质，使自然资源能得到充分合理利用。这两个方面都做好了，就能减轻人口对资源与环境的压力，为可持续发展创造一个宽松的环境。因此，在目前自然资源利用效率不高的阶段下，降低人口数量和提高人口素质就成为解决人口问题的首要方面。

(1) 人口总量：城市是人口集中的地方，特别是随着城市化的进一步推进，城市人口规模将变得越来越大，而人口的过分集中，会直接对城市发展产生不利影响。因此，本节用城市人口总量来衡量城市人口的这一变化趋势。

(2) 老年负担系数：指 65 岁以上被抚养人口与 15~64 岁人口的比例。它表明了社会人口抚养负担的轻重程度和老龄化程度，体现了在一定人口总量下的人口负担压力。

(3) 每千人大专以下文化程度人口比重：是衡量一个地区人口受教育发展程度的重要标志。

2. 反映经济发展的指标

对一个城市的发展来说，经济发展是根本，若经济实力比较强，则将在发展和竞争中处于有利的地位，同时也为城市的可持续发展提供了条件。从根本上说，解决人口与资源、环境问题，必须建立在强大的物质基础之上，归根结底，有赖于社会财富的不断增长。特别对于我国这样的发展中国家来说，经济发展是可持续发展的核心问题，它是环境改善、提高资源利用率及提高人民物质、文化生活水平的基本保证。

(1) 人均 GDP：按照国际惯例，以人均国内生产总值（GDP）来衡量城市经济的综合实力和发展水平。这一指标既从总体上反映了区域内个人向社会提供产品的生产能力，又反映了区域向社会成员提供产品消费的保障能力，是衡量某一区域经济发展水平的一个综合性指标。

(2) 社会劳动生产率：是指全社会从业人员平均每人创造的国内生产总值。它是表明一个地区或国家经济发展效益的重要指标，也综合体现了一个国家或地区劳动资源利用水平和劳动力素质的高低。

3. 反映资源压力的指标

资源一般是指自然资源，主要包括土地资源、水资源等。由于城市中主要从事的是第二产业和第三产业的生产活动，因此我们主要考察城市的土地资源、水资源、能源的消耗与占用。合理开发和利用资源是可持续发展的前提，在一定时期内，资源量是有限的，不合理和过度的资源利用会造成资源短缺和环境污染。

4. 反映环境压力的指标

近年来，我国城市所面临的环境问题日益突出，已经成为制约经济发展的重要因素之一。环境压力的大小是衡量可持续发展状态的重要标志，反映了人口、经济、资源和环境协调发展的程度。城市环境问题的主要来源是人类经济和社会活动产生的“三废”排放，城市处于一定的地域范围之内，环境容量有限，“三废”排放量的高低反映了城市的环境污染状况。环境污染在很大程度上随着工业化的进程而渐渐加重。因此，控制“三废”的排放量是抑制环境继续恶化和减轻环境压力的重要内容。

四、基于回归分析的宁波整合旅游营销绩效评价

（一）城市营销效益模型的建立

本节选择社会消费品零售总额作为衡量居住质量的指标，选择旅游总收入作为衡量游客市场的指标，得出如下模型：

国内生产总值 = C_1 × 社会消费品零售总额 + C_2 × 旅游总收入 + C + u　(6–26)

设国内生产总值为 Y，社会消费品零售总额为 X_1，旅游总收入为 X_2，C 为常数项，u 为随机扰动项。代入式（6–26），得到基本模型：

$$Y = C_1X_1 + C_2X_2 + C + u \tag{6–27}$$

（二）数据处理

选取 2005~2011 年的数据进行回归分析的准备。具体数据如表 6–13 所示。

表 6–13　宁波市 2005~2011 年 GDP、社会消费品零售总额与旅游总收入汇总

单位：亿元

年份	GDP	社会消费品零售总额	旅游总收入
2005	2447.32	762.1595	258.20
2006	2874.42	887.9552	316.00
2007	3418.57	1045.0094	380.20
2008	3946.52	1253.2605	450.20
2009	4329.30	1434.4121	530.53
2010	5125.82	1704.5103	650.8
2011	6010.48	2018.9	751.3

资料来源：2005~2010 年《宁波统计年鉴》及 2011 年《宁波市国民经济和社会发展统计公报》。

用最小二乘法回归得到 GDP 与社会消费品零售总额、旅游总收入的线性回归结果，如表 6–14~表 6–16 所示。

表 6–14　相关系数结果

		GDP	社会消费品零售总额	旅游总收入
Pearson Correlation	GDP	1.000	0.999	0.998

续表

		GDP	社会消费品零售总额	旅游总收入
Pearson Correlation	社会消费品零售总额	0.999	1.000	0.999
	旅游总收入	0.998	0.999	1.000
Sig.（1-tailed）	GDP	.	0.000	0.000
	社会消费品零售总额	0.000	.	0.000
	旅游总收入	0.000	0.000	.

表 6-15　方差分析结果

Model		Sum of Squares	df	Mean Square	F	Sig.
1	Regression	9408215.693	2	4704107.846	750.541	0.000[a]
	Residual	25070.502	4	6267.626		
	Total	9433286.195	6			

注：a. 自变量：(Constant)，社会消费品零售总额, 旅游总收入；b. 因变量：GDP。

表 6-16　回归系数结果

Model		Unstandardized Coefficients		Standardized Coefficients	t	Sig.
		B	Std. Error	Beta		
1	(Constant)	437.757	177.130		2.471	0.069
	社会消费品零售总额	2.548	1.539	0.918	1.656	0.173
	旅游总收入	0.565	3.885	0.081	0.145	0.891

在给定显著水平为 0.05 的情况下，样本数量为 7，两个自变量的显著性不够明显，需要对模型进行调整。首先尝试删除常数项（见表 6-17）。

表 6-17　删除常数项后的回归系数结果

Model		Unstandardized Coefficients		Standardized Coefficients	t	Sig.
		B	Std. Error	Beta		
1	社会消费品零售总额	5.809	1.126	1.896	5.160	0.004
	旅游总收入	–7.442	3.048	–0.897	–2.441	0.059

在给定显著水平为 0.05 的情况下，旅游总收入仍然不显著，所以保留常数项，而删除旅游总收入，再次回归，所得结果如表 6-18 所示。

于是得到如下线性回归方程：

$$GDP = 2.772 \times 社会消费品零售总额 + 416.291 \tag{6-28}$$

结合模型表现出的关于效益的状态，我们可以得到这样的结论：宁波市在针

表 6-18　删除旅游总收入后的回归系数结果

Model		Unstandardized Coefficients		Standardized Coefficients	t	Sig.
		B	Std. Error	Beta		
1	常数项	416.291	87.663		4.749	0.005
	社会消费品零售总额	2.772	0.064	0.999	43.203	0.000

对游客和居民两个市场进行营销时，效果是不同的。因为宁波是消费城市，并且最近几年地产市场火爆，宁波进行的针对居民市场的营销是比较成功的，对地区的国内生产总值的影响也是正面的。但是，针对游客市场进行营销的情况却不能说非常好，这并不等于说宁波的旅游业做得不好，而是说相对发展得比较迅速的城市经济来说，其着重发展的产业虽然在增长量上非常可观，但贡献力度显得比较弱。但我们也要从另一些方面来看问题。效益模型表现出的问题实际上有一部分原因是模型本身的问题，因为宁波是一个居民消费相当活跃的城市，它的旅游和平日的消费有很大的关系，所以旅游与居民的指标有比较强的相关性，使模型中专门服务于游客的旅游产业在宁波城市总体发展中的表现处于弱势。但本书认为这样的结果是满意的，因为我们看待一个城市的价值，不仅仅是看它对目标市场顾客的满足程度，由于它是一个公共性非常强的产品，所以非排他性也是一个非常重要的评价指标。模型对宁波的分析结果说明了两个市场相关性很强，也就是说，对两个市场同时进行营销的过程中，宁波有许多举措是办一件事情同时满足了两个市场的需求，游客市场与居民市场的接近，也说明了宁波的城市旅游是比较切合城市的经济发展的，没有或者很少做“假大空”的事情。当然，模型存在一定的局限性，单纯从成本效益来分析效果难以满足公共产品的特性。城市本身包含了许多公共产品，它们的存在目的不是为了赚取利润，所以用企业的成本收益分析法并不能体现公共产品的特点，纠正的办法只有在分析后再由分析人结合宏观结论进行分析，但这样还是有比较强烈的主观性，对量化的初衷是一个损失。

第七章　中国城市整合营销经典案例

近年来，中国各级城市在城市整合营销方面进行了持续实践，一些城市在实践中取得了很好的成效，对加快推进城市发展发挥了积极作用。本章分别对直辖市上海市、省会城市四川成都市和地级城市浙江宁波市的城市整合营销案例进行了介绍，从而为我国其他城市开展城市整合营销提供可借鉴的国内样本。

第一节　上海市城市品牌塑造实践

一、上海市城市形象境外推广活动简况（2004~2010 年）

从 2004 年至今，上海在境外举办了一系列城市形象的对外推广活动。上海没有像境外一些城市那样提出十分明确的口号，而是着眼于推广上海整体的城市形象与定位，即上海是中国最大的经济中心之一，并正向建成国际经济、金融、贸易和航运中心的目标迈进。到 2020 年，上海将建成国际金融中心和国际航运中心。这样的推广策略力求面面俱到，但没有突出重点。

2002 年 12 月 3 日，上海获得了 2010 年世界博览会的主办权，这是上海城市形象发展史上的一件大事。从此，“上海世博会”就与“上海”一起成为上海对外城市形象推广的重点。推广“上海世博会”，主要突出“城市，让生活更美好”的主题，表达“理解、沟通、欢聚、合作”的理念，在各方面的支持与努力下举办一次“成功、精彩、难忘”的世博盛会。当然，理念思维与实际传播效果之间还存在一个落实的过程，这涉及效果评估的问题。

上海城市形象境外推广的目标，主要锁定在关系比较紧密的国家或地区。一般来说，有些活动是为了配合国家的整体形象推广活动而举办的，而更多的推广活动是面向友好城市而积极开展的。目前，上海拥有 57 个市级国际友好城市、5 个市级友好交流关系城市、6 个区（镇）级国际友好城市。上海的境外城市形象推广活动几乎遍及这些友好城市。

在境外举办大型城市形象推广活动，一般都由开幕式、展览、论坛之类的一系列具体活动组成，活动的内容、样式丰富多样。在活动的策划与商谈阶段，活动的主办方总是想尽量展示出自己最想展示并最有魅力的内容，而接受方则希望主办方能提供给自己市民最需要、最感兴趣的活动内容。正因为如此，每次主办方、接受方都十分重视活动内容的设置，活动的项目与内容是每次活动举办前组织者着重商定的议题。

按照规模划分，上海市举办的城市形象对外推广活动可以大致分成两类：综合性推广活动、专题性推广活动。尽管专题性推广活动往往也被贴上"综合性"的标签，或者以综合性的面目出现，但是仔细审视活动的实际规模与项目内容，就可以看出两者的区别。2004~2010 年上海市在境外举办的八次城市形象推广活动中，规模最大的应该是 2004 年 6 月举办的中法互办文化年巴黎"上海周"、马赛"上海周"，其次是 2007 年 6 月在俄罗斯举办的圣彼得堡"上海周"，它们都属于综合性城市形象境外推广活动。与综合性的海外城市形象推广活动相比，专题性的海外城市形象推广活动并不贪大求全，而是根据推广目标、资金支持、项目内容等因素，有选择性地确定项目规模，主要侧重突出自己的特色，力求有针对性地锁定目标群体，在兼顾"面"的同时，也突出对"点"的把握。2009 年 3 月，上海市人民政府新闻办公室、上海世博会事务协调局、上海市人民政府外事办公室、上海市旅游局在日本东京联合主办的日本"上海世博推介周"活动，总体上属于专题性推广活动。

二、城市形象海外推广案例：伦敦"上海周"活动

"魅力上海，精彩世博"——伦敦"上海周"活动于 2009 年 1 月 29 日在英国大英博物馆举行开幕仪式。其实，组织者早在 2008 年之前就开始了这项活动的策划工作。伦敦"上海周"活动有着内在、外在两方面的有利条件。从外部因素来说，伦敦"中国新年"活动本身具有很好的品牌效应，为广大英国华侨、英国市民所接受，在文化交流方面成为广阔的艺术交流与展示平台。同时，伦敦是 1851 年第一届世博会的举办地，而中国即将举办 2010 年上海世博会，这种源流关系更加有利于上海世博会在英国的推广，同时也加深了上海世博会在英国推广的历史意义。另外，中英两国关系一直比较友好，伦敦是上海的国际友好城市，两座城市之间的往来源远流长。

从内部因素来说，上海博物馆与大英博物馆达成合作意向，将在这个时间段内举办上海博物馆馆藏展品的专门展览，这为丰富伦敦"上海周"活动的内容提供了坚实的基础。

（一）活动策划的立意

活动策划的立意决定了活动的格局，而格局决定了活动的最终成效。确定伦敦“上海周”活动的立意“点”，是考验组织单位的最重要的方面。经过一年多的精心策划，几经斟酌，组织者最终确定了两个方面的推广点：第一，这是一次跨越时空的世博“对话”，2010 年世博会主办城市上海与 1851 年首届世博会举办地伦敦将回顾世博历史，交流中英文化，探讨未来发展。第二，这是一次富有创意的城市“对话”，中国刚成功举办了 2008 年北京奥运会，又将在 2010 年举办上海世博会。而伦敦是世博会发祥地，又将于 2012 年举办第 30 届夏季奥运会。上海与伦敦互动，意义深远。把伦敦“上海周”活动的立意确定在“世博对话”、“城市对话”的高度，便可以纲举目张地对活动内容进行把握。根据这一指导性的定位，所有与此内涵无关的活动内容就可删减掉，相关的活动项目便可保留，而最能体现此内涵的项目应该作为“上海周”的重中之重，进行重点关注、积极推广。最终伦敦“上海周”活动以“世博对话”、“城市对话”为主线，紧扣中国 2010 年上海世博会的“城市，让生活更美好”的主题，重点展现城市文明特色和城市建设中的智慧。

（二）活动组织机构的确立

在牵头的组织单位确定了基本活动立意之后，活动组织机构的确立就成了与英方商谈的重点。双方围绕活动的整体构想确定活动主承办单位的范围，经过不断推敲，最终确定主办单位为：上海市人民政府、中国驻英国大使馆、伦敦市政府。面对如此规模的活动，承办单位很关键，承办单位的取舍应根据活动开展的需要来确定。伦敦“上海周”的承办单位有：上海市人民政府新闻办公室、上海市人民政府外事办公室、上海世博会事务协调局、上海市旅游局、上海市归国华侨联合会。其中，上海市归国华侨联合会是第一次参与这样的项目，它是联系上海与当地华侨的桥梁与纽带，为活动组织方与华侨的沟通提供了保障。

（三）活动项目内容的整体布局

经过意向性、可能性、操作性等多方面考量，组织者最终确定了活动的基本内容。伦敦“上海周”最终确定的活动项目内容主要有：①伦敦“上海周”新闻发布会（地点：大英博物馆）；②伦敦“上海周”暨“中国古代城市文明与礼仪文化”——中国青铜玉器展开幕式（地点：大英博物馆）；③“从伦敦到上海：继承与创新——城市建设中的智慧”世博论坛（地点：维多利亚与艾伯特博物馆）；④“上海与上海世博会”摄影图片展（地点：伦敦市政厅）；⑤伦敦“上海周”电视特别节目（地点：伦敦旅游局大厦）；⑥聘请国际著名歌星萨拉·布莱曼担任中国 2010 年上海世博会英国推广形象大使（地点：大英博物馆）；⑦参与伦敦中国新年活动（地点：特拉法加广场和谢斯百瑞大街）。这些项目的选定存在着内在的合理性。新闻发布会和电视特别节目，主要是为了让伦敦“上海周”活动的内容通过英国的传播媒介广泛地传播出去，让英国市民更多地了解中国上海的历史、文化、艺术以及现代都市的发展状况，同时也让国内观众，尤其是上海观众及时了解伦敦“上海周”的整体情况。“中国古代城市文明与礼仪文化”——中国青铜玉器展，则向前来大英博物馆参观的世界各地的游客展示了中华民族的古老文明，让中国古代先进的青铜铸造技术、玉器雕刻技术、古代审美情趣与艺术修养等直观地展现在世人面前，这有助于世界人民尤其是英国市民加深了解中华文明。如果说中国青铜玉器展是展示中国古代的艺术文明，那么在伦敦市政厅举办的“上海与上海世博会”摄影图片展，则是向英国上流社会展示上海这座美丽城市的过去、现在和未来。它用摄影艺术的表现手法，重点聚焦“上海”与“上海世博会”两大分主题，让参观者从古老的中华文明中走出来，感受现在客观存在的、东方的上海。伦敦“上海周”的主旨是推广中国2010年上海世博会，聘请萨拉·布莱曼担任中国2010年上海世博会英国推广形象大使，是上海世博会对外推广的有效传播手段。当上海的所有组织者都在特拉法加广场参加伦敦中国新年活动的时候，伦敦“上海周”活动也步入佳境。它一方面丰富了伦敦市民庆祝中国新年活动的内容；另一方面也借此平台，让更多伦敦市民了解上海人的精神面貌与文化特色，了解上海世博会尚未揭开面纱的迷人风采。

（四）活动传播效果与数据评估

作为主办单位，在对伦敦“上海周”所有参与活动、支持活动的单位与个人发送感谢信之后，需要考查与总结的就是本次活动的传播价值与实际成效。

中国青铜玉器展所展示的中华文化的古老文明，“上海与上海世博会”摄影图片展所展现的现代上海，世博论坛所关注的世博会从伦敦到上海的发展历程以及其他活动等，得到了英国权威专家、广大市民与上层官员的广泛认同。包括英国王室成员格洛斯特公爵夫妇、多位英国下议院议员、伦敦市三位副市长、英国外交部高级官员、大英博物馆馆长及董事、维多利亚与艾伯特博物馆馆长、牛津大学和剑桥大学著名教授等在内的英国各界名流，出席了伦敦“上海周”的开幕式与活动。在中国青铜玉器展上，世界各地前来参观的人群络绎不绝。世博论坛与摄影图片展在上流社会影响巨大。35万名伦敦市民和各方游客，积极参加了伦敦“上海周”期间在特拉法加广场举办的中国新年庆祝活动，海宝、世博会徽、世博横幅、上海形象片、世博宣传片、海宝舞表演、“嗨，海宝”大鼓表演等一系列宣传，让英国民众在狂欢中感受上海，享受世博的乐趣。

伦敦“上海周”成功走进了伦敦市的大街小巷。200张伦敦“上海周”宣传海报张贴在伦敦地铁的灯箱里，由伦敦市政府设计与制作的2万份“中国在伦敦·上海周”活动折页在伦敦地铁里发放，5万份上海旅游、上海世博会的宣传

资料也很快在特拉法加广场等地赠送一空。更重要的是境外、境内媒体对伦敦“上海周”活动进行了充分报道。英国 BBC、《泰晤士报》、《华尔街日报》、《金融时报》、英国新闻社（Press Association）、YouTube 网、大英博物馆官网、凤凰卫视、中国香港《文汇报》、中国台湾《联合报》等都对活动进行了报道。伦敦本地的媒体如《伦敦日报》、《伦敦人》、《伦敦交通》、《看伦敦》、伦敦政府网等也都对“上海周”进行了报道。国内的主要媒体与主流网站从东方人的视角，满怀热情地报道了伦敦“上海周”活动。为了跟踪活动的实际效果，万博宣伟国际公关公司面向伦敦街头市民进行了抽样问卷调查。他们得到有效问卷 726 份，进行分析后显示：75%的被访者认为从“上海周”中获悉的消息是有用的，80%的参与者表示通过此次活动他们对上海有了更深刻的印象。关于上海世博会，55%的受访者在伦敦“上海周”之前听说过中国 2010 年上海世博会，但是经过伦敦“上海周”活动，78%的人表示此次活动使他们对上海世博会有了更多认识。另外，高达 84.7%的人希望亲身参与上海世博会，86%的人对世博会表现出浓厚兴趣。这些数据显示，伦敦“上海周”活动达到了成功推广上海与上海世博会形象的目的，使更多的英国市民了解并参与中国 2010 年上海世博会。从这个意义上说，伦敦“上海周”活动是上海进行城市形象海外推广的一个成功案例。

三、城市形象海外推广案例：日本“上海周”系列活动

从 2007 年开始，上海市人民政府新闻办公室联合上海世博会事务协调局、上海市人民政府外事办公室、上海市旅游局等单位，连续三年在日本东京举办日本“上海周”系列活动。具体情况是：2007 年 3 月在日本东京举办日本“上海周”活动；2008 年 3 月在日本东京和韩国首尔分别举办日本“上海世博推介周”、韩国“上海世博推介日”活动；2009 年 3 月在日本东京举办日本“上海世博推介周”。从整体情况看，各次活动规模逐步扩大，参与人数逐步增多，日本市民的认可程度也不断提高。

（一）聚焦客源地

科学合理的策划，不是书生气地坐在办公室里“拍脑袋”想出来的，而是根据对外城市形象推广战略，结合外界实际情况逐步细化、制定出来的。近年来上海境外游客入境统计情况显示，日韩两国的游客在上海境外游客总量中占很高比例。同时，日本市民对世博会的情结比较深厚，日本曾经成功举办了两届世博会。其中，61 岁的超级“粉丝”“世博奶奶”山田外美代就很有象征意味，在一定程度上她就是日本市民对世博怀有深厚情感的代表。这样，在分析世博境外客流时，日本当之无愧地成了世博主要客源地之一。要做好世博会形象推广与游客招引工作，就无法忽视日本民众这一目标群体。如何让大批日本游客兴趣盎然地

走出国门来上海看世博会，就成了上海世博海外推广的重要课题。

人是有感情的动物。对一件事物或一个人的认可，需要从感性上升到理性，只有这样才能从心理上产生好感，从而在行动上进行支持。很多日本市民都知道上海，但是中国 2010 年上海世博会将聚焦什么、展示什么、有什么吸引力，这是很多日本市民所不知道、想知道的。要真正让更多日本市民了解上海世博会，吸引他们踏上前往上海的航班，世博的形象推广工作就不能浮光掠影、蜻蜓点水，需要真正让更多的老百姓了解上海世博会的信息。

（二）坚实的合作基础

在境外举办城市形象推广活动，一般来说能够依赖的力量可以归结为四类：友好城市的官方机构；境内赴海外的大型项目团队；当地的华人华侨、留学生及其他爱国人士；商业性的国际公关公司。当然我国驻外使领馆是中国自身的组织，自然是首要的领导与依赖力量。要在日本举办系列活动，必须寻找到强有力的支撑力量。无独有偶，日本第三大民营铁路公司——京急电铁株式会社睿智地看中了上海世博会的潜在商机。他们愿意拿出地铁广告资源，免费为上海提供推广上海、上海世博会的广告位。如果按照商业标准收取广告费用，那么这笔费用将十分昂贵。正是在这样的商业基础上，日本“上海周”在上海方面精心策划、中日双方精诚合作下，开始了她丰富多彩的征程。双方的合作硕果累累。

（三）宝贵的传播载体

2007 年，上海与上海世博会摄影图片展主要集中在京急线一条列车线上，2008 年发展到都营大江户线、京成线、北总线和京急线四条列车线。2009 年在原有四条列车线的基础上扩大到东京的羽田机场。在东京这个高度商业化的城市中，地铁交通十分发达，地铁、铁路是人流最集中的地方。据统计，羽田机场和京急等四条列车线路每天的客流量累计超过 500 万人次，这样在列车车厢集中展示一周的时间，传播效果可想而知。

最庞大的世博潜在观众，是拥有一定物质基础的、有一定生活品位与休闲时间的日本普通市民。而这些人是地铁、铁路乘客的中坚力量，所以选择地铁与列车来做城市形象推广，应该说是抓住了要害，选对了载体。

当然，任何传播活动都无法摆脱“内容为王”的铁律，在选定目标受众、拥有传播载体之后，传播者需要考虑的就是传播内容。这需要中日双方的组织者、参与者共同努力，科学合理地选择活动项目、确定每个项目的展示内容，在传播内容与传播方式两方面做足功课。

仔细分析三届日本“上海周”推介活动，从本质上说活动内容基本相似：首先是新闻发布会。它是向日本的主要大众传媒发布新闻信息，让日本民众通过媒介了解“上海周”活动的基本情况。其次是以“上海”与“上海世博会”为主题

的摄影图片展。尽管第一届的图片展取名为“迎世博·流动的上海”图片摄影展，但基本上仍是以“上海”与“世博会”为展示的两极，在浓浓的亲切感中拉近日本市民与上海的关系，增加他们对这座城市的了解。再次，举办有关世博会的论坛或推介活动。三届活动分别举办了世博推介说明会、“全球的盛会，共同的机遇”——上海世博论坛、“爱城市，爱生活”世博青年论坛，围绕上海世博会的不同方面进行了推介与研讨。最后，推出了一些市民参与的互动项目。如上海旅游公众推介咨询活动、“寻找东京都内的上海”主题活动、迎世博特惠及抽奖活动等，都在不同程度上调动了市民参与的积极性，目的是在互动中加深市民的亲身感受。

曾经有些专家学者对日本“上海周”系列活动进行思考。有人认为日本：“上海周”系列活动在现代城市形象推广中具有“引渠灌溉，有的放矢”、“遵从规律，从长计议”、“随风潜入，润物无声”三层意义。“三顾东瀛”的城市形象推广模式，在中国城市形象海外推广的起步阶段具有一定的解读价值，在一定程度上反映了中国城市形象对外推广的从业人员自觉意识、科学意识、系统意识的逐步觉醒，在未来中国城市形象对外推广发展史上应该具有一定的例证价值与探索意义。

第二节　成都市城市营销案例分析

一、成都市概述

成都自古以来为中国十大城市之一，为国家历史文化名城之一，现系四川省行政中心，副省级市，西南中心城市，西南商贸、科技、通信、文化、教育、交通中心，是国家统筹城乡综合配套改革试验新区。

二、成都市资源分析

在前文中已经提到，对应于城市营销，城市营销组织的适应行为“A”就表现为对营销资源的获取。资源依附视角下的城市营销战略是在确定城市资源优势的基础上对城市进行准确定位，并通过城市资源的高效运用和增值创造优质的城市产品来满足城市目标顾客的需求，以获得竞争优势，增加城市财富与资源，促进城市经济又好又快地发展，提高城市广义居民的生活品质。

作为一个组织实体，城市在这个网络中进行营销活动，必然需要一定的营销资源。由营销资源转化为营销能力，再经由营销能力转化为营销资产，最后表现为营销绩效。而营销资源的取得既来自于城市内生，也来自于它与网络环境的交换。

在对成都市的城市营销模式做分析之前，本节先对城市的资源做一个系统的梳理。因为城市是一个特殊的市场对象，是政治、自然、经济、社会等诸多因素的集合体，实施整合营销不仅是经济或者政治的需要，也是城市这个特殊对象自身的需求。如果把城市营销仅仅看作一个响亮的宣传口号、建一些地标性的建筑、请几个名人来搞几次媒体宣传都是非常片面的。城市营销工作开展之前，需要分析城市本身的特点，比较它与其他城市的差别，确定它在历史中、在当今社会的独特性，然后进行科学的城市定位，推出城市产品，打造城市品牌。否则城市的营销就会陷入“大投入、小收益的困境”，甚至根本没有收益；或者是破坏了城市特色，造成“千城一面”的局面。比如桂林、杭州的城市定位要处处体现出自然山水的特点；吉林省长春市就可以依托汽车工业打造汽车城的特色；上海的海派文化和城市功能则决定了上海要体现出“新味”和“洋味”等。如果我们非要给历史气息浓重的山西平遥古城扣上现代化世界城市的商标，给现代、开放的大连打上历史的印记，那么就是之前的城市资源分析没有做到位。简而言之，城市定位之前需要挖掘自身的特色、发挥自身所长，找到适合自己的形象定位。

我们可以从不同角度对成都的资源加以分析。

(1) 从自然资源来看，成都最大的特色是拥有盆地、丘陵、高原各种景观风貌。周围的丘陵、山脉以及内部丰富的水系，造就了成都丰富而有特色的自然风光。同时，四川是中国拥有大熊猫数量最多的省份，成都拥有大熊猫繁育研究基地。

(2) 从政治资源来看，在城市的行政地位上，成都是全国 15 个副省级城市之一；在我国西部城市中，是为数不多的享受国家市场经济体制全国综合配套改革试点的城市和获得国家批准金融对外开放的城市。改革开放以来，特别是国家西部大开发以来，成都越来越受到国家的重视，享受了各种国家优惠政策。在国外政府驻蓉机构数量上，已有美国、德国、法国、韩国、泰国、新加坡等 9 个国家在成都设立领事机构。成都外国领事机构数量在内地仅次于上海和广州，在中西部地区城市中位居第一。

(3) 从经济资源来看，2010 年 1 月，国家信息中心公布的由罗伯特·蒙代尔、厉以宁负责的课题组研究报告中指出：成都已经成为西部大开发中的“引擎城市”、内陆投资环境“标杆城市”、新型城市化道路的重要引领城市。2013 年，在全国地级以上城市 GDP 总量排名中，成都市位居第 8 位。成都市的全球投资者关

注度高，在2007年世界银行全球投资环境调查报告中，成都成为“中国内陆投资环境标杆城市”，成都被《福布斯》评为未来十年全球发展最快城市排行榜第一名。

（4）从历史文化资源来看：成都是我国西南开发最早的地区，是全国24座历史文化名城之一。最为有名的艺术文化资源包括诗歌文化，其中杜甫和李白都与成都有关。另外，川剧、蜀锦、川菜等都是成都颇有特色的历史文化资源。

（5）从人才资源来看：外地人将成都称作“选秀之都”、“超女之城”。2005年“超女五强”中有四位出自成都，2009年的“超女”前四甲中的三人也都出自成都。特别是超女李宇春还登上时代杂志的封面，这让更多的人知道了成都这座城市。

三、成都城市营销目标定位

近十年来，成都市先后提出和集中宣传的城市名片有：“国际大都会”、“休闲之都”、“天府之都”、“美食之都”、“熊猫故乡”、“多彩之都”、“成功之都”、“东方伊甸园”等。现在使用的较多的是“休闲之都”。

结合成都市的各种资源来看，这个休闲之都的定位非常符合成都市。具体来讲，从自然资源看，成都具有世界休闲之都的基本条件，拥有多样的地形条件，旅游资源丰富，产品市场多元化；从社会的休闲文化看，大众的休闲心理意识强烈，消费支出比例大。例如，“茶馆休闲”——茶铺完全是成都人日常生活的一部分；“农家乐休闲”——农家乐作为成都独具特色的旅游休闲文化现象，有深刻的文化背景；“超女”——让成都人把生活当成娱乐，把娱乐当成生活；川菜的历史及文化博大精深，体现了成都人对休闲的理解。

四、成都城市营销整合、增值与潜在模式维持

近十年来，成都会展业发展迅速，目前拥有展馆面积10余万平方米，注册会展的企业30余家，每年举办大中型会展150余次，参加会展的外地嘉宾、客商40余万人，带动相关产业增加消费超过100亿元。花博会带动温江基础设施升级及土地开发，光华大道沿线土地由原来的90万元/平方米上涨到150万元/平方米。同时，由于花博会沉淀下来的会展中心、“国色天乡”等使温江的城市魅力大大提升。会展业也成为成都吸引投资的一个重要平台。2009年10月，在蓉举办的第九届西博会上，马士基、富士康、思科、英特尔等一大批世界500强企业在成都投资、增资，共签约项目162个、战略合作协议6个，总投资1171.1亿元。

在运用多元媒体强化宣传方面，成都市的营销模式也非常熟练和新颖。在媒体营销方面，成都有两个开创性的经验。首先，成都开启了中国城市品牌全球化

在线网络营销。其次，成都没有花一分钱，却把青城山、宽窄巷子、担担面、四川火锅在内的大量成都元素植入《功夫熊猫 2》。2008 年 8 月 1 日，谷歌公司启动成都全球在线网络营销，通过整合政府资源，更新旅游政府网络信息，建立“熊猫之家”成都旅游网（www.pandahome.com）。同时，对成都的主要客源国家进行针对性推广，更新搜索关键词。该新媒体推广案例被推为业界的经典。截至 2008 年 8 月末，成都网络营销主题活动就已经实现了 2000 万次的页面展示，有效点击接近 10 万次。

五、成都城市营销特点总结

（1）整体形象定位紧紧围绕资源特色。成都市“休闲之都”的城市定位，就是建立在正确分析城市的自然、历史、人文特色的基础上，抓住城市最主要的资源特点进行定位，与其他城市进行差异化的竞争。休闲之都，强调的是生活的体验，体验独特的个性和精准的定位。

（2）积极利用网络新媒体。辐射范围广，力度大。在开展城市营销活动的过程中，成都已经开始重视城市门户网站的作用，积极利用网络向公众营销自己，并开设了城市博客，把网络营销的范围扩展到世界各个国家。

（3）近年来，成都不断加强综合环境建设，良好的投资发展环境越来越受到全球投资者的关注，形成一个良性循环。成都是全国唯一保持外贸正增长的副省级城市和省会城市。2007 年世界银行全球投资环境调查报告中，成都就成为“中国内陆投资环境标杆城市”，成都也被《福布斯》评为未来十年全球发展最快城市排行榜第一名。

（4）成都文旅集团在城市营销中起到了重要的推手作用。从携手谷歌进行全球营销、到“汶川地震”后的全球发行熊猫卡及宽窄巷子项目的开发，文旅集团起到了积极的开发引导作用。文旅集团除了建设项目以外，还开展了多种媒体的推介活动。

第三节　宁波市城市营销案例分析

一、宁波市概述

宁波市是浙江省计划单列市——有制定地方性法规权力的较大的市，是全国

历史文化名城，也是浙江省的三大经济中心之一。2013 年，宁波港口全年货物吞吐量完成 4.96 亿吨，同比增长 9.5%，继续位居中国大陆港口第三位，居世界前四位；集装箱吞吐量完成 1677.4 万标准箱，同比增长 7%，箱量排名保持大陆港口第三位，仅次于上海港和深圳港。在国家相关文件的政策和定位描述中，宁波市具有长三角南翼经济中心和浙江省经济中心的地位。

二、宁波市城市营销与资源依赖

（一）自然资源分析

1. 气候条件——四季分明

宁波属北亚热带季风气候区，四季分明，气候湿润温和具有多样的气候条件，天气变化多、差异大，经常受到灾害性气候的影响。从另一个角度看，这样的气候条件也为宁波发展多种经营提供了有利的条件。

2. 海洋资源——港口条件好、港湾多、海岸线漫长、油气资源丰富、岛屿密布

宁波市拥有 9758 平方公里的海域总面积，1562 公里长的岸线，788 公里长的大陆岸线，774 公里长的岛屿岸线，岸线总长占全省海岸线的 1/3。

（1）港口条件好。宁波港位于我国大陆海岸线的中部，南北和长江“T”形结构的交汇点上，地理区位条件好，是中国大陆条件最好的深水良港之一。宁波港的进港航道水深在 18.2 米以上，总体看来水体深、水流顺、风浪小。25 万~30 万吨船舶可候潮进出港，有 120 公里以上的深水岸线可供开发。

（2）港湾多。宁波市共有各种大小岛屿的面积达 524.07 平方公里，数量 531 个。境内的两湾一港，分别是杭州湾、三门湾和象山港。由于甬江、钱塘江的河水的注入，带来了数量巨多的营养物质和泥沙，进入这些港湾，因而也带来了丰富的养料供应给滩涂以及近海生物的繁殖。

（3）油气资源丰富。中国东海有“东亚的波斯湾”之美誉，自然资源十分富足，在中国的大陆棚有天然气储量 5 万亿立方公尺，原油储量约为 1000 亿桶。其中，位于宁波市东南约 350 公里的东海西湖凹陷区域的春晓油田，总面积 22000 平方公里，已经探明的天然气的储量达到 700 多亿立方公尺。

3. 自然风光

宁波的自然风光也别具特色，集合了“江河湖海山”全类型自然旅游资源。其中，宁波市区以淡水湖和森林资源为主，余姚的自然资源主要是森林和瀑布，慈溪主要为山水和滨海湿地资源，而象山、宁海主要以滨海自然景观为主，象山的海蚀地貌、宁海的森林温泉在全国都有很高的知名度。

（二）区位条件分析

宁波地处我国大陆海岸线中段，是“黄金海岸”与贯穿我国东西的世界第三大河——长江黄金水道的“T”形结合部，位于以上海为中心的长江三角洲经济区南翼。以宁波港为中心，500海里的辐射圈，拥有中国经济最发达、增长速度最快的沿海城市群，这里的16个城市的GDP就占了全国的1/5。

杭州湾大桥通桥以后，宁波成了交通枢纽城市，连接上海、苏南、温台地区乃至福建南部，将这些大城市的都市圈纳入自身的腹地，因而拥有了广泛的腹地资源。宁波港紧靠国际航线，位置适中，通航便利，距我国沿海海港（包括香港、高雄、基隆）以及邻近的长畸、釜山、下关、横滨、神户等亚洲大港均在1000海里之内，往北去俄罗斯海参崴，向南到新加坡，都属近洋航线。从这里至美洲、大洋洲、波斯湾、东非也都只有5000海里左右。

（三）建设资源分析

1. 政治资源

在城市的行政地位上，宁波市是全国15个副省级城市之一，是中央五个计划单列市之一，属于14个沿海开放城市。享受了国家改革开放以来一系列对外开放、贸易、科技等优惠政策，一直走在我国改革开放的前沿。宁波至今已经拥有五个国家级经济开发区，拥有加工贸易和进出口税收等各项优惠政策，数量在全国仅次于上海。

2. 经济资源

（1）经济地位。宁波是中国华东地区重要工业城市和对外贸易口岸，是长江三角洲区域中心城市和重化工业基地，是浙江省经济中心。宁波被评为《福布斯》2010中国大陆最佳商业城市。在2011年中国城市综合竞争力排行榜中位列第16位。在《中国海关》杂志评选的2010~2011年度“中国外贸百强城市”榜单中，名列第6位。

（2）经济总量。2013年，宁波市GDP总量为7128.9亿元，在全国城市中排名第17位，在浙江省排第2位；人均GDP为93176元（按年平均汇率折合成美元为15046美元），在全国城市中排名第23位。

（3）产业经济结构。2013年，全市三次产业的比重为3.9:52.5:46.6。发达国家第三产业的比重一般为60%~80%，可见宁波的第三产业发展水平仍然较低，还有很大的提升空间。宁波已完成工业化初期的任务，进入重化工业为主体的工业化中后期，形成以石化、能源原材料工业、机械制造、服装工业为主体，电子、冶金、医药、食品、轻工等行业共同发展的工业发展格局。宁波市第三产业对GDP的贡献率为40.3%，这说明宁波市已经初步发展了服务功能，同时市场的扩散和交换功能也日益完善。

（4）港口。宁波港由北仑港区、镇海港区、宁波港区、大榭港区、穿山港区组成，是一个集内河港、河口港和海港于一体的多功能、综合性的现代化深水大港。共有生产性泊位 311 座，其中万吨级以上深水泊位 64 座，特大型深水泊位 33 座，是中国超大型船舶最大集散港和全球为数不多的远洋运输节点港。2008 年，宁波—舟山港的货物吞吐量超过上海港成为全国第一大港，外贸货物吞吐量排名稳居全国第二，集装箱吞吐量全国第三。

（5）民营经济高度发达。浙江省的民营经济在中国最为发达，宁波市的一大特色就是高度发达的民营经济，这成为宁波城市旺盛生命力的主要来源之一。2010 年，宁波市全市 GDP 总量的 80%由民营经济创造，民营经济贡献了全市 70%的税收。根据 2010 年底的统计数据，宁波 135 种工业产品的产量和销量都位于全国第一位。宁波拥有 22 件国家工商总局认证的“中国驰名商标”，61 个“中国名牌”产品，被称为“中国塑机之都”、“中国文具之都”、“中国模具之都”，也是全国三大家电产区之一。宁波还是全球最主要的男装生产基地，已经拥有 20 个中国名牌产品和 25 个中国驰名商标。

（四）文化资源分析

城市的历史文化资源关系着城市的成长，更关乎着人的过去与未来。英国学者 Anholt 通过分析地区形象对地区品牌的重要性，突出强调了文化在建立国家、城市和地区品牌形象过程中的中心地位和价值基点，他认为，文化日益成为国家或地区的一个独特的营销卖点，在城市发展与地区品牌化进程中，文化可以成为一个国家或地区的“摇钱树”。但是，2006 年 4 月 2 日英国《独立报》发表的一篇文章认为，中国城市形象同质化正成为城市品牌建设的“致命杀手”。我们学习西方的同时也必须研究中国城市的特点，要有中国的理念，有中国文化的思考。即城市的发展要传承城市的历史，切忌“千城一面”。

城市文化的营销需要深度挖掘本区独有的文化内涵，再根据营销对象的需求进行具象和还原。因此，本节先对宁波市的文化资源加以梳理。

1. 历史文化资源

将宁波的历史文化资源分类，与其他城市相比，最独特的主要体现在以下几个方面：首先，宁波是一个港口城市，开埠早。因而由港口衍生了港口贸易文化、商帮文化、抗倭文化，孕育了同时代开明的浙东文化。其次，宁波历史悠久，最早可以追溯到 7000 年以前的河姆渡文化遗址，是新中国成立以来最重要的考古发现之一。河姆渡遗址反映了我国原始社会母系氏族时期的繁荣景象，为研究母系氏族时期的纺织、艺术、农业、建筑等文明提供了大量珍贵的实物佐证。再次，宁波是浙东佛教圣地，具有宗教文化。最后，文化氛围浓厚，有全国最大的私人藏书楼。此外，宁波还有王阳明开创著名的浙东学派。

2. 宁波人才资源

宁波历来人文渊薮，且不提古代的浙东学派，近代的国民党领袖蒋介石，光看看当今中国，很少有城市可以产生那么多在中国乃至全球都有极高影响力的顶尖名人。特别是商界和科学界，宁波与其他城市相比，拥有的这两个领域的精英数量远远超过其他城市。宁波拥有科技界的两院院士人数在全国城市中排在第一位。

“宁波帮”在中国商帮史上有非常重要的地位，是唯一一个实现了集团性或群体性近现代化转型的商帮，是中国近代最大、最有代表性的商帮，对中国近现代社会产生了广泛深刻的影响，著名人物有邵逸夫、包玉刚、曹光彪、王宽诚、董浩云等。改革开放后，“宁波帮”给宁波带来了看得见的几十亿元捐赠，比如宁波大学就是靠船王包玉刚的捐赠而兴建起来的。“宁波帮”发挥的更加重要的作用是给予了很多宁波第一代创业者精神的熏陶，促进了宁波民营经济的飞速发展。

3. 现代建筑艺术资源

宁波也是一个富于现代艺术气息的城市，城市建筑既有现代时尚的风格，又融合了宁波传统的建筑元素，比如：中西合璧的老外滩，时尚现代的天一广场，宁波城市展览馆，中国美术学院建筑系主任、著名设计师、建筑诺贝尔奖王澍先生设计的“五散房”，宁波美术馆，以及被誉为“山水画、太湖石、瓦爿墙”的宁波博物馆等。2007 年，意大利佛罗伦萨市政厅将大卫雕像作为城市文化载体落户港城宁波。

总结宁波的自然资源和文化资源的特色，可以梳理出以下几个有代表性的城市特点：从自然资源看，宁波四季分明，拥有“江、河、湖、海、山”全类型自然旅游资源，特别是港口条件良好。从区位条件看，宁波区位条件良好，位于长江黄金水道的“T”形接合部，在以上海为中心的长江三角洲经济区南翼。从政策资源看，宁波享有众多国家改革开放的政策，特别是有众多国家级开发区。从历史文化资源看，宁波历史悠久，人文底蕴浓厚。从人才资源看，宁波的名人辈出，特别在商界和科学界拥有众多宁波籍行业精英。

三、宁波城市营销与主体整合

城市整合营销是一项系统工程，必须系统集成参与整合营销的各种要素如营销主体、客体因素，以实现聚集效益。城市整合营销涉及营销主体、客体、因素的系统集成。因此，在分析宁波市在整合营销方面采取的措施之前，先对宁波市城市营销的客体，即营销对象进行分析。

（一）宁波市营销对象分析

在传统营销理论体系中，居中心地位的是由美国密歇根州立大学的麦卡锡教授在 20 世纪 60 年代提出的“4P”理论，即“Product”、“Price”、“Place”和“Promotion”。20 世纪 90 年代以来，随着社会经济的发展和市场营销环境的改变，营销领域中越来越多的人转向 Lauterborn 所提出的“4C”理论，其主张的新观念为：忘掉产品，考虑消费者的需要和欲求；忘掉定价，考虑消费者为满足其需求愿意付出的成本；忘掉渠道，考虑如何让消费者方便；忘掉促销，考虑如何同消费者进行双向沟通。而 IMC 理论又在“4P”理论的基础上有了新的延续和发展。新的观念认为：不要再卖你所能制造的产品，而要卖某人确定想要购买的产品；暂时忘掉定价策略，去了解满足消费者需求所需付出的成本；忘掉通路策略，应当思考购买的方便性；忘掉促销，20 世纪 90 年代的正确词汇是“沟通”。科特勒把地区城市划分为四个主要目标市场。

表 7-1　城市营销的四个主要目标市场

市场对象	细分
游客	商业游客（出席商务会议、选址、前来购买物品）；非商业游客（观光者和旅行者）
住户和雇员	专家、投资者、熟练工人、企业家、电子工人、非熟练工人、富裕个人、老年居民和领取养老金者
商业和工业	重工业、“清洁”组装工业、高科技产品、服务公司等
出口市场	国内市场的其他地方、国际市场

资料来源：科特勒：《科特勒看中国与亚洲》，海南出版社 2002 年版。

城市整合营销是一项系统工程，涉及营销主体、客体、因素的系统集成。因此，在分析宁波市在整合营销方面采取的措施之前，先对宁波市城市营销的客体，即营销对象进行分析。城市的目标市场基本上可以分为游客、住户和雇员、商业和工业以及出口市场四类。其中，旅游者和工商业的投资者是城市营销的重点，这两类群体对城市产品的需求有差异性，在下文中对这两类营销对象分别做研究。

1. 游客分析

2013 年，宁波市旅游业总收入为 953.5 亿元，占当年 GDP 的 13.4%。宁波市旅游发展“十二五”规划中提出：“‘十二五’期间，我国旅游业进入大众化的全面发展阶段，面临更加有利的发展环境和发展条件。”发展旅游业是当今时代发展的趋势，而宁波作为历史文化资源丰富、特色鲜明的滨海港口城市，旅游业发展前景良好，城市营销起到的至关重要的作用就是增强对旅游者选择旅游目的地的吸引力。因此分析游客的构成对城市营销具有指导性的作用。

从旅游者构成看，2013 年，宁波市接待入境旅游者 127.3 万人次，国内旅游接待 6225.8 万人次，国外游客占所有游客的 2.04%，国内游客占宁波市游客的主体。各指标继续稳居全省前列。

从宁波市旅游局 2009 年、2010 年的统计资料可以看出（见图 7-1），2009~2010 年入境旅游者构成中外国游客和台湾游客的比重在上升，海外游客来自六七十个国家，其中东北亚、北美、西欧、东南亚是宁波的主要客源国；亚洲游客占了主体，约占 60%的比例。

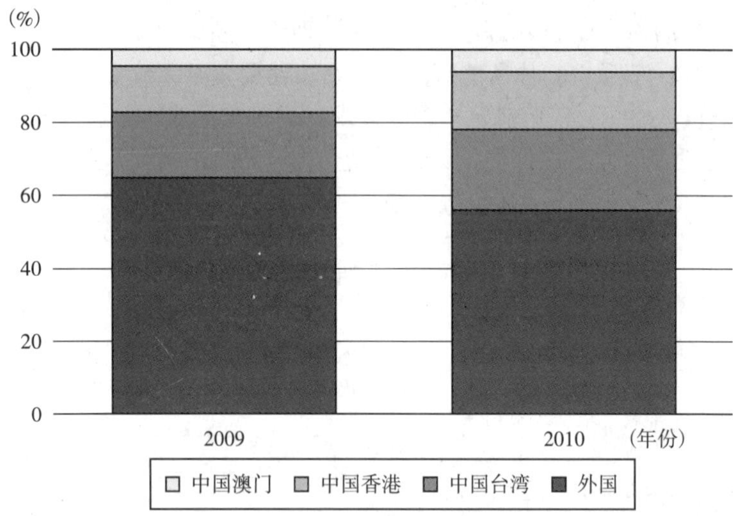

图 7-1　2009~2010 年入境旅游者构成变化

资料来源：宁波市旅游网平台，2010 年旅游市场运行和发展。

从国内市场的客源来看，长三角地区的游客占了主体，其次是华东、京津地区以及广东省的游客。2009 年，长三角、珠三角、京津冀的生产总值占全国 38.2%，可以看出，宁波的游客多来自我国富裕的省市，人均消费能力高。

2. 投资者分析

资本是城市发展的重要资源，尤其是中国加入世界贸易组织以后，外资在国民经济发展中将继续发挥重要的地位和作用。外商投资对国民经济和区域经济的发展具有显著的影响。外资引入有利于扩大就业，提升产品竞争力，改善产业结构，促进有序竞争，提高技术含量。在全球经济日益一体化的今天，中国巨大的潜在市场需求吸引了大量的外商直接投资。

从 2007 年《宁波外商投资报告》可以看出，2006 年，宁波市实际利用外资 24.3亿美元，来自 62 个国家/地区的投资者投资 1034 个项目，总投资 87.45 亿美元。外商投资宁波的产业主要集中在第二产业。宁波对外开放的历史悠久，是我国沿海最早开放的城市，实际利用外资在浙江各个城市中位居前列，外国的投资

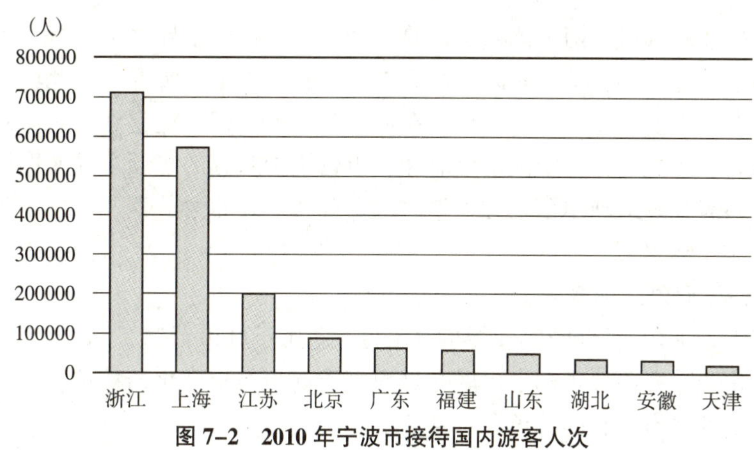

图 7-2　2010 年宁波市接待国内游客人次

资料来源：宁波市旅游局官方网站。

对宁波的开放经济的发展和产业升级有重要的意义。城市营销做得好坏与否，一定程度上会影响外商在宁波的投资力度。

国内投资市场主要包括投资市场、社会融资市场、民间融资市场等，其目前仍为国民经济发展的主要资金来源。宁波的民营经济发达，国内投资主要来源于民间资本。

（二）宁波城市整合营销的手段

城市是由政府、企业、居民和社会团体共同构成的多元主体，其中政府起着方向性、原则性的主导作用。首先，城市营销对象的公共性决定了政府主导的地位，它提供的内容很多属于公共产品和服务的范畴。而且城市营销体现的是公共政策的价值导向、政策意图、目的性和利益的归属等。其次，社会转型也决定政府需要在城市营销中起主导的作用。由于市场机制固有的缺陷和转型期间环境制度的不健全，需要政府利用宏观调控去弥补市场机制的不足。

基于城市营销主体多元性、主导性、复合性和博弈性的特点，城市营销的组织协调机制是以政府为主导的一种开放式、平台式的合作机制。政府通过设置专职、协调分担，或者授权企业化等运作方式发挥主导作用。作为城市营销的主导主体，城市政府营销能力的强弱，直接关系到城市政府营运城市资产能力的大小，关系到城市营销策略制定水平的高低，以及营销策略能否正确实施，从而影响城市在竞争中的地位。

城市政府即上文提到的城市内部公共部门，起到了城市营销最主要的作用。内部公共部门最重要的共同特征之一，是其利益直接或间接地来源于上级的政治绩效评估。对内部公共部门来说，城市整合营销能更好地推动城市营销，并由此带动本地经济文化的发展，这对政府及其官员的政治晋升激励巨大。

从宁波市的城市营销主体来看，政府是城市营销的主导力量，特别是宁波市旅游局和市委宣传部。由于旅游业收入主要来源于外地的游客，因此城市形象的宣传对该部门来说至关重要，旅游局在城市整体形象营销上起到了总体协调和带领的作用。下文主要分析宁波市政府在城市营销中起到的统领全局的作用，同时探讨政府如何有效地利用第三方力量，即企业和个人的力量。

1. 城市整体形象

(1) 整体形象定位演变。

营销大师阿尔·里斯影响业界的《定位》适用于城市营销。“城市定位就是从功能和文化两个方面结合起来，融合城市资源优势与史文化的精神从而形成易于被公众接受的城市独有的特色和个性。”

城市的整体形象定位其实是对城市现有的异质性的、稀缺的、难以模仿的和高效的专有资源，根据城市营销目标群体的需求进行整合的一个过程。对于宁波市来说，城市的总体定位主要是吸引国内外旅游和投资者。

给城市定位就是平常我们说的打造“城市名片”。国内大连市是打造“城市名片”的先行者，服装节和足球成为大连的代言词。1999 年昆明举办世博会，打出的“旅游名片”是：阳光、鲜花和民族风情。2001 年，上海承办 APEC，打出了“中国的经济、金融中心”的“城市名片”。一个良好的城市品牌建立以后，可以直接作用于经济发展，比如好品牌可以吸引大量的外来投资，从而推动整体经济的发展。城市找到拥有自身鲜明特色的“城市名片”，然后精心打造，就可以找到它区别于其他城市的突破口。

宁波进行城市整体形象策划的时间较早，1997 年宁波市在旅游局的主导下进行城市整体形象的策划。在这之前，民间对宁波的印象为“四个头”：“蒋光头、和尚头、芋艿头、北仑码头。”这轮城市形象包装中，宁波的定位是“东方大港、河姆文化、名人故里、儒商摇篮、佛教圣地”这五句话，由此制定了“东方大港览胜”、“河姆文化探秘”、“名人故居寻踪”、“儒商名品领略”、“东南佛国朝拜”五条精品旅游路线。这样的旅游形象策划在全国同行中也算是率先的。1999 年，宁波将“宁波港、宁波帮、宁波景、宁波装”作为城市的四张“名片”。同年底，进一步明确了宁波的城市文化主题，以“水、文、商”定位为宁波的城市文化内涵，最后决定用“东方商埠、时尚水都”作为宁波新一轮的旅游形象。2009 年，在宁波市委宣传部的牵头带领下，又提出了新的宁波形象宣传口号为“书藏古今，港通天下”八个字。由此，宁波基本上形成了“五句话”、“四张名片”、“八个字”的城市形象。

(2) 整体形象定位分析。

确定一个城市的形象，对它的表述不仅仅是个说法，更重要的是找准本身的

特点，还应当体现一种城市精神，这个形象对外产生吸引力，吸引更多的访客前来旅游、经商、游览、置业、发展，使他们“来了就不想离开”；对内产生自豪感，热爱这个城市，这种独特的城市精神激励着人们积极向上，使这种精神得以不断发扬光大。

宁波市的定位紧紧围绕着城市的特色资源做文章。现在宁波市旅游局的官方网站上使用的是“书藏古今、港通天下”的城市形象宣传口号，这八个字包含了宁波特有的文化、商业、港口特点，突出了宁波与其他沿海城市的差别。

“书藏古今”，其一，因为宁波有天一阁，天一阁的藏书文化熏陶着整个城市。其二，宁波人重视家庭，很好地传承着中国传统的伦理、习俗。其三，宁波向来重视教育。宁波不但是个商业之城，也是一个诗书的故乡，在所有中国城市中，诞生了数量最多的中国科学院和中国工程院院士。宁波人对诗书文章存在着神圣化的倾向，在这么一座以商业为荣的城市，却有那么多藏书人家，甚至为了藏书而不惜付出代价，说明这块土地上有着深厚的人文传统。

“港通天下”突出宁波作为现代化国际港口城市的特色。宁波因港开放，因港而兴。自古以来是连接世界的重要商埠，也是海上丝绸之路的起始港之一。它是鸦片战争后开辟的“五口通商”口岸之一，城市的发展与港口息息相关，1994年，宁波市正式提出“以港兴市、以市促港”战略，如今北仑港的吞吐量仅次于上海。“通天下”三个字，既体现了宁波作为港口城市的重要地理位置，又是对宁波港经过30多年改革开放取得的成就的写照。同时，还寓意着宁波人开放、开拓、创新的精神，正是这种精神，造就了名扬四海的“宁波商帮”。

2. 整合营销的方式

整合营销传播理论是一种操作性的理论，具有很强的实战性，源于美国。全美广告业协会对它的定义是：“整合营销传播是一个营销传播计划的概念，即通过评价广告、直接营销、销售促进和公共关系等传播方式的战略运用，并将不同的信息进行完美的整合，从而最终提供明确的、一致的和最有效的传播影响力。”

按照通俗的话来说，整合营销传播像踢足球，各种营销传播工具如球场上的后卫、前锋、中锋，各司其职，而且讲究战法，通过默契与教练的调度，发挥“大兵团”的作战实力。

（1）市场推广。

旅游产品的不可移动性决定了旅游市场上搞促销活动、扩大知名度是沟通供需双方的重要途径，尤其是当阶段性的城市旅游形象出笼以后，更需要全方位地实施城市“买卖”的战略。在部分公共部门与私人部门合作中，不但企业可以依赖公共部门掌握的优势资源吸引合作商，使产业集聚增长壮大企业本身和增强市场竞争力，公共部门也需要借助私人部门高效专业的组织管理。在宁波市政府的牵头下，多次组织宁波当地的旅游相关企业去客源地市场进行推广。

（2）多元媒体强化宣传。

通过电视、报纸、互联网等方式宣传宁波的风景、风俗以及城市建设，给观众直观的感受。宁波市政府 1997 年以来组织的媒体推广方式如表 7-2 所示。

表 7-2　宁波市政府历年来组织的媒体推广方式

时间	活动名称和内容
1997 年	全国新闻旅游行家看西口
1998 年	策划以台湾老兵回宁波探亲为线索，把宁波的变迁、景色融合在 45 分钟的电视文艺片《清风明月时》中
1999 年	邀请中央电视台摄制《请你去宁波专题》
2005 年	以电视剧《我的淘气天使》为载体，将宁波文化、旅游产品和民俗风情融入其中，推介宁波；创刊《宁波帮》杂志，希望借此宣传宁波的城市文化、“宁波帮”文化，把全世界的“宁波帮”都动员起来建设宁波
2009 年	15 秒的宁波城市形象宣传片在中央电视台播出，以“书藏古今·港通天下”为主打特质

（3）特色节庆活动。

节庆活动本身是旅游产品，节庆活动的成功举办，可以展示和推销一个城市的旅游形象。宁波市非常注重特色节庆活动的组织和策划，使之成为挖掘特色文化、推销特色产品，打响城市品牌的有效载体。

宁波的特色节庆活动主要包括以下的类型：宗教类（天童寺中日佛教文化节、奉化弥勒文化节）；体育类（东钱湖龙舟赛、象山国际海钓节）；文化艺术类（中国梁祝爱情节、王应鳞读书节）；自然生态类（梅花节、桃花节）；农事类（杨梅节、枇杷节、象山海鲜美食节）。综合产业类的中国开渔节、宁波国际服装节、中国徐霞客开游节、中国梁祝婚俗节被誉为宁波市四大节庆活动，在全国的节庆活动中都有很重要的地位和影响力，主要活动内容均以文化为依托，围绕文化以及民俗表演展示，并且衍生出一系列招商、经贸以及旅游洽谈等内容。

从活动的承办主体来看，基本上都是在政府旅游部门的牵头下，综合协调相关的产业主体，共同推动这些旅游活动的展开，具有明显的市场化特色。比如用市场化运作的手段来策划大型文艺活动，用市场化的思路保证活动能够按计划有条不紊地实现。中国开游节、中国开渔节运用市场运作的手段，已经积累了宝贵的经验。如今的开渔节主办方能自己负担活动的资金，同时又能引进资本，扩大知名度。开渔节的费用大多数来自于广告赞助和企业集资，采用冠名权出售、媒体广告宣传、注册商标等方式把主体活动推荐给企业，这样既扩大了企业的影响力，又节省了办节的成本。

从活动的举办目的来看，宁波节庆活动走了一条“文化搭台，经贸唱戏”的路子。如宁波国际服装节成功地提升了服装产业链。服装节对宁波的服装企业进行品牌宣传，为国际贸易、发展品牌代理商等经贸活动搭建了良好的平台。宁波节庆活动总是和市场相结合，以市场为导向，面向市场，服务当地的经济。

（4）会展活动。

如今，会展业是城市对外宣传自己的另一个方式，与旅游宣传相比，会展具有强大的经济功能，包括联系和交易功能、整合营销功能、调节供需功能、技术扩散功能、产业联动功能、促进经济一体化等，已经成为很多地区的名片。成为“名片”的会展业，最著名的莫过于“博鳌论坛”，一个小渔村因此而成为吸引国家元首的世界焦点。近 20 年来，中国展览业的发展以每年 20%的速度增长。而随着全球一体化进程的加快，宁波的出展规模也随着中国展览业进入了一个快速发展时期。

1997 年 10 月，首届宁波国际服装节的开幕标志着宁波会展业的正式起步，2007 年，会展业对全市经济拉动数额高达 216 亿元，提出了“打造国际会展之都”的目标。2009 年，尽管金融危机对国内外经济发展造成了严重的威胁，宁波市会展业对 GDP 的贡献度仍达到 260 亿元左右。2013 年，全市会展业加快转型升级，量质并举发展取得了新成效，全年共举办会展项目 279 个。其中，举办展会 160 个，比上年增长 6%；展览总面积 186 万平方米，增长 4%；展览面积 2 万平方米以上的大型展会达 30 个。

（5）积极对接世博会。

从 2008 年开始，宁波就以积极的姿态，主动对接世博会。世博会给宁波上了一堂城市营销的大课。本着“参与世博、融入世博、共办世博”的宗旨，在“市场、机构、产品、功能”四个方面与世博进行全面对接。

宁波从各个方面开展一系列城市营销的活动来促进城市整体形象水平，重点推介城市旅游和贸易投资。在世博会的城市营销过程中，宁波市政府是营销的有力主体，有效整合多个内部主体资源，包括政府的旅游、商务、文化等部门，相关企业以及市民，协调多个受益主体参与城市营销活动，最终产生“1+1>2”的效应。除了内部各种资源的整合，宁波市政府也在某些方面整合了外部公共和私人部门的资源，包括上海世博会与长三角其他城市的旅游对接；与外部的传媒、金融机构的对接和联系等，将外部的资源为我所用。

（6）海外营销——大卫雕像落户宁波。

2008 年，意大利“大卫”雕像 1:1 复制品首次在宁波市永久性落户，这引来了国内外大量的媒体关注宁波。网络上用谷歌、百度搜索相关新闻，分别超过 30 万条。据浙江万里学院一位营销学教授的分析，“大卫”落户宁波，从宣传效果和市场销售来看，它的商业价值超过 5 亿元。同时这也是 2006 年度中国十大策划经典案例之一。

这个成功的城市营销策划案例，对宁波来说有以下几方面的积极意义：首先，凸显了宁波是一座国际化的商贸名城的城市形象；其次，通过对世界著名的艺术品复制品的引进，提升了宁波的城市形象和城市品位；最后，通过这次活动的策划，吸引了国内外媒体的大量报道，从而提升了宁波的国际关注度。

总体来看，在城市整体营销前，需要先确立一个清晰的城市整体形象。有一个易于被公众接受的城市独有的特色和个性。宁波市政府在城市整体形象定位方面，很早就开始做了尝试，而且在城市发展过程中不断更进城市的形象，使其更能凸显与其他城市的差别。现有的“书藏古今、港通天下”的城市形象很确切地概括了宁波市的历史底蕴和现代风貌，是一个成功的城市形象定位。

在城市整合营销过程中，从上文宁波市城市整合营销的分析可以看出：宁波市的城市营销基本上都是在政府的统筹领导下开展的。涉及了内部私人部门、内部公共部门、外部公共部门、外部私人部门的共同参加，当然主要是作为内部公共部门的政府以及利益密切相关的内部私人部门的企业。采用了权力整合的城市整合营销模式，政府在城市营销中作为积极的倡导者和组织者，在整个城市营销主体系统中占据核心位置，协调了不同利益主体之间的博弈，从整体上提升了城市的形象。不论从各种营销活动所获得的奖项以及后续影响来看，都取得了很好的效果。

四、宁波市城市整体增值与潜在模式维持

城市经营的目标是实现资产的保值增值。城市经营是多重目标的系统工程，其目的不仅是单纯的资源变现，而是要通过动态地运作城市资源进行城市增值和城市功能提升。宁波在城市经营过程中力求最大限度地放大政府城市建设资金的乘数效应，通过财政城建资金投入来带动社会资金、民间资本等各种资金来源参与城市的建设。通过这个过程，把城市资产从产品变为商品，把城市建设从生产过程变成了资本运作过程。

城市营销的最终目标是：使城市更多地获取有益的跨国、跨区域资源，创造和维护一个有效率的市场，营造一个良好的、对各类有益资源更具有吸引力的公共环境。增加城市创造价值的能力，提高城市的综合竞争力。为应对环境变化，国内外城市营销形式在不断发展变化，提升竞争力，创造更多的城市价值始终是最根本的目标。

（一）会展业

以 2011 年第十四届中国宁波住宅产品博览会（简称“住博会”）为例，展会

参观人次逾 38.5 万，意向成交额 41.3 亿元。住博会是推介、营销城市的有力载体。住博会的发展历程是 21 世纪宁波城市建设的缩影，是宁波的“城市掌纹”，我们可以清楚地看到住博会服务于宁波城市建设，推介、营销宁波城市的印迹。同时，楼盘参展、金融展、家装展等项目又为企业提供了一个宣传自己的平台。会展作为企业之间的一个有效的营销平台，为企业展示产品、收集信息、洽谈贸易、交流技术、拓展市场起到了桥梁和纽带作用。

（二）世博营销

宁波在世博会的一系列推介活动中取得了良好的效果。从宁波市旅游局 2010 年度统计信息可以看出，世博会期间，全市接待国内游客 2336 万人次，同比增长 16.5%。宁波市部分旅游景点景区接待境外旅游者均有所增加，特别是溪口景区，其接待境外游客同比增长 115%。宁波参与世博提升了企业的营销水平，增强了品牌影响力，同时也为企业带来了直接的经济效益。

宁波打造独立馆参加世博会，国内很多城市都没有这种形式。宁波充分地利用这个资源，宁波各县（市）区都借助这个平台，充分地展示了宁波的产业、文化、资源等，成为借世博机遇开启城市营销的成功范例。

第八章　国际城市整合营销经典案例

发达国家的城市发展水平明显领先于中国，国际领先城市的发展经验无疑对中国城市开展城市营销具有重要的借鉴意义。本章分别对阿姆斯特丹、纽约、慕尼黑与新加坡开展城市营销的成功经验进行了较为全面的介绍。总体上看，每一个国际知名城市都在继承与发扬自身传统优势的基础上，制定了其独具特色的城市整合营销方案。

第一节　阿姆斯特丹：广泛联结造就成功营销

阿姆斯特丹作为荷兰的首都，以自由、包容和注重商业的城市氛围闻名世界，它特有的魅力和活力吸引着众多游客、公司和其他城市政府前来游览或合作。阿姆斯特丹的声誉始于被称为“黄金时代”的17世纪，现已成为世界的经济中心、文化中心和科技中心，同时也成为国际城市规划和建筑的图标。继续推进阿姆斯特丹的城市营销极为重要，将城市品牌推广到世界范围，不断优化品牌，有助于阿姆斯特丹的进一步发展。联结多个主体进行城市营销是阿姆斯特丹城市营销的一大特色，也是它成功的关键点，值得其他城市进行剖析和学习。

一、城市营销主体

阿姆斯特丹的城市营销采用公私合作模式，由公共部门、企业部门和社会团体的代表组成，它们共同组成城市营销的核心规划、领导机构，再加上本地热情洋溢的居民，可谓动员了整个城市的力量。

（一）营销主体

阿姆斯特丹的行政当局是由市长领导的市政府和市议会组成的，因此在进行阿姆斯特丹城市营销时，市长和相关市政部门首先承担起协调和引导工作。市议会成员负责政策和方针的制定，市长则在全世界前代表阿姆斯特丹的形象。领导

的魅力往往对整个团队的工作起到鼓舞作用，前阿姆斯特丹市市长约伯·科恩就是这样一个典型。他以实干作风闻名于欧洲，2005年被《时代》评为欧洲英雄人物，2006年在世界城市市长评比中他获得第二名。在科恩10年的领导下，阿姆斯特丹一直保持着充满生机和宽容的氛围，期间他多次带领政府团队访问其他国家，促进阿姆斯特丹的对外宣传，以争取更多的合作机会、游客资源和人才互动。阿姆斯特丹有专门的城市营销组织——阿姆斯特丹营销，它致力于城市推广、促进信息交互、规划研究和服务提供。营销组成员的最终目标是将阿姆斯特丹变成欧洲最吸引人的五大都市之一，让居民、游客、从商者和名人都慕名而来。同时，营销组还与多个伙伴合作。在营销组的介绍网站上提到，“阿姆斯特丹市作为我们营销的产品，需要鲜明的城市形象和足够的支持力量。在这个过程中，最为关键的就是合作伙伴网络的规模和多样性”，“营销工作中的重要原则就是团结更有力”。他们成立了阿姆斯特丹都市俱乐部，将致力于提升阿姆斯特丹长期国际声誉的合作伙伴汇集到一起，包括阿姆斯特丹市及各区的当地政府、公司、教育机构和文化部门等，这些组织和机构通过开展推广活动、发展媒体平台（如网站 www.iamsterdam.com、杂志等）、设计宣传工具等手段来推进城市营销。

还有一个值得一提的营销机构就是“阿姆斯特丹伙伴”（Amsterdam Partners），它是公私合作的城市营销管理机构，成立于2004年3月，是阿姆斯特丹城市营销的核心力量。它设立了监督委员会、管理委员会、顾问委员会和缔约委员会等。其中，监督委员会由市长任主席，成员包括所有企业部门的代表。管理委员会的成员包括城市营销经理、节事营销经理、组织网络经理和团队项目协调人等，成员分别来自市议会、企业领导、商会领导及地区内其他城市的首脑等。作为一项长期持续的城市营销工程，“阿姆斯特丹伙伴”每年可以得到180万欧元的预算，拥有足够的决策权和执行权，主要负责事件营销和节事营销的政策并以四年为一个营销周期。该机构的中心任务是围绕阿姆斯特丹的独特定位，即“创意、创新和商业精神的结合”的理念，来推广和提升阿姆斯特丹地区的城市品牌形象。

（二）营销规划

为了更好地制定符合阿姆斯特丹的城市营销战略规划，阿姆斯特丹的城市营销研究人员使用SWOT分析法剖析了自身优劣势和竞争环境，通过访谈和召集讨论来了解公司、游客和居民对城市特质的认知、查阅城市营销的学术文献及各种评述，提炼了阿姆斯特丹市的16个重要向度，分别为枢纽功能、会议城市、运河城市、首都、商业城市、性/毒品/摇滚、人、居住城市、建筑、紧凑的城市、艺术之城、夜生活、购物城市、盛事之都、知识型城市、宜居城市，各向度根据城市形象建设目标、目前受众所持形象和目前自我评估形象进行打分。

通过向度的确定和分值的整理，可以看出阿姆斯特丹的形象优势在于商业城市、会议城市、运河城市、艺术之城、宜居之城，而分值较高的性/毒品/摇滚则不利于良好城市形象的建设，受众对该指标的印象和自我评估印象相差较大，应该加以整治。同时，研究人员还认为，阿姆斯特丹应多举办具有国际影响力的大型事件和节庆，以此向当地居民和游客、其他城市政府等主体展现阿姆斯特丹拥有良好的环境和较强的事件运作能力，从而提升城市品牌营销的效果。这些分析为阿姆斯特丹的城市营销指明了方向，帮助营销组织不断修正和优化城市形象，并进行较为准确的定位。

二、城市品牌资产

一个城市的口号、LOGO甚至是标志性建筑和景观都可以成为该城市的品牌资产，增加其曝光度，提高辨识度和知名度。阿姆斯特丹的城市口号是"I Amsterdam"，于2004年9月由阿姆斯特丹伙伴提出，这个口号巧妙地使用了重叠，既是"我在阿姆斯特丹"，又有"'我'代表着阿姆斯特丹"的含义。在荷兰官方网站中的阿姆斯特丹市的分网页上，有几张居民/游客在城市中欢乐自得的照片，旁边的标注是"This is you in Amsterdam"（"这就是身处阿姆斯特丹的你"），更展现出当地居民和游客可以很好地融入这座城市，呈现出和谐平静又充满欢笑的气氛，对未到过阿姆斯特丹的游客产生强烈的吸引力。

阿姆斯特丹的LOGO是三个红色的、上下放置的叉，有一种说法认为这三个叉代表古阿姆斯特丹的三个特大的危险，即火灾、水灾和黑死病，用这三个危险作为阿姆斯特丹的城市标识，是为了提醒当地政府和居民珍惜现在、铭记历史，同时提高忧患意识，更好地建设阿姆斯特丹；阿姆斯特丹的官方网站上则介绍这三个红色的叉代表圣安德鲁十字架，源自13世纪阿姆斯特丹的纹章。LOGO中三个红色的圣安德鲁十字架是整个阿姆斯特丹市的视觉核心，同时每个地区或机构可以在红十字架下面加入各自的身份特征符号，这样使得50多个不同的地区和分支机构得以统一，统一之中又有特色。政府也鼓励阿姆斯特丹的各种商品和建筑使用红十字架形象，它作为城市直辖的品牌标识，可以最大限度地将一种文化统一融合到整个区域，其简单、醒目的设计，更容易和其他城市、地区的LOGO区别开，给人留下深刻的印象。

阿姆斯特丹的建筑闻名于世，巴洛克风格、哥特式风格、新艺术风格以及阿姆斯特丹学派风格的建筑在不同的区域汇成群落。整个城市保持着一种统一的、古老的味道。城市的小楼房大多以蓝色、绿色和红色为主，窗户的装饰极为精致，使整个城市的建筑显得整齐又富有时代特征。阿姆斯特丹市政府为了保护城市的特色，规定房屋重建必须经政府批准，而且要保持原貌不能做任何更改，这

更有利于保证城市整体形象。

阿姆斯特丹防线和阿姆斯特丹运河分别于1996年和2010年被联合国教科文组织世界遗产委员PUA《世界遗产名录》收入，与中国的长城、埃及的吉萨金字塔等名胜古迹一同成为世界人民的珍宝。其中，阿姆斯特丹的运河总长度超过100公里，拥有大约90座岛屿和1500座桥梁，使得该市被称为“北方的威尼斯”。为阿姆斯特丹这两处景观申请世界遗产资格，也是荷兰政府和阿姆斯特丹政府城市营销的一个方式，将旅游资产提升到世界遗产高度，极大地扩大了自己的影响力，借助“世界遗产”品牌为自己进行推广。

梵高博物馆、伦勃朗博物馆、喜力音乐厅、安妮·弗兰克之家等一系列人文景点是世界游客耳熟能详的“阿姆斯特丹标签”，从绘画、音乐、历史文化多个角度来看，阿姆斯特丹是一片包容的乐土。2012年10月30日，阿姆斯特丹荣膺“2013年全球最值得旅行的十大城市”第二位，仅次于旧金山，这一评选结果足以吸引全球游客来访阿姆斯特丹，一睹这座城市的魅力和风采。

三、城市营销手段

阿姆斯特丹市采用的城市营销手段多种多样，传统营销手段主要包括关系营销、形象营销、会展与节事营销，现代营销手段则主要有影视营销、网络营销和文化营销。营销手段虽多样但主题鲜明，在选择多种营销手段进行城市品牌推广的过程中，阿姆斯特丹市政府和各营销团队非常擅长通过不同的方式突出阿姆斯特丹创新、自由和包容的特点，给其他国家城市各主体留下了深刻的印象。

（一）传统营销手段

阿姆斯特丹在进行关系营销时不仅注重与其他国家城市的往来，同时也与荷兰其他城市进行了融洽、密切的合作和相互促进；在形象营销的过程中，阿姆斯特丹尽情地向其他城市展现自己的创意和真诚；会展和节事营销手段则帮助阿姆斯特丹提升了国际声誉，在多个领域的多种活动中展现了本地政府的努力和本地人民的热情。

1. 关系营销

阿姆斯特丹在进行城市营销的过程中非常重视与合作伙伴、荷兰其他城市、其他国家的合作交流。其中，最为典型的是阿姆斯特丹伙伴，它注重与合作伙伴一起塑造阿姆斯特丹良好形象、提升其声誉。它划定的目标受众包括全球商业决策者全球访客以及阿姆斯特丹地区居民。传播重点为：中国的北京、上海、广州；已经在阿姆斯特丹投资较大的日本东京；美国的纽约、旧金山；欧洲政治中心之一——比利时的布鲁塞尔；以及同为连通城市发展世界大会成员的墨尔本等。如此明确而广阔的辐射范围使得阿姆斯特丹可以通过关系营销增加本市的影响力。同时，阿姆斯特丹周边的城市也在为阿姆斯特丹的发展做出贡献，如位于阿姆斯特丹西南方 13 公里的阿尔斯梅尔市，那里的市民有很多人都在阿姆斯特丹工作，促进着阿姆斯特丹的发展。为了方便这些市民，阿尔斯梅尔和阿姆斯特丹之间有频繁的巴士往来。同时，阿姆斯特丹同其他国家城市也有密切的往来。截至 2013 年 11 月 15 日，阿姆斯特丹共与全球 18 个国家中的 20 个城市结为友好城市。

2. 形象营销

通过对多个国家城市进行访问与交流，阿姆斯特丹不断塑造自己良好的形象，扩大自己的影响力，把这座自由之城更好地与世界连接起来。对于中国，阿姆斯特丹是一位老朋友，如在 2013 年北京国际设计周中，阿姆斯特丹应邀成为主宾城市，9 月 25 日至 10 月 3 日，阿姆斯特丹与荷兰设计师通过主题活动“设计去荷兰”，让更多的中国观众更加熟悉创新、实用的荷兰设计。在设计周期间，阿姆斯特丹本土设计师马塞尔·万德斯的作品在展览会上展出；“开始某事”项目将阿姆斯特丹桑德伯格艺术学院、荷兰设计师和北京中央美术学院的艺术家和学生们聚集在一起；“智慧城市”主题对话则为荷兰“移动城市”研究组和中国的建筑师、设计师提供了交流的平台……一系列主题活动将阿姆斯特丹设计师、艺术家和高校师生的高水平展现出来，给中国的设计师和观众们留下了深刻的印象，促进了中荷两国的交流。2013 年 9 月 25 日至 28 日，阿姆斯特丹市长范德兰及其代表团访问北京市，参加了由阿姆斯特丹投资局、阿姆斯特丹自由大学和北京市商务委员共同主办的 2013 年国际“智慧城市”信息技术高峰论坛，该论坛以促进阿姆斯特丹和北京在“智慧城市”及信息技术方面的科技合作为目的。26 日，市长一行还访问了清华大学，向清华人展示了阿姆斯特丹的文化、人力、科技等资源。类似这样的出访活动让更多的城市了解了阿姆斯特丹，一个开放的、真诚的形象也由此产生。

3. 会展与节事营销

阿姆斯特丹的城市营销计划指出，节庆和城市事件是城市营销的重要支撑工具，大型事件（尤其是世界级别的事件）可以将阿姆斯特丹品牌通过各公司推广到世界范围。

(1) 国际赛事。

1928 年，阿姆斯特丹举办奥运会，其中多个开创历史先河的创举使这场历史久远的盛会至今还为人们所怀念。例如，阿姆斯特丹在 1928 年首次建成奥运火炬：是世界上第一次点燃的奥运火炬；奥运入场式首次安排希腊作为第一个入场的国家，以纪念发明了奥林匹克比赛的古希腊，举办国则最后一个入场，这些安排沿用至今；首次允许女性参加体操和田径比赛；首次使用“P”字牌引导车

流前往停车场，今天已成为世界各地停车场的标识；在1928年的奥运会赛场上，也首次出现了正式的商业赞助——可口可乐饮料公司向出征奥运会的美国代表团提供了上千箱饮料。阿姆斯特丹政府首次批准赞助商进入奥运会、将赞助权交给可口可乐公司的举动，开启了奥运营销的篇章。此后，奥运会的商业道路越来越宽，奥运会给承办国带来的直接经济利益和间接声誉提升也越来越多。

阿姆斯特丹马拉松比赛在世界顶级马拉松比赛中排名第十，和其他顶级马拉松比赛相比，阿姆斯特丹马拉松比赛规模还很小，但阿姆斯特丹的魅力还是吸引了全球跑步爱好者会聚在这里参赛。阿姆斯特丹政府和市民也对该赛事极为重视，使得该比赛运作十分流畅。2013年，阿姆斯特丹马拉松是第38届，一共有约42000人注册马拉松、半程马拉松、马拉松接力赛、八公里等，比2012年增长11%，其中有17000名外籍选手，分别来自80个国家。

（2）国际交流会议及会展。

国际大会及会议协会（ICCA）总部位于阿姆斯特丹，通过一系列的会议和会展活动，阿姆斯特丹与全球其他国家一起关注世界问题、展示自己的观点和魅力。根据ICCA的报告统计，2008~2012年，阿姆斯特丹共举办大小会议612场，数量仅次于伦敦，名列世界第七名，同期参会人数达到39.6万人次，位居世界第五名，仅2012年阿姆斯特丹就举办了122场会议，数量居世界第十名。1883年，阿姆斯特丹举办了阿姆斯特丹国际博览会，主题是园林艺术展览，会期100天。由于鲜花是荷兰重要的出口商品，花卉销往100多个国家，阿姆斯特丹国际博览会通过花卉和园林艺术实现了与其他国家的沟通和交流。此次博览会为阿姆斯特丹带来了超过100万人次的游客。为了满足游客的住宿需求，著名的美国酒店（American Hotel）、多伦酒店（Doelen Hotel）和NH克拉斯纳波尔斯基大酒店（NH Grand Hotel Krasnapolsky）随之出现，其他行业也被游客的大规模来访拉动，这次博览会极大地促进了当地的经济发展。

环境保护和“智慧型城市”现已成为世界各城市关注的理念，连通城市发展世界大会（CUD）顺应这一潮流而生，同时也作为思科对克林顿全球倡议的响应。CUD三大主导城市分别为旧金山、阿姆斯特丹以及首尔。第二届连通城市发展世界大会于2008年在阿姆斯特丹举行。同时，阿姆斯特丹市阿尔梅勒首个“智能工作中心”在大会召开之际成立，成为大会的亮点。“智能工作中心”的成立，将各国城市的关注点聚焦于阿姆斯特丹，不仅吸引各地政府了解工作中心成立之初的运作方式，更是存在一个长时间的验证期，让各地政府在这个验证期内始终与阿姆斯特丹保持密切的沟通和交流，为推广阿姆斯特丹市的发展和提高其声誉起着较好的营销效果。

(3) 大型节庆活动。

郁金香作为荷兰的国花，受到荷兰人极度的推崇，同时荷兰也是全世界最大的郁金香与球茎花卉的出产国。每年春天，阿姆斯特丹都会举办郁金香展、花展、花车游行等一系列活动，吸引了世界各地成千上万的游客前来观看。阿姆斯特丹的库肯霍夫花园（Keukenhof Garden）是最负盛名的花园，这座占地 32 公顷的花园有超过 700 万种的花卉，是游客最为倾心的景点。据荷兰《人民报》5 月21日的报道，在库肯霍夫公园第 64 届花展开园的两个月内，共有约 849 万游客前来参观，其中 80%为外国游客。

因为阿姆斯特丹运河音乐节（Grachten festival），每年 8 月的阿姆斯特丹都会从古典、安静的氛围中醒来，摇身一变成为音乐爱好者的天堂。这是阿姆斯特丹夏日中最出名的一个节日，荷兰及世界各国的顶尖音乐家会在这里欢聚一堂，共同举办 70 多场室内或露天音乐会，献上音乐盛宴。在音乐节 10 天的时间内，在运河的浮台上、游船上、运河畔、庭园、屋顶的露台等处，都有乐队演奏以供居民和游客欣赏，同时不对音乐种类和乐器设限。这种开放、包容的音乐氛围也将阿姆斯特丹运河音乐节与那些在音乐厅内展示艺术的音乐节区分开来，拉近了音乐节和听众的距离，更被大众所喜爱，也造就了荷兰大批的新生代音乐人，为他们提供了展示自己的舞台。据运河音乐节的网页显示，有超过 6 万的游客从荷兰和世界各地赶到阿姆斯特丹，在轻松和谐的氛围中享受音乐的魅力。

阿姆斯特丹国际纪录片节（IDFA）始于 1988 年，是目前世界上最大的纪录片节，致力于鼓励世界各国优秀的纪录片对扩大受众且对提高纪录片的艺术水平起推动作用。每年会务组成员会从世界范围内挑选有创新立意的、反映社会议题并使观众产生共鸣的纪录片进行展映。2011 年，在整个电影节期间，共有来自全世界的 350 部纪录片在影院上映，观众总人数达到 21 万人次，2012 年、2013 年影响范围更广。

每年 10 月中旬，由阿姆斯特丹舞蹈基金会举办的阿姆斯特丹舞蹈节都会盛大开幕，在为期五天的舞蹈节中，年轻的人们以电子舞步为主，举行狂欢。2013 年，有来自 75 个国家的超过 30 万的游客来到阿姆斯特丹参加这一盛宴，期间有 2156 位艺术家在 80 多家俱乐部和演出场地进行表演，大约有 460 家媒体的记者进行了报道，这无疑是扩大阿姆斯特丹影响力的又一有效渠道。

（二）现代营销手段

阿姆斯特丹的人文气息浓郁，在影视作品和当地文化场馆中尤为突出，进行影视营销和文化营销使阿姆斯特丹多年的沉淀焕发出生机。同时，阿姆斯特丹的网站建设也有良好的设计和联系，有助于把一个鲜明、开放的阿姆斯特丹更好地呈现在更多人面前。

1. 影视营销

在一些影视作品中，观众也能追寻到阿姆斯特丹的历史人文和自然景观，通过这些作品，阿姆斯特丹让更多人看到这座运河之城的不同特性。提到阿姆斯特丹相关的影视作品，首先要提到的就是纪录片《安妮·弗兰克的日记》，这部纪录片源自犹太籍姑娘安妮·弗兰克在遭受纳粹迫害时保存的日记。同时，安妮的故居现在也是阿姆斯特丹必去的景点之一。这位姑娘已成为受纳粹迫害的最著名的受害人之一，她的故事及这部纪录片吸引了全世界爱好历史人文、对犹太民族深切同情的游客来到阿姆斯特丹，寻找她曾经居住的住所、就读的学校和集中营遗址。这部纪录片获第 68 届奥斯卡金像奖最佳纪录长片奖，让更多的人了解到阿姆斯特丹的过去。

韩国电影《雏菊》的拍摄地也选择了阿姆斯特丹，这部亚洲著名的电影上映于 2006 年，累计观众超过 1000 万人次。影片中有多种“阿姆斯特丹元素”，船屋、黑色郁金香、雏菊花海，和影片中唯美凄凉的爱情基调一致，让广大影迷认识了阿姆斯特丹，也吸引他们纷纷来到阿姆斯特丹寻找主角们的足迹。

2. 网络营销

互联网平台也给阿姆斯特丹提供了向全球展示自己的渠道，通过各个行业的官方网站，阿姆斯特丹将活动安排、交通路线、游览折扣信息、投资政策信息等公布出来，方便游客的游玩和商务人士的洽谈。

阿姆斯特丹的口号是“I Amsterdam”，阿姆斯特丹官方网站的网址也与其保持一致，有助于加深来访者的印象。在官方网站上，有阿姆斯特丹介绍，吃、住、游建议和城市生活的信息，在游客到达阿姆斯特丹之前就能通过这些详细的信息初步了解这座美丽的城市。同时，对前文提到的阿姆斯特丹马拉松比赛、库肯霍夫花园举办的阿姆斯特丹郁金香节、阿姆斯特丹运河音乐节、国际纪录片节和阿姆斯特丹舞蹈节等活动，也有相应的官方网站进行介绍和信息公告，大部分网站都提供荷兰语和英语两种选项，个别网站还有专门的中文网站供中国游客查询。阿姆斯特丹大部分网站色彩鲜明，非常吸引人，提升了网络营销的效果。

3. 文化营销

文化营销是一种使用文化力进行营销，通过将营销产品的核心文化提炼并实体化、形象化，使消费者产生认同感的一种营销手段。阿姆斯特丹在进行城市营销时，着重宣传自己包容、创新、富有艺术气息的文化，以吸引各国各民族的游客在这里寻找属于自己的阿姆斯特丹。在阿姆斯特丹，“红灯区”和大麻店成为法律框架内的存在，同性恋婚姻得到认可，各流派艺术家都可以在这里平和地进行自己的创作，怪癖和独特在这里都是常态，每一个个体和群体都被接受并内化在阿姆斯特丹的街头、运河旁和人群中，这种包容和创造力本身就是阿姆斯特丹以文化吸引游客的表征。

阿姆斯特丹又是欧洲文化艺术的名城，全市有 40 家博物馆，国家博物馆收藏有各种艺术品 100 多万件，其中不乏蜚声全球的伦勃朗、哈尔斯和弗美尔等大师的杰作。市立现代艺术博物馆和梵高美术馆以收藏 17 世纪荷兰艺术品而闻名，梵高去世前两天完成的《乌鸦群飞的麦田》和《吃马铃薯的农夫》就陈列在这里。伦勃朗故居博物馆改造于伦勃朗故居，在这里诞生了那些影响整个欧洲绘画史的巨作。这些文化资产对阿姆斯特丹的艺术氛围和形象提升有着重要的作用和意义，成功地将阿姆斯特丹打造成一个艺术圣地。

四、城市营销评价

根据 2002 年的一项关于全球各城市的排名榜，阿姆斯特丹的整体形象排名第 12 位，与德国的莱茵河畔法兰克福接近，该排行榜中对不同的分项也有世界排名，在艺术演出一项中阿姆斯特丹排名第 8 名，服务业排名第 13 名，贸易及交通业排名第 6 名，大学排名第 13~15 名，商业建筑排第 9 名，博物馆排第 6 名，国际性组织数量排第 14 名。由此可见，阿姆斯特丹的形象塑造和城市营销早已取得不错的效果。整体来看，营销的成功之处在于营销主体联结广泛、品牌突出且具体、营销规划周全且实施效果好。

（一）营销伙伴联结广泛

阿姆斯特丹在进行城市营销时，善于与合作伙伴和其他国家城市联结，如前文提到的“阿姆斯特丹伙伴”，这个组织将公私部门和主体都聚集起来，包括阿姆斯特丹市长、学界、文化、制造业、服务业、企业、各类城市推广机构等，整合所有资源为扩大阿姆斯特丹的影响力共同努力；同时，阿姆斯特丹市还与其他国家城市结为友好城市，加强与不同国家城市的互动；阿姆斯特丹还是许多荷兰大型机构的总部所在地，其中包括家用电器巨头飞利浦和 ING 银行集团等 7 家世界 500 强企业，与这些商业巨头的合作有助于增加阿姆斯特丹本地的商业合作机会、引进优等资金、提升本地科学技术水平、优化本地人才素质。这种广结营销伙伴的方式带来的益处显而易见。

首先，营销的覆盖面广泛。不同营销主体有各自不同的合作伙伴和影响范围，将这些主体会聚起来，可以极大地扩展阿姆斯特丹的影响力，将阿姆斯特丹品牌渗透到多个行业，从商业、旅游、政界、文化、科技等多方面获得本地居民和外地居民的认可。

其次，营销成本有所降低。一部分营销工作由私人部门和公众来做，可以极大地减轻政府的财政负担，同时将城市营销和企业宣传有机结合，不仅以城市品牌推动了企业的发展，也在企业发展的过程中不断延展城市的良好口碑，这个双

向促进的过程提高了影响效率，也降低了政府的宣传成本。

再次，营销灵活性强。不同营销主体有各自的营销手段和特点，将众多有创新点的营销计划活动组合在一起，可以使整个城市营销更加生动有效、丰富多彩。

最后，有助于全方位地进行营销效果评估和手段修正。多个营销主体进行城市营销，可以在整个营销过程中综合不同方面的意见和反馈，不同主体之间进行经验分享和方式修正，自下而上的意见反馈更易收集。

同时，也要注意到这种合作方式需要强有力的指导作为统一工具，各个营销主体的努力必须在一定框架之内进行，不能出现因营销方式各异而削弱城市品牌形象的情况。阿姆斯特丹在这方面运作就相当流畅，通过阿姆斯特丹都市俱乐部和官方的营销机构的努力统一文化和城市形象，帮助各方主体向同一个方向努力。

（二）城市品牌突出，具体化程度高

阿姆斯特丹的城市营销总是围绕着“I Amsterdam”进行，突出三个红色的叉带来的形象认可。整个城市的建筑、商品都在不同程度地流露出“阿姆斯特丹特质”，在大部分建筑、商品包装上，都能看到城市口号和三个红色叉的LOGO出现。同时，将城市LOGO和不同机构、地区的特色结合起来，又避免了品牌具体化后过于单一，增加了高度统一中的乐趣和设计感。这种品牌形象的具体化和高频使用率，有利于阿姆斯特丹的品牌获得高识别度，强化游客对这座城市的印象。

同时值得一提的还有在阿姆斯特丹官方网站上推介的“阿姆斯特丹城市卡”，通过在网上订购或亲自到阿姆斯特丹的沿街商店购买到这张卡片，游客可以凭借它免费乘坐阿姆斯特丹指定的公共交通工具、免费乘坐指定的游轮游览这座运河之城、免费参观多家博物馆和多个景点，同时在使用更多指定的公共设施和游览、购物项目中可以享受不同程度的折扣。这种卡片不仅给游客提供了便利，同时卡上显眼的“I Amsterdam”也为阿姆斯特丹起到宣传作用。这种卡片的大范围推广正是依赖于各方合作伙伴的支持，无论是公共主体还是私人商铺，都对阿姆斯特丹的城市营销做出了杰出的贡献。整座城市众多营销主体使用统一又富有创新特点的具体化品牌进行推介，加上对城市商品的独特设计，是非常难得且有效的营销方式，阿姆斯特丹在这方面的思路和运作，值得其他城市借鉴。

（三）营销规划周全，实施效果好

阿姆斯特丹的营销规划周全，涉及营销目标、手段、主体、城市规划等多个方面，从宏观到微观都进行了整体的设计，更重要的是在后期的执行阶段也能保证效果。

阿姆斯特丹的城市营销规划始于2002年，政府委托营销咨询公司进行城市品牌定位和营销机构改进研究，并成立研究小组，分析阿姆斯特丹的优势、劣势，为城市营销提出专业的建议。营销策划报告“Choosjng Amsterdam：Brand，Concept and Organization of the City Marketing”由此产生，报告中有关于阿姆斯特丹评价的一系列数据和分析结果，也提出了要成立阿姆斯特丹伙伴进行多主体的城市营销的思路，对后期进行城市营销有着一定的指导意义。

除此之外，对于整个城市的景观规划，阿姆斯特丹政府也进行了不少尝试。由于运河是阿姆斯特丹的重要资源，进行港口重建、运河修理、保护水资源及治理水污染是阿姆斯特丹公私部门较为关注的议题，也是规划不可缺少的部分。对不同区域内特定地点进行再开发、铺设设计合理的自行车车道、保护原有城市建筑风格等也都有助于保持城市的景观。同时，政府还改良了市民和游客的出行，呼吁居民使用自行车作为出行工具，在一定计划的基础上增加公用自行车、游艇、大巴等公共交通工具数量，以缓解交通、保护环境、形成独特的交通文化。仅以自行车为例，阿姆斯特丹市有 75 万人口，却有超过 100 万辆自行车，自行车占有 55%的交通系统资源。这些规划和后续的执行使阿姆斯特丹的骑行者们和各式游船也成为这座城市一道亮丽的风景线，使众多游客流连忘返。

第二节　营销纽约：营造世界之都

纽约是美国最大的城市和港口，由曼哈顿、皇后区、布鲁克林区、布朗克斯区、斯塔滕岛五个行政区组成。纽约是世界著名的国际金融、商业、贸易、文化中心，是联合国总部的所在地，是公认的“世界之都”。

一、营销机构

纽约是全球第一个创建专门的城市营销部门的城市。纽约将城市营销提升到城市发展战略的高度，通过塑造城市品牌形象，塑造纽约良好的全球声誉，达到了整体提升纽约城市软实力的目标。纽约营销开发公司、纽约观光局、纽约重大会议筹建办公室以及纽约市政府形成了一个职责明确、相互支持的城市营销网络，合力打造纽约城市品牌。

（一）纽约营销开发公司

纽约营销开发公司是全球第一个专门从事城市营销活动的组织，是城市营销的创新模式，在世界范围内获得高度认可。2003 年 4 月，纽约市长布隆博格宣

布成立纽约市营销开发公司，作为推广纽约城市品牌的核心机构，集中力量把纽约推广到全世界。作为专职的城市营销机构，纽约营销开发公司面临的挑战就是创造一个自负盈亏的、带动纽约城市推广的“引擎”。纽约营销开发公司是以自负盈亏方式运行，并不依赖纳税人的税款。这样的运行方式就保证纽约营销开发公司不受政府政策的约束，可以高效地运转。所以公司的实际运营体现了市场效率。纽约营销公司组织结构健全，纽约营销开发公司由首席主席统领。纽约城市营销活动分解为三个部分，又具体细化到各个环节，各环节由具体的专职人员负责。

该机构的宗旨：挖掘纽约市政府拥有的有形与无形公共资产，依托纽约市自身的世界级城市品牌，吸引潜在合作伙伴，为城市经济和社会生活创造经济收益，进一步巩固纽约市多元化的形象。纽约市营销开发公司作为地方层面的开发公司，确立了三大基本目标：为纽约市开创非传统的财富收入；支持纽约市政府各机构的工作和市政府重要的激励政策；向全球营销纽约市，增加就业机会和旅游客流量。因此，在每一项政府与民间展开合作的项目中，纽约营销开发公司均努力落实这三大目标。

经过十多年的发展，纽约城市营销公司的业绩非常耀眼。纽约营销开发公司采用以文化娱乐、体育运动和社会公益营销为基础的模式，创建了纽约城市营销的新模式。包含合作伙伴关系、媒介关系和许可证关系的全面运营模式正给纽约带来激动人心的效果。纽约营销开发公司还通过赞助和许可证收入，给纽约2009财年带来了3200万美元收入。自创立至今，纽约营销开发公司已经为或代表市政府机构、委员会和下属机构筹划了500多万美元现金和价值超过2900万美元的广告。30多家政府机构从该公司的赞助、媒介和许可证合作中受益。此外，纽约营销开发公司已与17家全球领先的广告公司建立了合作伙伴关系，诸如通用汽车、美国最具实力的跨国电视网络、美国全国广播公司、宝洁公司、吉佰利—杰伊斯公司等。纽约营销开发公司与纽约市重大活动筹划办公室联手，创造了一种依托企业赞助来承办纽约高层次的大型活动的全新模式。2005年乡村音乐联合会大奖赛在纽约成功举办。

纽约营销开发公司作为纽约城市营销战略的重要部分，充分挖掘了纽约城市资源，成功推动了纽约的城市品牌塑造，成为全球各大城市效仿对象。诸如杜塞尔多夫、新加坡、阿姆斯特丹、伦敦、芝加哥、波士顿、亚特兰大、洛杉矶等全球各大城市都开始考虑学习纽约营销开发公司的模式，设立类似的市政府机构。

（二）纽约市观光局

纽约市观光局是纽约市官方的营销机构、旅游机构以及合作机构。纽约市观光局的宗旨是提升纽约五个区的旅游发展，促进经济繁荣，向全世界推广活力四射的纽约城市形象。纽约市观光局主要通过纽约旅游观光网（www.nycgo. com）

和纽约官方信息中心来进行城市推广。世界各地的游客可以从观光局获取有关纽约的一切信息。纽约观光局在城市营销中发挥了重要作用，纽约重要的国际会议、会展活动以及重大活动都是由观光局挖掘的。纽约观光局一直致力于成为一个促进经济发展、发掘并推广纽约城市魅力的独立机构。

（三）纽约重大活动筹划办公室

纽约重大活动筹划办公室主要负责承办大型的会议和节目，高标准、高规格举办节庆活动，为纽约城市营销会聚了人气以及引起媒体的关注。该部门成功地发挥了节事营销的功能，通过大型活动把纽约推广到全世界。

（四）纽约市政府

纽约市政府由市长和理事会负责管理，纽约市政府主要通过财政预算来支持纽约城市营销活动。纽约市政府的预算位于全美城市之首。作为纽约市的CEO，市长把预算方案交给理事会审核，然后分配到各部门。“9·11”事件后，纽约的形象急转直下，被认为是恐怖犯罪活动高发的地方。重塑纽约城市形象成为纽约市政府的主要工作。于是纽约市政府进行战略规划，投入大量的财政预算重塑纽约城市形象。

二、营销经验总结

纽约开创了城市营销的先河，最早开始把城市当作一个产品进行包装和宣传。

20世纪70年代，纽约面临着形象危机，几乎陷入颓势窘境之中。为扭转这种局面，纽约市政当局通过城市“复兴”计划，大力发展广告创意、发展地产经济和文化产业等“象征经济”，使城市经济重新充满活力，一跃成为全球“象征经济”的策源地，获得了全美旅游营销大奖。纽约在城市营销领域的运作方式值得国内城市思考和借鉴。

（一）设置政府框架内专门的城市营销机构

纽约是全球第一个创建专门的城市营销部门的城市。“9·11”恐怖袭击重创纽约，为了挽救纽约城市形象，纽约市长布隆博格筹划建立政府框架内的城市营销专职机构。2003年4月，纽约营销开发公司应运而生。纽约营销开发公司负责管理纽约城市品牌、负责纽约城市形象推广。纽约营销开发公司以体育运动、文化娱乐和社会公益为基础开创城市营销新模式。纽约营销开发公司在实施城市营销工作中，设计了一套完整的营销整合框架，从而保证了纽约城市营销的整体有序开展。纽约营销开发公司将城市营销活动划分为营销、商务拓展和运营三个部分，然后把具体的任务制定到特定部门，系统开展纽约的城市营销。此外，纽约观光局、纽约营销开发公司和纽约重大活动筹建办公室形成了纽约城市营销网络，负责纽约城市营销的各个领域，职责明确。与此同时，三个部门在一些重大

活动上相互协调和配合，形成巨大的集聚效应，推动了纽约的城市营销。

（二）城市领导人直接领导和参与城市营销活动

城市领导人不仅是城市的政治、经济、文化生活的管理者，更是城市品牌、城市形象的重要代表者和城市营销的核心运作者。城市高层领导者参与到城市营销之中，证明了一个城市对城市营销工作的重视，还能够协调城市营销各个机构之间的关系，并与其他城市、组织之间多层次合作和对话。纽约市长布隆博格就是典型代表。2001年，布隆博格就任纽约市长，此后连续三年成功连任，是纽约最具影响力的人物。“9·11”恐怖袭击后，纽约城市形象急转直下，许多企业纷纷撤离纽约。为了重塑纽约城市形象，布隆博格提出成立专门的城市营销机构，重新包装纽约，找回世界对纽约的自信。布隆博格还通过财政预算支持纽约城市营销活动，带领出台了支持纽约电影产业发展的“纽约制作”计划。“世界之都”的成功塑造和布隆博格的个人努力是密不可分的。

（三）通过跨城市合作推动城市营销

在城市营销过程中，大多数城市都把注意力集中在本土，思考如何利用本土资源实现最大的营销效应。纽约则率先跳出传统的营销思维定式，开始寻求海外合作伙伴，进行跨文化的城市推广。2011年10月4日，纽约和首尔携手开展城市营销。纽约和首尔在两座城市人流密集地区等主要景区交替进行户外广告，参与共同合作的大韩航空向两市市民提供机票优惠。除了首尔，纽约还与伦敦、马德里、圣保罗等诸多城市进行城市营销合作，借用国外城市的资源进入海外市场，推广纽约的城市形象，从而带动纽约的经济发展。

（四）城市营销和产业发展相结合

将城市营销的重点与城市经济产业相结合是城市营销的重要路径。因为城市营销和产业的结合既可以赋予城市营销更实在的内容，又可以将营销工作直接服务于城市的具体发展重点，更可以将政府、业界和社会在统一引导下实施营销的分工与合作。影视产业是纽约的经济命脉。包括时代华纳、维亚康姆以及新闻集团在内的七大知名媒体企业在纽约设立总部；在全球四大唱片公司中有三家入驻纽约市；来自世界各地的剧组前往纽约取景拍摄。为了带动影视产业的进一步发展，纽约市政府提出了打造“电影之都”的宣传口号，并出台“纽约计划”吸引世界各地的制片商前来纽约拍摄。与此同时，纽约市政府还给予前往纽约取景的制片商税收优惠和特殊援助。纽约营销开发公司也出台了相应政策来支持纽约影视产业的发展。纽约成功地实现了城市营销和产业发展的契合，带动了纽约产业链的发展。

第三节　营销慕尼黑：尽显巴伐利亚风情

慕尼黑是德国巴伐利亚州的首府，是德国著名的历史古城，总面积310.43平方公里，是德国主要的经济、文化、科技和交通中心之一，也是欧洲最繁荣的城市之一。慕尼黑同时又保留着原巴伐利亚王国都城的古朴风情，因此被人们称为“百万人的村庄”。慕尼黑水陆交通十分便利，加之气候温和，物产丰富，环境优美，成为国际著名的旅游城市。

一、慕尼黑城市营销手段

慕尼黑通过形象营销、会展营销、体育营销、节事营销、网络营销这五种手段，树立了慕尼黑的城市形象和城市品牌，将慕尼黑的城市形象传播到世界各地，加强了人们对慕尼黑城市的认知。

（一）形象营销

城市形象是一座城市内在历史底蕴和外在特征的综合表现，是在城市功能定位的基础上，将城市的历史传统、城市标志、经济支柱、文化积淀、市民行为规范、生态环境等要素塑造成可以感受的表象和能够领会的内涵。城市形象的优劣影响到人们对城市的认同和评价，关系到城市经济和社会的整体发展，对城市品牌的形成和发展具有重要作用。

1. 慕尼黑市徽

慕尼黑市徽展现了一个手捧《圣经》、身穿黑袍的年轻修道士，被称为“慕尼黑之子”。与此类似的形象出现于13世纪，因为慕尼黑这个名字的本意是“僧侣之地”。自1957年，它演变为现在盾形纹章的形式，成为巴伐利亚的首府慕尼黑的重要象征。慕尼黑市徽特色鲜明，被广泛应用于慕尼黑各种形式纪念品，受到世界各地游客的欢迎。

2. 慕尼黑城市标语——“慕尼黑爱你”

2005年之前，慕尼黑的城市标语是“The World City with Heart”，即“有心脏的世界城市”。“Munchen mag Dich”的城市口号从2005年开始启用，英文“Munich Loves You”，翻译成中文是“慕尼黑爱你”。

2005年，对慕尼黑是重要的一年，这一年它为2006年世界杯足球赛做准备，也将迎来城市建立850周年及第200届啤酒节。慕尼黑市议会希望以“有吸

引力的，热情好客”的形象将慕尼黑向全世界营销。为征集城市口号举办了一场创意人员的竞赛，最终“Munchen mag Dich”胜出，成为新的城市标语。据此设计的标识广泛应用于慕尼黑官方的各种活动，成为慕尼黑新的象征。

3. 慕尼黑城市商业品牌标志——狮子

狮子是慕尼黑的象征。1158 年，受封于巴伐利亚州的亨利公爵在这里建立了慕尼黑市。因为亨利公爵素有狮子公爵的绰号，狮子也就成为慕尼黑的象征。慕尼黑著名的 1860 足球俱乐部，绰号就是狮子；慕尼黑当地政府更鼓励全市商铺把狮子摆在自家门前，用城市雕塑的形象来招徕生意。各个商家的狮子雕塑与自家经营的主题相结合，使狮子公爵呈现出不同神态、形象。这些随处可见的狮子们受到游客的欢迎，很快成为慕尼黑新的象征。这是慕尼黑这个文化、经济、旅游城市用以建立城市形象、扩大旅游经济的一个明智举措。

4. 城市荣誉称号——世界宜居城市

2007 年，慕尼黑被美国《国际先驱导报》评选为全球最宜居城市。此次评选经过大量的材料统计、数据处理以及商议，慕尼黑以其经济蓬勃发展、基础设施完善、住房品质高、犯罪率低、政治自由、族群和谐、四季气候宜人、消闲设施与夜生活舒适等优越条件当选为世界最宜居住城市。调查显示，从公共交通到环境，一直到想喝一杯时的方便程度，慕尼黑都排名领先。慕尼黑依靠其对居民的服务成了最佳城市的优胜者。

2010 年，慕尼黑被世界著名的英国生活时尚杂志《Monocle》评为世界最宜居城市。《Monocle》的宜居城市榜单被认为是最权威、最值得信任的“全球最宜居城市”排名之一。《Monocle》的评判标准包括犯罪率、医疗保健制度、国立教育和经济环境等，绿化面积、文化投入、阳光时数、汽车充电点的多少和新企业成立的难易程度也都被考虑在内。

慕尼黑也被形象地称为“百万人的村庄”。慕尼黑是巴伐利亚州的首府，人口 142 万；是德国的第三大城市、德国南部重要的政治、经济、交通和文化中心，但这里没有摩天大楼，所有建筑高度不超过 36 米，而且建筑物掩映在绿色之中，以其独特的人文景观和田园风格在国际大都市中独树一帜。

（二）会展营销

慕尼黑是德国著名的会展中心城市之一，拥有国际知名的会展企业和设施先进的展览中心。慕尼黑国际博览集团成立于 1964 年，是世界十大展览公司之一，每年在全球范围内举办近 40 个博览会，涉及行业包括资本货物、高科技和消费品，并在各个领域都拥有专业超群的品牌，即资本货物类的工程机械、物流运输、环保科技、饮料酿造技术及房地产商务；消费品行业的体育休闲用品、高档消费品、时尚和化妆品；高科技产业的电子元器件、通信和电信、分析仪器和生命科学、材料和产品工程会则是集团的另一亮点。每年有 90 多个国家的 30000 多家企业来到慕尼黑参展，观众遍及全球 180 多个国家和地区，总人数超过 200 万。

新慕尼黑展览中心是最现代化的展览中心之一，它提供约 360000 平方米的室外空间，17 个最具先进水平的展览大厅，共计 180000 多平方米的展览空间。硬件方面，慕尼黑展览中心拥有先进的、通用性高的基础设施和便捷的交通；软件方面，新慕尼黑展览中心追求卓越，为来自全球的展会参观者和参展商提供高品质的服务。

根据《进出口经理人》在 2010 年 7 月发布的“世界商展 100 强排行榜”，慕尼黑占 6 席。其中，德国慕尼黑国际工程机械博览会（Bauma）位于首位，还包括位列第 29 位的慕尼黑国际环保能源博览会（IFAT）、位列第 40 位的慕尼黑国际建材博览会（BAU）、位列第 42 位的德国慕尼黑冬季运动用品博览会（ISPO）、位列第 71 位的慕尼黑国际饮料及液体食品技术博览会（Drinktec）以及位列第 94 位的德国慕尼黑太阳能展（Intersolar）。

（三）体育营销

体育因其超越了意识形态、宗教、种族的隔阂，可以说是目前实现全球传播障碍最少的内容之一。相比于传统文化难以快速移植而言，“体育拥有改变世界的力量”，可以创造出新的城市文化内涵。体育赛事、体育明星及体育俱乐部，拥有数量大、范围广的受众与狂热“粉丝”，因此体育品牌与城市的结合为传播城市品牌、形象创造了无限可能。从城市经济发展来看，对著名体育赛事、明星、俱乐部的引入，会带来体育关联产业的发展，从而实现体育对城市品牌与形象的持续营销。慕尼黑是热爱足球运动的城市，有两个世界知名的足球俱乐部“拜仁慕尼黑”和“慕尼黑 1860”，拥有世界一流水平的体育场——奥林匹克体育场和安联足球场，曾举办过 2006 年世界杯开幕赛、2012 年欧洲冠军联赛决赛。

（四）节事营销

提起慕尼黑，大部分人会想到啤酒，想到慕尼黑啤酒节（The Munich Oktoberfest），慕尼黑啤酒节已经成为慕尼黑的象征之一。另外，慕尼黑也是著名的文化艺术之都，是众多艺术家、艺术团体的聚集地，“慕尼黑电影节”、“慕尼黑歌剧节”、“慕尼黑音乐节”在这样的环境下应运而生，成为慕尼黑向世界各地传播慕尼黑文化的途径。

1. 慕尼黑啤酒节

慕尼黑可以说是建筑在啤酒桶上的一座城市，它的一颦一笑都带着巴伐利亚的风情，啤酒在慕尼黑已不是一种简单的饮品，而成了一种城市的精神符号和精神图腾。慕尼黑啤酒节是世界规模最大的民间节庆活动之一，在狂欢的气氛中，

它向全世界展现了慕尼黑的啤酒文化，展现了慕尼黑这座德国小城的魅力。慕尼黑啤酒节最初起源于1810年，每年9月末到10月初在德国的慕尼黑举行，持续两周多（大概16天），是慕尼黑一年中最盛大的活动。它与英国伦敦啤酒节、美国丹佛啤酒节并称世界三大啤酒节，每年都吸引了超过600万名的观光客。2013年的慕尼黑啤酒节吸引了来自世界各地的640万游客。

节日期间，丰富多彩的娱乐活动令人目不暇接，包括盛装游行、“敲开酒桶”仪式、跳蚤马戏表演等。活动内容涉及体育活动、游艺活动、戏剧演出、民族音乐会等。整个啤酒节的本土化气息相当浓郁，节日期间的所有啤酒全部出自慕尼黑的本土品牌，帐篷内随处可见身着巴伐利亚传统服饰的女服务员。每年啤酒节第一个周日举行的盛装游行，来自全德国各个州的人们穿上富有特色的民族服装，演奏音乐，浩浩荡荡地穿过慕尼黑的市中心，它向全世界人民展示着慕尼黑本土人民的热情、豪放的性格和慕尼黑这座城市的魅力。它以优质的啤酒、浓郁的民族风情、丰富多彩的活动内容及欢乐的气氛，每年都吸引着世界各地的游客。慕尼黑啤酒节期间，各种游乐设施之间会举办许多有意义的展览会，如现代电器展览、优良小麦展览等。

慕尼黑啤酒节设立官方网站（http：//www. oktoberfest.de），通过此网站，游客不仅可以了解啤酒节节庆活动的相关信息，还可以查询交通信息，进行慕尼黑酒店的预订、啤酒节纪念品的购买。啤酒节纪念品种类丰富，主要有服装、杯子、饰品等；面向群体广泛，包括男士、女士和儿童的；纪念品蕴含巴伐利亚的传统文化元素，设计精美，堪称艺术品。慕尼黑通过举办世界知名的啤酒节，营销的不仅仅是慕尼黑啤酒，更向全世界展示了慕尼黑的传统文化，并且借助此平台，进行文化营销、会展营销，对提升其国际影响力和国际形象起到了举足轻重的作用。啤酒节，吸引了全球各大媒体的关注，使慕尼黑啤酒节成了慕尼黑寄往世界各地的一张“城市名片”。

2. 慕尼黑电影节

慕尼黑电影节是德国夏季举办的最大的电影节，在规模和重要性方面，仅次于柏林电影节。慕尼黑电影节从1983年开始，每年在6月下旬至7月上旬举行。电影节上展示故事片和长篇纪录片。令它引以为豪的是在发掘有天赋、有创新精神的年轻导演方面发挥了重要作用。

电影节期间放映的故事片和长篇纪录片超过200部，每年吸引大约7万名电影爱好者、600多位国际媒体人和2500多位电影行业专家，为欧洲和德国电影行业人士的聚会提供了机会。

3. 慕尼黑歌剧节

慕尼黑是德国的音乐中心，慕尼黑歌剧节始于1975年，每年7月的第四周举行，演出剧目由慕尼黑歌剧院过去一个演出季中的重要剧目和几部新制作剧目构成。慕尼黑歌剧节在时间上与南部的萨尔茨堡艺术节及北部拜洛伊特的瓦格纳艺术节相衔接，凭借丰厚曲目、杰出乐团以及强大的歌剧界明星阵容，在欧洲众多的艺术节中口碑非凡。慕尼黑歌剧节的演出主体是巴伐利亚歌剧院，场地是国家剧院、摄政王剧场和皇宫内的居维利埃剧院。现在，慕尼黑歌剧节已成为欧洲历史最久、在国际上享有盛誉的艺术节之一。

慕尼黑歌剧节的特点是场次多、密度大、剧种广、明星阵容强大。2013 年慕尼黑歌剧节，从 6 月 27 日至 7 月 31 日，历经 35 天。仅巴伐利亚歌剧院便上演 21 部（30 场）歌剧和 5 套（8 场）芭蕾舞、独唱音乐会 5 场和乐队音乐会 9 场。因此，慕尼黑歌剧节吸引了世界各地的歌剧爱好者。

2012 年的慕尼黑歌剧节，1700 人的“裸舞”对歌剧节开幕的宣传受到了媒体的广泛关注。在谷歌中搜索“裸舞歌剧节”，出现 46200 条信息对此宣传活动进行报道，包括具有广泛影响力的搜狐网、中国新闻网、环球网视频、酷 6 视频及地方性的新闻网。1700 名裸体男女在德国慕尼黑巴伐利亚国家歌剧院前举行活动，他们从头到脚漆成红色或金色，整齐划一地做各种动作，场面相当壮观。此活动创意出自美国摄影师史宾塞·图尼克，通过诠释德国歌剧巨擘华格纳的《尼伯龙根的指环》，为慕尼黑 2012 年歌剧节开幕做宣传。

4. 慕尼黑国际音乐节

慕尼黑国际音乐比赛是德国最大的古典音乐国际比赛，自 1952 年首届开始，每年在德国慕尼黑举行一次。本比赛的特点之一是比赛类别逐年轮换，不但包括多种独奏乐器，还有声乐和室内乐团体。慕尼黑国际音乐比赛是国际音乐比赛世界联盟成员之一，至 2013 年，该比赛已经成功举办了 62 届。

（五）网络营销

慕尼黑网络营销的手段丰富多样，包括官方网站、博客、社交网站（Facebook、Twitter）、视频网站（Youtube）和综合搜索网站，向外界进行城市的宣传介绍。官方网站提供汉语、英语、德语、法语、意大利语、俄语、阿拉伯语七种语言版本，介绍的内容包括慕尼黑的生活、商务、旅游、文化、城市大事件等。通过此官方网站，可以链接到慕尼黑官方在博客、Facebook 等社交网络媒体上发布的信息。

二、慕尼黑面向中国的城市营销实践

中国拥有众多的人口，并且中国消费者的购买欲望强烈，消费能力不断提升，成为世界各地旅游业竞相开拓的市场，慕尼黑也不例外，对中国开展了一系列的城市营销活动，以提升慕尼黑在中国的知名度和城市形象。

（一）慕尼黑啤酒节

中国拥有青岛国际啤酒节、大连国际啤酒节等啤酒节品牌，虽然在国内外有一定的名气，但是与慕尼黑国际啤酒节的影响力相比仍有不小的差距。因此，我们需要与慕尼黑啤酒节多多交流。近年来，“慕尼黑啤酒节——北京之旅”及“慕尼黑大篷”密切了双方的联系。一方面，我们向其学习经验；另一方面，提高了慕尼黑啤酒节在中国的知名度。

1.“慕尼黑啤酒节——北京之旅”

2013 年 9 月 6~21 日，“2013 慕尼黑啤酒节——北京之旅”活动在北京奥林匹克公园举办。活动期间，现场按慕尼黑啤酒节的规格建造了四座各具特色的啤酒主题大篷，身着巴伐利亚民族服装的金牌酒娘、乐队与现场游客亲密互动，德国传统美食也成为此啤酒节的一大亮点，让中国游客不出国门便可感受到慕尼黑啤酒节的巨大魅力和浓郁的慕尼黑民俗风情。此次活动由德国慕尼黑市市政府和慕尼黑啤酒节授权，由北京市国有文化资产监督管理办公室、北京市商务委员会、北京市旅游发展委员会、北京市文化局主办，受到了中国媒体的强烈关注，活动期间及前后，有中国网、新华网、新浪新闻、北京卫视等具有影响力的网络、电视、报纸媒体对其进行报道，慕尼黑啤酒节的影响力在中国进一步提升。

2. 中国国际啤酒节上的“慕尼黑大篷”

德国“慕尼黑大篷”由德国慕尼黑市人民政府、德国慕尼黑啤酒节组委会、大连市人民政府、大连市啤酒节组委会联合筹办，是中国国际啤酒节上最耀眼的明星。

（二）中国国际旅游交易会

中国国际旅游交易会是亚洲地区最大的专业旅游交易会，得到了世界各地旅游业界人士的关注。中国国际旅游交易会一年一届，从 2001 年起，分别在上海和昆明交替举办。

2012 中国国际旅游交易会（简称“旅交会”）已于 2012 年 11 月 15~18 日在上海新国际博览中心举办。展出面积 57500 平方米，展台总数 2514 个，参展国家及地区达 104 个，国内展位 1582 个，国际及海外展位数量大幅增加，达 932 个。国内外各方面均给予该届交易会高度重视。国家旅游局、上海市人民政府等领导出席了旅交会相关活动。来自俄罗斯、朝鲜、马来西亚、菲律宾、老挝、捷克、马其顿、喀麦隆、墨西哥、巴哈马、汤加、巴布亚新几内亚、库克群岛等国，亚太旅游协会、南太旅游组织等国际组织及中国港澳台地区等 20 个海外贵宾团组，50 余位贵宾出席了相关活动。一年一度的中国国际旅游交易会，已成为海内外旅游部门及业界开展交流与合作的重要舞台。

慕尼黑旅游局出席了 2012 年中国国际旅游交易会，并接受了国内知名媒体的专访。慕尼黑旅游局中国代表通过媒体向中国游客介绍了慕尼黑的全球文化、知名景点、节庆活动以及慕尼黑啤酒文化、足球文化、知名景点、节庆活动以及慕尼黑高质量的生活，并为中国游客出游慕尼黑提供了建议。

三、慕尼黑城市营销实践评价及经验借鉴

慕尼黑的城市营销实践为我国城市的营销提供了借鉴，体现在形象营销、会展营销、体育营销、节事营销、网络营销方面。

（一）形象营销

慕尼黑有明确的市徽“Coat of arms of Munich”和城市标语“Munich loves you”。在设计方面，市徽“Coat of arms of Munich”象征着慕尼黑的历史，形象生动，具有独特性，引人注意，具有较高的辨识度。城市标语“Munich loves you”通过比赛的方式选出，让民众广泛参与到政府的城市营销活动中，在此过程中，民众的主人翁观念会得到提升。“Munich loves you”表达了慕尼黑这座城市的热情好客，一定程度上颠覆了人们印象中德国人严谨、刻板的形象。在传播方面，市徽“Coat of arms of Munich”和城市标语“Munich loves you”频繁地被慕尼黑官方使用。如在慕尼黑官网的显著位置出现，在慕尼黑旅游局参展 2012 中国国际旅游交易会时使用。特别是借 2006 年德国世界杯的机会推出“Munich loves you”，获得了极好的传播效果。

（二）会展营销

慕尼黑之所以成为世界排名前列的会展城市之一，有以下原因：在宏观环境方面，一是从慕尼黑地理位置来说，慕尼黑坐落于欧洲中部，与巴黎、伦敦、维也纳、苏黎世等欧洲众多发达城市来往方便；二是从城市经济环境来说，慕尼黑是德国的高科技产业中心，来自汽车、航空、机械、通信、电子等的 22000 多家高科技企业坐落于此，其中包括众多实力雄厚的跨国企业；三是慕尼黑基础设施建设发达，特别是有先进的交通运输系统，根据 2010 年一个名为“欧洲测试”团体发布的报告，慕尼黑公共交通被评为欧洲最佳，也是唯一被评为“优”的城市。

从会展行业的角度来看，慕尼黑拥有世界知名的会展企业和设施先进、服务发达的会展中心，又有德国展览业协会（AUMA）对德国会展行业的协调管理。AUMA 紧密联系德国展览场地拥有者、展览会举办者、参展商、参观者、展览服务企业等各相关组成部分，协会在世界各地对展会进行考察，并写成报告，为德国政府赞助本国企业出国参展提供了很好的建议和非常重要的参考，是具有世界影响力的会展行业协会。

我国的会展城市仍与其有较大的差距。在建设世界知名会展城市的道路上，

我们还有很长的路要走。首先，要设立统一的展览管理机构，充分发挥行业协会的作用；其次，要完善会展行业的硬件设施的建设，扩大展馆的规模；再次，要提高会展企业的服务水平，完善相关会展服务，加强会展专业人才的培养；最后，实施品牌化战略，建设具有国际知名度的会展企业，与国际接轨。

（三）体育营销

大型体育赛事、体育明星及体育俱乐部是体育营销的元素。大型体育赛事与后者相比，具有阶段性、高强度的特点。大型体育赛事在举办期间将吸引民众高密度、广泛的关注，但赛事准备时间长，进行时间较短，引发的关注是阶段性的。而体育明星及体育俱乐部引发的关注是持续的，忠实粉丝可随时随地关注自己喜爱的体育明星。世界知名体育明星的培养和体育俱乐部的建立对城市持久性营销是必要的。我国是乒乓球的王国，但篮球、足球、网球等在世界范围内最流行的体育运动却是我国不擅长的。要通过体育明星和体育俱乐部进行营销，首先，我国的体育运动应当与世界接轨，让足球等运动融入我国民众生活；其次，应借鉴国外体育明星培养的经验和体育俱乐部经营管理的制度。

（四）节事营销

慕尼黑是“啤酒之都”。慕尼黑的啤酒节是世界知名的，我国虽然有青岛啤酒节、大连的中国国际啤酒节，但影响力和知名度远不及慕尼黑啤酒节。慕尼黑的啤酒节具有浓厚的慕尼黑传统文化特色，啤酒对慕尼黑来说已经是一种文化，渗入到慕尼黑人的生活之中。慕尼黑盛产啤酒，是啤酒的重要进出口地；慕尼黑人爱喝啤酒，和啤酒相关的服务业发达，有啤酒馆3000多个，正式注册的传统啤酒花园29家；啤酒产业与教育相结合，有啤酒酿造研究所，每年举办一次国际性技术研讨讲座。我国的节事活动营销，不可盲目模仿，要建设与之相关的完整的产业链，上升到文化的高度。

（五）网络营销

慕尼黑的官方网站设计简洁、一目了然。导航栏涉及慕尼黑城市文化、大事件、商务、旅游等方面，是对城市的整体概括。与之相比，北京市官网“首都之窗”的设计显得过于烦琐，从导航栏上看，网站的主要功能是为市民服务的，城市营销的作用较小。慕尼黑的官网有七种语言版本，并且可与Facebook等社交媒体相链接。北京市官网没有其他语言版本，也没有与其他网络媒体链接。与慕尼黑官网相比，北京市官网城市营销作用较小，也没有其他专门的城市营销网站。

第四节　营销新加坡：引领亚洲新风尚

新加坡是亚洲重要的金融、服务和航运中心之一，有“花园城市”的美称。目前，新加坡提出了“城市花园”的新理念，希望新加坡的整体环境能够向更高层次迈进，通过提高新加坡居民的生活质量，打造适宜居住、工作和娱乐的完美环境，以吸引更多的居民和企业。根据 Public Affairs Asia 和奥美公关亚太区联合发布《2012 城市品牌营销》报告，新加坡在亚太地区城市品牌排名中名列第一位。

一、新加坡的城市营销手段

新加坡国土面积非常小，却在亚洲甚至世界扮演着重要角色，这与新加坡对城市品牌建设及城市营销的重视是分不开的。

（一）形象营销

1. 城市标志性建筑

城市标志性建筑是一个城市寄往世界各地的城市名片。新加坡的城市建筑既包括代表新加坡特色的鱼尾狮，也有近年来迎合现代需求的建筑“新加坡摩天观景轮”和“金沙娱乐中心”。

（1）新加坡城市象征——鱼尾狮。

鱼尾狮是一种虚构的鱼身狮头的动物。它于 1964 年由当时的 Van Kleef 水族馆馆长 Fraser Brunner 设计。两年后被新加坡旅游局采用作为标志，一直沿用到 1997 年。而这期间，鱼尾狮已成为新加坡的代表。鱼尾狮与新加坡的历史现实紧密相关。鱼代表着该国的过去，从前新加坡只是一个渔村。狮子则有双重含义，它代表新加坡原本的名字——“狮城”，同时也象征新加坡在当今全球经济中的地位。

现在，人们把鱼尾狮的塑像作为新加坡的标志性建筑，世界各地的人们把新加坡称为“狮城”。世界各地的游客会专程造访鱼尾狮公园，与世界著名的鱼尾狮塑像拍照留念。不仅如此，包含鱼尾狮设计元素的新加坡旅游纪念品深受游客喜爱。2007 年，新加坡推出以鱼尾狮为原型创造的卡通形象“乐宾莱恩”。“乐宾莱恩”的上半身是狮子头，下半身是鱼尾，一副彬彬有礼、笑容可掬的模样，很受当地公众及海外游客的青睐。当年，新加坡旅游业收入约 136 亿新加坡元，旅游纪念品的销售收入占了一半以上，“乐宾莱恩”功不可没。

（2）城市新地标——新加坡摩天观景轮（Singapore Flyer）。

新加坡摩天观景轮坐落在滨海中心，总高度165米，相当于42层楼的高度，直径150米，安置在3层的休闲购物中心楼上。这一高度超过了160米高的“南昌之星”和130米高的“伦敦眼”，成为世界上最高的摩天轮。摩天轮于2008年3月1日对公众开放，前三天的门票以每张8888新加坡元（6271美元）的价格销售一空。新加坡国庆节和春节期间，摩天巨轮层层焰火齐放，以45度角打出烟花，呈现旋转的壮观效果。在摩天轮上观看F1公路赛的体验也吸引了大批游客。

（3）娱乐中心——金沙（Gold Sands）。

滨海湾金沙娱乐城是由拉斯维加斯金沙集团所开发，由加拿大籍以色列设计大师萨夫迪（Moshe Sadfie）设计，被誉为世界上最贵的独立赌场建筑物，包括土地成本在内价值约80亿新加坡元。娱乐城占地20公顷，包括赌场、歌剧院、艺术、科学博物馆、大饭店、会展中心及宴会大厅，共六大建筑系列。在高达55层楼的酒店内，拥有2561个房间、占地一公顷的空中花园以及户外游泳池。金沙由新加坡政府斥重资打造，目的是以独一无二的魅力吸引旅客的目光。

纪录片《新加坡滨海湾金沙赌场》由《国家地理》2010年出版，是NG Mega Structures系列之一。NG Mega Structures系列记录了全球最具野心和愿景的工程建筑案是如何展开的，在全球建筑界很有影响力。

2. 城市整体形象塑造——“城市花园”（City in a Garden）

新加坡致力实现观念的转变，从“花园城市”变为全球化“城市花园”，通过更多全面的整体性计划提升市内的绿化和花卉景观，大幅提高新加坡居民的生活质量，打造适宜居住、工作和娱乐的完美环境。

城市花园的设计方案是2006年从全球24个国家170个公司的70幅作品中挑选出来的。南部公园、东部公园、中心公园作为“城市花园”，即滨海湾花园的主要组成部分，总占地约101公顷，是世界最大的公园建筑之一，建成后整个海岸线与公园连为一体。此项目的目的是提升新加坡的国际形象，在新加坡下一步建设国际化城市占据中心位置。

滨海湾花园第一期滨海南花园于2012年6月29日隆重开幕。整个工程耗费10亿新加坡元（约合50亿元人民币）。建成后的滨海南花园占地54公顷。中花园可连接滨海南花园和滨海东花园。它将建造长达3公里的水滨长廊，城市美景尽收眼底。花园中的标志性建筑是擎天大树，它是25~50米的树形结构。这些别具一格的垂直花园通过垂直展示的热带攀缘植物、附生植物和蕨类植物，制造令人惊叹的景观。

（二）旅游营销

新加坡的旅游营销具有政府主导、目的性强、计划性强、投入巨大、营销活动力度大、与时俱进等特点。

1. 旅游投入

2005年，新加坡旅游局制订了名为“旅游2015”的发展计划，计划在2015年将旅游收入从2004年的96亿新加坡元（约合58.6亿美元）增加到300亿新加坡元（约合183.3亿美元），并创造10万个就业机会。为实现这一计划，新加坡旅游局同时建立了一个总额为20亿新加坡元（约合12.2亿美元）的旅游发展基金，以增加新加坡在旅游基础设施建设、商业会展、休闲、娱乐、教育和医疗服务方面的吸引力。2006年8月，新加坡推出了名为“Be in Singapore”的奖励计划，旨在为新加坡举办的各类商务活动和旅游项目提供多方位的财政和非财政支持。

2. 旅游市场宣传推广活动

新加坡历来注重旅游形象宣传。新加坡旅游局根据国家发展规划需要不断提出新的主题形象宣传口号，突出新时期的新特点。先后经历了“一站式亚洲”、“无限惊喜新加坡”、“新加坡，新亚洲”、“非常新加坡”和“我行由我，新加坡”等变迁，而且投入大量经费进行深入推广。新加坡旅游税收的大部分用于宣传招揽工作，该项经费每年大约为2600万新加坡元。

首先，新加坡特别重视网络传播的作用，除了建立官网外，还与多国的门户网站合作，通过网络进行宣传推广；其次，新加坡旅游局会直接派员进驻客源国，以期加强和各国政府的合作；最后，重视和各国旅行社的直接合作，包括建立绿色通道、提供一站式服务等。另外，新加坡通过旅游局的区域办公室推出强劲的广告活动，利用国际知名媒体进行宣传，将多种媒体相结合，加强目的地的可视性。例如，利用旅游手册、随附的录像带、照片。新加坡还积极把握时机来推广旅游主题，比如2005年，新加坡政府借助于郑和下西洋600周年，大搞纪念活动，举办新加坡郑和下西洋600周年庆典，宣传“非常新加坡”。

为推进客源市场的多元化，新加坡在世界若干大城市积极开展旅游宣传活动。在新兴客源市场，新加坡旅游局通过新成立代表处或者营销办公室，利用媒体加大广告宣传力度。在日本、英国、美国和澳大利亚等传统市场，新加坡继续加大营销工作力度。新加坡还先后加入“远东旅游协会”、“太平洋地区旅游协会”、“东南亚国家联盟旅游协会”等组织，借助区域旅游组织开拓海外客源市场，以求推进客源市场的多元化。

（1）“非常新加坡”。

“非常新加坡”是新加坡旅游局2004年推出的新加坡旅游主题。“非常”是独一无二、与众不同的意思。旅游局在其官方网站上的解释是：“非常”是最能够形容新加坡的词语，因为新加坡有着多种族文化的融合以及现代与传统的融合。

为了使“非常新加坡”的观念深入人心，新加坡旅游局在全世界发起了推广

活动，并与重要的国际媒体如有线电视新闻网、《时代周刊》和《国家地理杂志》等合作，邀请知名的主持人、撰稿人和摄影师到新加坡来观光和感受新加坡；同时也大打“名人牌”，在重点旅游市场邀请名人担任新加坡旅游大使，使“非常新加坡”更加平易近人。

“非常新加坡”品牌在新加坡成功推出后，随后在德国柏林等很多城市进行市场推广，得到了全球的普遍接受。政府还通过寄发明信片抽奖活动进行宣传。通过居住在新加坡的人免费寄发明信片给海外亲友并邀请来访，寄发明信片者可以参加抽奖以资奖励。基于“非常新加坡”主题，新加坡旅游局根据不同时期的发展需求、不同群体的需求，推出不同的宣传口号。

（2）“非常新加坡，三天还不够”。

2004 年起，新加坡在大中华地区以“非常新加坡，三天还不够”作为宣传口号，目的是延长游客在新加坡的停留时间，该宣传口号取得了很好的效果。这是新加坡旅游局花费大量心思后给自己国家的一个定义。宣传口号推出后，旅行社方面不再将新加坡作为新加坡、马来西亚和泰国三国旅游中仅做一天安排的目的地，而是将新加坡单列出来，作为一国游安排三天左右的时间，以实现新加坡自创的“三天还不够”形象。

“三天还不够”实现后，新加坡开始提升形象档次。通过新加坡旅游局等机构向海外传播新加坡高端商务市场信息，并将便捷留学、高投资回报和移民的政策放送出，让更多海外人看到新加坡高文化性和高商业性的形象。

（3）“说得完，玩不完”。

2006 年，新加坡旅游局在上海召开新闻发布会，打出“说得完，玩不完”的宣传口号，并邀请“小天王”林俊杰担任新加坡旅游形象大使，同时为“非常新加坡”拍摄系列主题广告。此系列广告包括时尚篇、购物篇、享乐篇、美食篇等。为配合该主题，各个旅行社推出相应的旅游产品，比如北京中旅推出了“非常新加坡”自主任我行系列产品，该产品分为快捷便利篇、美食购物篇、海岛休闲篇、浪漫游轮篇。内容在机票+酒店+签证的基础上，根据人们的不同需求增加各种单项行程安排。此产品的特点是：自由度高，选择性强，因此更符合大众旅游爱好者自由行的要求。

（4）“非常家庭、非常新加坡”。

2008 年 5 月，新加坡针对中国游客推出“非常家庭、非常新加坡”活动，以中华民族最重视的“家”的概念为“非常新加坡”抹上一缕温馨的色彩，为即将到来的暑假做准备。新加坡特别推出暑期亲子游特惠计划，众多知名景点只要凭两张成人票，12 岁以下的孩子就可以免费进入。此外，新加坡还为孩子们精心准备了游学套餐，让孩子们在新加坡的自然景观、人文景观中学习英语，了解新加坡的历史和异域文化。还可以游历新加坡国立大学、南洋理工大学等多所亚洲著名学府，将娱乐性与知识性相结合。

新加坡旅游局配合“非常家庭，非常新加坡”全新主题，推出全新旅游大使——“非常家庭”虚拟人物形象。时尚漂亮的“妈妈”、活力阳光的“爸爸”和灵气可爱的“孩子”，每个人身后都有精彩的故事。目的在于使中国家庭能够在栩栩如生的“虚拟家庭”成员身上找到共鸣，以此吸引更多中国家庭前往新加坡旅游。

（5）“非常自我·非常新加坡”。

2008 年 8 月，新加坡旅游局推出深度游主题“带上感觉去旅行——非常自我·非常新加坡”，旨在强调新加坡带给游客独特的旅游体验。此次新主题针对的是 28~45 岁的都市新贵。这个消费群体有自己的生活主张，有独特的个性和兴趣，旅行对他们来说是一种释放“真我”的方式。融合了宁静或动感、时尚或怀旧的、多面的新加坡迎合了这一群体的需求，让他们在精彩中绽放自我。配合新主题的推出，新加坡金曲歌后蔡健雅成为新任的大中华区新加坡旅游形象大使。新加坡旅游局之所以选择蔡健雅，除了看中蔡健雅的极高人气和音乐才华之外，更在于蔡健雅坚持自我风格、随性独立的生活态度，与“非常自我·非常新加坡”的主题高度吻合。蔡健雅参与拍摄了新加坡全新电视广告，并亲自创作演唱广告主题曲《To Be Happy》。为了推广新主题，此次新加坡旅游局尝试开辟新的市场渠道，嫁接了 IPTV、网络视频等一系列新兴媒体。围绕新主题，新加坡旅游局努力为该主题的目标群体提供深层的旅游服务，让他们能在有限的时间内，获得非常的旅游体验。为了丰富游客在新加坡的体验，新加坡旅游局还推出了特别优惠礼券，只要在指定地点出示礼券和护照，就可兑换一次美妙的新加坡河马船之旅，并在机场享受美味的班兰雪芳蛋糕。针对部分经新加坡转机游客，新加坡旅游局推出 96 小时特许过境免签，中国内地游客如持有澳大利亚、加拿大、日本、新西兰、英国、美国、德国或瑞士八个国家的有效签证或长期通行证到新加坡过境，便有机会享受在新加坡落地过境 96 小时特许免签证待遇。

（6）“Your Singapore 我行由我新加坡”。

2010 年 3 月，新加坡旅游局发布了“非常新加坡”新加坡旅游品牌升级战略——从“非常新加坡”升级为“Your Singapore 我行由我新加坡”。升级的旅游品牌强调定制化的旅行体验，目的在于提升新加坡旅游目的地的核心竞争力，增强新加坡旅游品牌的吸引力。与新品牌同时发布的还有新加坡重磅推出的交互式智能平台——www. yoursingapore. com。在此平台之上，游客可以根据自己的需求定制私家旅行计划，以全新的方式体验新加坡。

（三）会展营销

据统计数据显示，2011 年，新加坡商务游客增至 320 万人次，较 2010 年增长 2.6%，商务游客的消费支出增长 4.1%，达到约 56 亿新加坡元，其中不包括观光和娱乐消费。2012 年上半年，新加坡的商务会展与旅游游客较上年增长 8%，商务游客的消费支出同比增长 12%，达到约 30.6 亿新加坡元。

会展业在新加坡旅游业中占有非常重要的地位。会展业包括会议、奖励旅游及展览。新加坡会展业发展始于 20 世纪 70 年代。新加坡具有发展会展业得天独厚的条件，较高的国际开放度、地理区位优势、完善的城市基础设施以及高水平的服务业水准，使得新加坡会展旅游蓬勃发展。在国际协会联合会（UIA）公布的 2012 年全球排名中，新加坡继续保持世界领先的会议举办国家和城市的地位。新加坡连续两年获得“最佳国际会议国家”，连续六年获得“最佳国际会议城市”的称号。2012 年，共有 952 场会议在新加坡举办，几乎占据国际协会联合会全部会议的 10%，有 18 场世界大会在新加坡举办。

新加坡通过大力发展国际会展旅游市场，获得了丰厚的经济回报，而且提升了旅游形象，提高了国际地位及知名度。

（四）节事营销

新加坡是一个多元种族的移民国家，是全球最具国际化的国家之一，这为新加坡开展国际化的节事活动奠定了良好基础。

1. 2013 年新加坡国际能源周（SIEW）

2013 年第六届新加坡国际能源周于 10 月 28 日至 11 月 1 日在新加坡滨海湾金沙酒店金沙会展中心举行。本届的主题是“展望未来，能源无限”（New Horizons in Energy）。这个主题体现了能源界对石油和天然气供应增长，以及新能源技术的出现所带来的乐观情绪。

2013 年新加坡国际能源周是政府高官、商界领袖和知名学者们讨论能源问题、能源策略与解决方案的顶级论坛。为期一周的活动通过一系列的峰会、圆桌会议、展览会、研讨会和交流招待会全方位地探讨能源课题，其内容涵盖了石油和天然气、清洁能源和可再生能源等多个能源领域。这期间举办的峰会和会展是世界一流的，包括普氏全球年度能源企业 250 强颁奖晚宴（Platts Top 250 Global Energy Company Awards）、亚洲未来能源论坛（Asia Future Energy Forum）、亚洲智能电网/电动汽车峰会（Asia Smart Grid/ElectromobilitY）、亚洲石化下游展会（Downstream Asia）、亚洲天然气峰会（Gas Asia Summit）、亚太光伏展览会暨论坛（PV Asia Pacific Expo and Conference）和新加坡电力圆桌会议。

新加坡通过举办国际能源周，将世界各地媒体的目光聚焦于此，并且会集了全球能源界思想领袖，为能源界领袖们分享他们对能源课题的独立见解提供了平台。国际能源周的举办，进一步提升了新加坡的国际形象和国际知名度。

2. 亚洲旅游节（Travel Rave）

亚洲旅游节（Travel Rave）是亚洲最具影响力的旅游贸易盛会，于每年10月21~25日举行。为期五天的亚洲旅游节举行丰富多彩的国际化水平活动，主要包括亚洲旅游业领袖峰会、亚洲旅游交易会、亚太旅游目的地投资论坛、旅游业网络应用行业会议、亚洲航空业界展望、国际协会联盟亚洲会议、酒店科技会议及新加坡体验奖等。

2012年亚洲旅游节的与会人数创下新高，达10700人次，比2011年增长12%。超过90个国家和地区的代表参与。亚洲旅游节为商业领袖及行业专家们提供了一个聚集、交流和分享知识与见解的动态平台，同时也将促进新合作关系的形成和更多商机的出现。

3. 首届青少年奥林匹克运动

2010年，新加坡青少年奥林匹克运动会于北京时间2010年8月14日在新加坡举行，8月26日结束；一共约有3200名运动员、800名裁判员及教练员，206个国家和地区派代表参加了此次盛会。2008年2月2日，国际奥委会主席罗格正式宣布2010年第一届青少年奥林匹克运动会的举办城市为新加坡，新加坡以53票对44票击败了另一个申办城市莫斯科。

（五）体验营销

城市作为营销的对象，如其他的产品一样，越来越重视以消费为中心，增加消费者的体验是增加消费者获得价值的重要途径。新加坡通过“F1夜间大奖赛”、“新加坡美食节”、“新加坡热卖会”为游客的新加坡之旅提供了放松、狂欢的机会，超强的体验性提高了新加坡的吸引力。

1. F1新加坡大奖赛

新加坡大奖赛于2008年首次登上F1舞台，首次亮相就受到世界的瞩目。新加坡大奖赛是F1历史上第一场夜间街道赛，为了保证在欧洲地区的收视率，F1接纳新加坡大奖赛的时候就已经把这里定位为一场夜间赛事。同时，它是目前亚洲赛区唯一的街道赛。

2012年世界一级方程式（F1）新加坡夜间公路大赛于9月21日开幕，这里独特的景色、声浪与炫动氛围吸引无数车迷前往滨海湾街道赛道。观众能够在整个赛场周围体验激动人心的精彩赛事以及全天候的精彩演出，领略国际巨星的风采、购买精美产品、观赏巡回演出。赛道毗邻五座地铁站、多个五星级酒店、文化景点及历史遗迹、娱乐场、购物中心及各种餐饮及娱乐中心。每年新加坡大奖最令人期待的除了刺激的F1赛事之外，还有大牌明星的精彩演出，如2011年林肯公园作为周日决赛后的压轴演出吸引了众多车迷。

2. 新加坡美食节

新加坡美食节自 1994 年开始举办。美食节期间，游客能品尝到当地华族、印度族及土生华人的传统地道美食，在这个岛国的每个角落几乎都举办各种美食活动。届时参加美食节的饮食企业将推出美食狂欢会、品尝会及各种优惠及促销活动，另外，还有著名的国际大厨定期举办厨艺研习班和展示活动，游客有机会学到烹饪秘方。2011 年的美食节吸引了世界各地的 354000 名游客。

2013 年是新加坡美食节举办 20 周年，本届美食节以“美食的庆典”为主题。美食节期间，将举行以美食为主题的一系列艺术及娱乐活动，游客们能够了解新加坡美食文化历史的传承，可以在滨海湾金沙的美食中心享用通过投票选出的“新加坡人最喜爱的美食”，还能够亲自参加烹饪课程，学会如何制作自己喜爱的新加坡美食。美食节让游客了解了新加坡的美食文化，美食节期间举办的丰富多彩的活动增强了新加坡之旅的体验性，将吸引更多热爱美食的游客。

3. 新加坡热卖会

新加坡热卖会自 1994 年开始，每年 5 月下旬举办，节日期间，世界各地的购物狂蜂拥而至。2013 年是新加坡热卖会举办 20 周年，整个新加坡都充满购物的浓郁氛围。此次热卖会的参与商家遍及乌节路、滨海湾、牛车水、小印度等九大区域，几乎覆盖整个新加坡，为来自世界各地的游客准备了丰富的购物体验，从国际品牌到新加坡本土的时尚精品，从传统的时装、配饰、珠宝、腕表到 SPA。活动主办方新加坡贸易零售业协会为本次热卖会的消费金额最高的消费者准备了 2 万新加坡元的特别奖，活动期间，凡在新加坡任何地方消费满 20 新加坡元，即可参加此次活动。

二、新加坡城市营销实践评价及经验借鉴

新加坡政府高度重视城市营销，从其营销实践看，新加坡城市营销的主题鲜明，目的明确，具有很强的计划性。

(一) 形象营销

城市形象营销方面，既有城市整体形象——“城市花园”的塑造，又不乏富有特色、现代化、符合大众需求的标志性建筑。鱼尾狮的设计和新加坡的城市历史紧密相连，因而成为新加坡的象征，为它赋予的浪漫神话色彩也增强了鱼尾狮的传播性。建设世界第一的摩天观景轮，利用人们关注“第一”、渴望体验“第一”的心理，吸引了世界目光。模仿著名赌城美国拉斯维加斯而建的金沙娱乐城，各种娱乐设施齐全，致力于打造亚洲的拉斯维加斯，通过与拉斯维加斯相联系增强了自身吸引力。

因此，我国的城市在形象塑造方面，既要发掘自身特色，塑造个性化特色突

出、有深刻内涵的城市标志，也应灵活利用“第一效应”和“模仿效应”，超越或模仿世界知名城市的核心竞争力。

（二）旅游营销

新加坡的旅游营销很早就开始了，并且是以政府为主导的。时任总理李光耀认为，新加坡在发展旅游业方面拥有较大优势，在旅游业方面投入巨大。新加坡旅游营销具有以下优势：

1. 旅游主题与时俱进，定位具有针对性

相关机构根据各个时期新加坡旅游业发展需要的变化，制定全新旅游营销的主题，并且针对不同消费群体打出不同的宣传口号，选择不同的形象代言人开展旅游营销促销活动。

2. 广泛针对多目标群体开展旅游营销

新加坡旅游营销的对象不仅针对个人，还包括政府及各国的旅行社。在针对个人旅游开展旅游营销的同时，新加坡旅游局还与各国政府合作，并重视与各地旅行社的直接合作。

3. 营销手段多样，营销力度强

新加坡旅游将传统和现代的营销方式相结合，全方位利用包括旅游手册、网络、电汽车移动传媒等媒体进行营销，并阶段性地推出旅游宣传活动。另外，新加坡简化了签证手续，以降低游客前往新加坡的成本，增强了对国外游客的吸引力。

我国各城市应学习新加坡的旅游营销经验，在开展营销活动之前，应先明确营销活动进行的目的和针对的目标群体，使营销活动更具有针对性；应针对各类旅游相关客户，采取多种营销手段进行营销。

（三）会展营销

新加坡具备开展会展营销的得天独厚的条件。新加坡的地理位置优越，有“亚洲十字路口”之称，是亚洲的航运中心之一，为展品的运输提供了便利；新加坡的经济发达，是亚洲重要的金融中心，拥有多元化的经济结构，工业发展为展会的发展奠定了经济基础；新加坡的英语语言环境，为举办国际会议奠定了基础。在会展行业管理方面，新加坡政府有专门的会展机构——会议管理局，会议管理局为会展企业提供免费周到的服务，并且举办会展不需要任何审批手续，降低了举办会展成本。

我国会展行业发展仍与世界知名会展城市有较大距离。与新加坡会展营销相比，我国城市会展营销应从以下几个方面进行改进：第一，我国的会展城市应建立独立的会展机构，简化办展手续，建设服务型政府。第二，应建立国家级的会展行业协会，协调各个会展城市举办会展的类别，避免重复性的会展，各个会展

城市建立城市的行业协会，协调参与会展的各方，并为会展行业企业提供便捷的服务。第三，会展企业应完善企业的人才储备，吸收专门的会展人才，学习国外知名会展企业的运作模式，走品牌化道路。同时，与旅游业联合，一方面是联合营销，另一方面是将旅游与会展相结合，大力发展会展旅游。

（四）节事营销

新加坡通过国际能源周为各国政要、能源界领袖以及顶级能源科研机构提供了一个交流平台，将能源界权威性人物聚集于新加坡。能源周通过举办一系列内容丰富、含金量高的活动，延长与会人员在新加坡的停留时间，进一步促进了旅游业的发展。新加坡的亚洲旅游节也是如此，通过举办丰富多彩的、具有国际水准的活动，不仅延长了节庆活动期间游客的停留时间，同时举办的旅游交易会也促进了新商机的形成，提高了节事活动的丰富性，延伸了活动的内涵，进一步增加了亚洲旅游节的吸引力。

我国城市开展节事营销，可以借鉴新加坡节事活动经验，通过增强活动内容的丰富性、提高活动水准来延长节事参与者在举办地的停留时间，增强节事活动的吸引力。

（五）体验营销

随着旅游业的发展，游客越来越重视旅游的参与程度和体验性。F1 新加坡大奖赛、美食节、热卖会丰富了游客的体验，增强了新加坡对游客的吸引力。F1 新加坡大奖赛不仅为游客提供了一场激烈的车赛，还有国际巨星的精彩演出、完善的娱乐设施。美食和购物迎合了大部分旅游者的需要，具有快速让人进入放松状态的特点。新加坡的美食节和购物节已经具有一定的规模，美食节的活动丰富多彩，在提供美食的同时提供与美食相关的知识和技能以及商家的促销活动，在满足游客食欲的同时，也满足了其求知欲和购买欲。

我国很多城市都曾举办过美食节、购物节等活动，但形成规模的很少。美食节往往只为顾客提供美食产品，表演制作美食、教授美食烹饪技术的较少。购物节也往往是商家单独行动，不足以打造和增强节庆活动的气氛。要让我国新兴的如美食节、购物节之类的活动具有一定的规模，还需要政府、行业协会对企业的引导、协调。在活动内容方面，需要提高游客的参与度，满足其多种需求。

参考文献

[1] Addams J. Problems of Municipal Administration, in Shafritz J. M., Hyde A. C.& Parkes S. J., eds. Classics of Public Administration, 5ed, Singapore: Cengaga Learning Asia, 1904.

[2] Aldrich H. E., Mindlin S. Uncertainty and Dependency: Two Perspectives on Environment, in Karpit L., Hills B., Sage, Organization and Environment, CA: 1978.

[3] Amit R., Shoemaker P. Strategic Assets and Organizational Rents. Strategic Management Journal, 1993 (14): 33-46.

[4] Andrew Bradley, Tim Hall & Margaret Harrison. Selling Cities: Promoting New Images for Meetings Tourism. Cities, 2002, 19 (1): 61-70.

[5] Ashworth G. J., H. Voogd. Marketing the City: Concepts, Processes and Dutch Applications. Town Planning Review, 1988, 59 (1): 65-79.

[6] Ashworth G. J., H. Voogd. Selling the City: Marketing Approaches in Public Sector Urban Planning. Belhaven Press, 1990: 42-43.

[7] Barney J. B. Firm Resource and Sustained Competitive Advantage. Journal of Management, 1991 (9): 99-120.

[8] Barry Stubbs, Gary Warnaby & Dominic Medway. Marketing at the Publicprivate Sect or Interface: Town Centre Management Schemes in the South of England. Cities, 2002, 19 (5): 317-326.

[9] Bearjeu-Garnier, Annie Delobez. Geography of Marketing, London: Longman Group Limited, 1979.

[10] Belch G. E., Belch M. A. Introduction to Advertising and Promotion: An Integrated Marketing Communication Perspective, Irwin Inc., 1993.

[11] Bengston D. N. et al. Public Policies for Managing Urban Growth and Protecting Open Space: Policy Instruments and Lessons Learned in the United States. Landscape and Urban Planning, 2004 (69): 271-286.

[12] Bonoma T. V. Conflict. Cooperation and Trust in Three Power Systems.

Behavioral Science，1976（21）：499-514.

［13］ Burgess J. Selling Places：Environmental Images for Executives. Regional Studies，1982：1-17.

［14］ Burke James F.，Resnick Barry P. Marketing & Selling the Travel Product，Cincinnati，OH：South-Western Publishing Co.，1991.

［15］ Chinitz B. Growth Management：Good for the Town，Bad for the Nation? ［J］. Journal of American Planning Association，1990（1）.

［16］ Carl G. Urban Branding：An Analysis of City Homepage Imagery. Journal of Architectural and Planning Research，2009，26（3）：181-197.

［17］ Castanias R，Helft C. Management Resources and Rents. Journal of Management，1991，17（1）：15-171.

［18］ Cho C. J. The Koreangrowth-management Programs：Issues，Problems and Possible Reforms. Land Use Policy，2002（19）：13-27.

［19］ Churchill G. A.，Peter J.P. Marketing：Creating Value for Customers，2ed. 机械工业出版社 1998 年版。

［20］ Dano F.，Hanuláková E. Marketing Approach to Cities and Towns Management and Development. Ekonomicky Casopis，2004，52（7）：891-900.

［21］ Davis Lance E.，North Douglass C. 制度变迁的理论：概念和原因. 载财产权利与制度变迁——产权学派与新制度学派译文集［M］. 陈昕译. 上海：上海三联书店，1994.

［22］ Deeds D. L.，Coombs J. Dynamic Capabilities and New Product Development in High Technology Ventures：An Empirical Analysis of New Biotechnology Firms. Journal of Business Venturing，2000（15）：211-229.

［23］ Dijkstra T.，Meulenberg M. & Tilburg A.V. Applying Marketing Channel Theory to Food Marketing in Developing Countries：Vertical Disintegration Model for Horticultural Marketing Channels in Kenya. Agribusiness，2001，17（2）：227-241.

［24］ Eli Avarham. Cities and Their News Media Images. Cities，2000，17（5）：363-370.

［25］ Eli Avarham. Media Strategies for Improving an Unfavorable City Image. Cities，2004，21（6）：471-479.

［26］ Emerson R.M. Power-dependence Relations. American Sociological Review，1962（27）：31-40.

［27］ Fonder E. Better not Bigger：How to Take Control of Urban Growth and Improve Community［M］. Vancouver：New Society Publishers，1999.

[28] Finkelstein S. Interindustry Merger Patterns and Resource Dependence: A Replication and Extension of Pfeffer (1972). Strategic Management Journal, 1998, 18 (10): 787-810.

[29] Fretter D. Place Marketing: A Local Authority Perspective, in Kearms, Philo, eds. Selling Places: The City as Cultural Capital Past and Present, Oxford: Pergamon Press, 1993.

[30] Friedmann J., Wolff G. World City Formation: An Agenda for Research and Action. International Journal of Urban and Regional Research, 1982, 6 (3): 309-344.

[31] Gold J., Ward V. Place Promotion: The Use of Publicity and Marketing to Sell Towns and Regions. England: John Wiley & Sons Ltd, 1994.

[32] Goodall, Brian. Marketing in the Tourism Industry: The Promotion of Destination Regions. New York: Croom Helm, 1988.

[33] Grant R.M. Organisational Capabillities within a Knowledge-based View of the Firm. Atlanta. Georgia: 1993.

[34] Gregory J.Ashworth & Brian Goodall. Marketing Tourism Places. New York: Rouledge, Chapman and Hall, Inc., 1990.

[35] Greif A. Cultural Beliefs and the Organization of Society: A Historical and Theoretical Reflection on Collectivist and Individualist Societies. Journal of Political Economy, 1994, 102 (5): 912-950.

[36] Hall P. Cities in Civilization: Culture, Technology, and Urban Order. London: Weidenfeld and Nicolson, 1998.

[37] Hall P. The End of the City? The Report of My Death was an Exaggeration. City, 2003, 7 (2): 141-152.

[38] Hart O. D., John M. Property Rights and the Nature for the Firm. Journal of Political Economy, 1990, 98 (1): 1119-1158.

[39] Heide J. B. Interorganizational Governace in Marketing Channels. Journal of Marketing, 1994 (58): 71-85.

[40] Hitt M. A., Ireland R. D.& Hoskisson R. E. Strategic Management: Competitiveness and Globalization. Cengage Learning, 2001.

[41] Hospers G. Lynchs. The Image of the City after 50 Years: City Marketing Lessons from an Urban Planning Classic. European Planning Studies, 2010, 18 (12): 2073-2081.

[42] Hubbard P. Re-imaging the City: The Transformation of Birmingham's urban Landscape. Geography, 1996, 81 (1): 26-36.

［43］ Jiang Xu. Anthony Yeh，City profile. Cities，2003，20（5）：361–374.

［44］ Jiri J. Use of City Marketing in a Practice：Evolution，Expectations，Reality. Economy and Management，2010，13（4）：123–134.

［45］ Johanson J.，Mattsson L.G. The Markets–as–networks Tradition in Sweden. in Laurent G.，Lilien G. L.，Pras B.，eds. Research Traditions in Marketing，Lancaster：Kluwer Academic Publishers，1994.

［46］ Kaplan M.A. Banlance of Power，Bipolar and other Models of International systems. American Political Science Review，1957（51）：684–695.

［47］ Kotler P.，Haider D.H.& Rein I. Marketing Places：Attracting Investment，Industry，and Tourism to Cities，States and Nations. New York：The Free Press，1993：1–13.

［48］ Kotler P.，Jatusrioitak S. & Maesincee. The Marketing of Nations：A Strategic Approach to Building National Wealth. New York：The Free Press，1997.

［49］ Kotler P.，Mibdak W. Marketing and Public Relations. Journal of Marketing，1978（3）：13–20.

［50］ Leovan Den Bergo，Erik Braun. Urban Competitiveness，Marketing and the Need for Organizing Capacity. Urban Studies，1999（5）.

［51］ Li X.，Greenwood R. The Effect of Within–industry Diversification on Firm Performance：Synergy Creation，Multi–market Contact and Market Structuration. Strategic Management Journal，2004（15）：1131–1153.

［52］ Marc Mancini. Selling Destination：Geography for the Travel Professional. Ohio：South Western Publishing co.，1992.

［53］ March J. G.，Simon H.A. Organizations. New York：Wiley，1958.

［54］ Markides C. A Dynamic View of Strategy. Sloan Management Review，1990，40（3）：55–72.

［55］ Martin Selby，Nigel J. Morgan. Reconstruing Place Image：a Case Study of Its Role in Destination Market Research. Tourism Management，1996，17（4）：287– 294.

［56］ Masser L. Managing Our Urban Future，JAG，2000，2（3/4）：216–222.

［57］ Moller K.，Wilson D. T.：《市场营销——是哲学还是职能》，辽宁教育出版社 1998 年版。

［58］ Mu–YongLee. The Place Marketing Strategy and the Cultural Politics of Space：A Case Study of the Club Cultures at the Hong–Dae Area in Seoul. Seoul：Seoul National University，2003.

［59］ Nelson A.C.& T. Moore. Assessing Growth Management Policy Implementa–

tion. Land Use Policy, 1996, 13 (4): 241-259.

[60] North Douglass C.:《对制度的理解》,《制度、契约与组织》,经济科学出版社 2003 年版。

[61] Olson M. The Logic of Collective Action: Public Goods and the Thoery of Groups. Cambridge, MA: Harvard University Press, 1971.

[62] Ostrom E. Governing the Commons: The Evolution of Institutionis for Collective Action. Cambridge: Cambridge University Press, 1990.

[63] Porter D. R. Managing Growth in America's Communities [M]. Washington, DC: Lsland Press, 1997.

[64] Paddison R. City Marketing, Image Reconstruction and Urban Regeneration. Urban Studies, 1993 (30): 339-350.

[65] Page S. Urban Tourism. New York: Routledge, 1995.

[66] Parsons T. Structure and Process in Modern Societies. Glencoe, IL: Free Press, 1960.

[67] Pelton D.S., Strutton D. & Lumpkin J.R. Marketing Channels: A Relationship Management Approach. Chicago: Irwin, 1997.

[68] Peteraf M. A. The Cornerstones of Competitive Advantage: A Resource-Based View. Strategic Management Journal, 1993, 14 (3): 179-191.

[69] Pfeffer J., Salancik G. R. The External Control of Organizations. New York, NY: Harper & Row, 1978.

[70] Rindova V. P., Fombrun C. J. Contructing Competitive Advantage: The Role of Firm-consitituent Interactions. Strategic Management Journal, 1999 (20): 691-710.

[71] Rumelt R. Towards a Strategic Theory of the Firm. In Foss N. J., eds. Resources, Firms, and Strategies: A Reader in the Resource-based Perspective. New York: Oxford University Press, 1997, 131-145.

[72] Sanchez F., Moura R. Model-cities: Convergent Strategies for Their International Diffusion. Eure-revista Latinoamericana de Estudios Urbano Regionals, 2005, 31 (93): 21-34.

[73] Scott W. R. Institutions and Organizations, Sagc, CA: Thousand Oaks, 1995.

[74] Scott William R.:《组织理论:理性、自然和开放系统》,华夏出版社 2002 年版。

[75] Seyhmus Baloglu, David Brinberg. Affective Images of Tourism Destination.

Journal of Travel Research, 1997.

[76] Seyhmus Baloglu, Ken W. Mccleary. International Pleasure Travelers Images of Four Mediterranean Destination: A Comparison of Visitors and Nonvisitors. Journal of Travel Research, 1999, 38 (2): 144–152.

[77] Shabbir C.G. The Challenge of Urban Management: Some Issues. in Shabbir C. G., eds. Urban Management: Policies and Innovations in Developing Countries. Westport: Greenwood Praeger Press, 1993.

[78] Shauna Mccabe. Contesting Home: Tourism, Memory, and Identity in Sackville. Toronto: Canadian Geographer, 1998.

[79] Short R. J., Kim Y. H. Urban crises/Urban Representations: Selling the City in Difficult Times. In Thall P. Hubbard, eds. The Entrepreneurial City, John Wiley & Sons, 1998.

[80] Simon H. A. Organizations and Markets. Journal of Economic Perspectives, 1991 (5): 25–44.

[81] Sobol M. J., Lei D. Environment, Manufacturing Technology and Embedded Knowledge. International Journal of Human Factors in Manufactruing, 1994, 4 (2): 167–189.

[82] Stephen Page. Urban tourism, New York: Routledge, 1995: 223–225.

[83] Stern L. W., Elanary A. I. & Coughlan A. T. Marketing Channels. 6ed, NJ: Prentice Hall, 1999.

[84] Susan Ball. London Office Development and Marketing. Ekistics, 1996 (4).

[85] Van den Berg L., Braun E. Urban Competitiveness, Marketing and the Need for Organizing Capacity. Edinburgh: Urban Studies, 1999.

[86] Webster F. E. The Changing Role of Marketing in the Corporation. Journal of Marketing, 1992 (56): 91–127.

[87] Wernerfelt B. A Resource–based View of the Firm. Stragetic Management Journal, 1984 (5): 171–180.

[88] 白长虹、卞晓青、陈晔:《从城市营销到城市文化发展》,《天津社会科学》,2008 年第 2 期。

[89] 波特:《国家竞争优势》,华夏出版社 1998 年版。

[90] 陈宝根:《规划建设市民满意的幸福家园》,《城市发展研究》,2009 年第 8期。

[91] 陈柳钦:《城市营销及其公共性价值实现机制的构建》,《产经评论》,

2010年第5期。

[92] 陈明、彭桂娥:《美国150年城市发展历程及其对我国城市发展的启示》,《经济问题探索》,2004年第8期。

[93] 陈锐、郭江澜:《论城市营销中的政府管理发展》,《技术经济与管理研究》,2009年第6期。

[94] 程艳霞:《基于资源与竞争的营销力管理研究》,武汉理工大学博士学位论文,2005年。

[95] 仇保兴:《19世纪以来西方城市规划理论演变的六次转折》,《规划师》,2003年第11期。

[96] 杜晓黎:《我国城市资源营销策略研究》,中国海洋大学学位论文,2008年。

[97] 方凌霄:《美国的土地成长管理制度及其借鉴》,《中国土地》,1999年第8期。

[98] 冯永强:《企业营销与城市营销互动模型及应用案例研究》,山东大学硕士学位论文,2010年。

[99] 顾朝林:《新时期中国城市化与城市发展政策的思考》,《城市发展研究》,1999年第5期。

[100] 郭国庆、刘彦平:《城市营销理论研究的最新进展及其启示》,《当代经济管理》,2006年第2期。

[101] 郭国庆、刘彦平:《城市价值的营销学思考》,《北京行政学院学报》,2006年第4期。

[102] 郭霄星:《城市营销主体研究》,《生产力研究》,2010年第9期。

[103] 韩德昌、王亚江:《基于资源战略观的营销资源层级模型研究》,《南开学报(哲学社会科学版)》,2009年第2期。

[104] 何静:《绿色营销的核心是资源价值观》,《中国集体经济》,2007年第3期。

[105] 胡细银:《英国城市发展的理论与实践及对深圳的借鉴》,北京大学出版社2004年版。

[106] 黄海生、张卫国:《城市营销的运作模式及其机理》,《企业改革与管理》,2005年第3期。

[107] 黄旭辉:《公共管理视角下的城市营销》,厦门大学硕士学位论文,2006年。

[108] 康宇航、王续琨:《论我国城市营销的现状及其策略》,《江淮论坛》,2004年第3期。

[109] 科特勒:《国家营销》,华夏出版社2003年版。

[110] 科特勒：《科特勒看中国与亚洲》，海南出版社 2002 年版。

[111] 李怀亮：《城市传媒形象与营销策略》，中国传媒大学出版社 1999 年版。

[112] 李嘉图：《政治经济学及赋税原理》，商务印书馆 1962 年版。

[113] 李品媛：《论企业核心竞争力》，东北财经大学博士学位论文，2002 年。

[114] 李齐放、郑浩昊、宗世芳：《城市营销：城市发展的新动力》，《三峡大学学报（人文社会科学版）》，2007 年第 5 期。

[115] 李晓燕：《城市成长管理对策研究》，《现代商贸工业》，2011 年第 14 期。

[116] 连玉明：《学习型城市》，中国时代经济出版社 2003 年版。

[117] 刘彦平：《城市营销战略》，中国人民大学出版社 2005 年版。

[118] 刘彦平：《中国城市营销发展报告（2009~2010）：通往和谐与繁荣》，中国社会科学出版社 2010 年版。

[119] 吕斌、张忠国：《美国城市成长管理政策研究及其借鉴》，《城市规划》，2005 年第 4 期。

[120] 马克思：《资本论》，人民出版社 1962 年版。

[121] 马克思、恩格斯：《德意志意识形态》，人民出版社 2003 年版。

[122] 马克思：《政治经济学批判》，人民出版社 1955 年版。

[123] 毛曦：《试论城市的起源和形成》，《天津师范大学学报（社会科学版）》，2004 年第 5 期。

[124] 美国城市土地协会：《对增长的管理与控制》，1975 年版。

[125] 苗锡哲：《一次成功的资源营销》，《企业管理》，2007 年第 3 期。

[126] 倪鹏飞：《中国城市竞争力报告 No.1》，社会科学文献出版社 2003 年版。

[127] 倪鹏飞：《中国城市竞争力——理论研究与实证分析》，中国经济出版社 2001 年版。

[128] 潘丹：《基于资源整合的南京市旅游营销研究》，东北师范大学硕士学位论文，2006 年。

[129] 彭罗斯：《企业成长理论》，上海人民出版社 2007 年版。

[130] 齐文娥：《区域营销研究：以珠江三角洲为例》，郑州大学博士学位论文，2004 年。

[131] 秦海：《制度的历史分析》，《比较》，2002 年第 4 期。

[132] 萨伊：《政治经济学概论》，商务印书馆 1963 年版。

[133] 舒尔茨、坦嫩鲍姆、劳特博恩：《整合行销传播：21 世纪企业决胜关键》，中国物价出版社 2002 年版。

[134] 斯密：《国民财富的性质和原因的研究》，商务印书馆 1983 年版。

[135] 孙剑、李崇光:《论农产品营销渠道创新与对策》,《商业时代》,2003年第14期。

[136] 汤因比:《历史研究》,萨默维尔编,郭小凌等译,上海人民出版社2010年版。

[137] 田志龙、蔡希贤:《市场营销资源优化配置模型应用研究》,《华中理工大学学报(社会科学版)》,1995年第2期。

[138] 王春霞、张明立:《顾客价值在战略利润链中驱动作用分析》,《哈尔滨工业大学学报》,2007年第2期。

[139] 王枫云:《公共管理视角下城市成长管理及其政府工具》,《现代商贸工业》,2014年第18期。

[140] 王启万:《整合营销传播中顾客感知价值的形成机理及驱动研究》,中国矿业大学博士学位论文,2009年。

[141] 王山河、陈烈:《论区域营销系统》,《经济地理》,2006年增刊。

[142] 王山河、陈烈:《西方城市营销理论研究进展》,《经济地理》,2008年第1期。

[143] 韦文英、杨开忠:《区域营销理论规划学派述评》,《改革与战略》,2004年第11期。

[144] 韦文英、杨开忠:《区域营销理论市场学派述评》,《改革与战略》,2004年第10期。

[145] 韦文英、杨开忠:《区域营销理论形象学派述评》,《改革与战略》,2004年第12期。

[146] 韦文英:《区域营销理论与案例研究》,北京大学博士学位论文,2002年。

[147] 吴贻永、葛震明:《联合国城市指标体系概述与评价》,《城市问题》,2001年第3期。

[148] 邢恩惠:《城市营销模式与策略研究》,辽宁工程技术大学博士学位论文,2005年。

[149] 许峰:《城市产品理论与旅游市场营销》,社会科学文献出版社2004年版。

[150] 杨咏:《地方营销中地方形象的设计与传播》,北京大学硕士学位论文,2001年。

[151] 游坚平:《浅析城市营销及其运作流程》,《湖南科技学院学报》,2005年第12期。

[152] 于宁:《城市营销研究——城市品牌资产的开发、传播与维护》,东北财经大学博士学位论文,2006年。

[153] 于涛、张京祥：《城市营销的发展历程、研究进展及思考》，《城市问题》，2007 年第 9 期。

[154] 原毅军、葛海鹰：《城市价值与城市功能优化》，《中国城市化》，2004 年第 4 期。

[155] 袁菱：《论城市的整合营销传播》，四川大学硕士学位论文，2006 年。

[156] 张复明、郭文炯：《城市职能体系的若干理论思考》，《经济地理》，1999 年第 6 期。

[157] 张公嵬：《关于资源整合营销策略的探讨》，《内蒙古科技与经济》，2007 年第 4 期。

[158] 张义、宋日辉：《浅析城市营销中的政府营销能力》，《商业研究》，2007年第 4 期。

[159] 赵强：《中国城市成长管理问题研究》，《国际城市规划》，2007 年第 2 期。

[160] 赵群毅、金晓哲：《武汉城市职能的历史演变与区域比较研究》，《现代城市研究》，2006 年第 2 期。

[161] 赵艳华、罗永泰：《城市营销辨析》，《现代城市研究》，2006 年第 5 期。

[162] 赵志涛、邹可钦：《基于资源和能力的战略营销优势研究》，《企业研究》，2006 年第 9 期。

[163] 郑国：《城市发展与规划》，中国人民大学出版社 2009 年版。

[164] 郑昭、刘波：《城市营销：营销学研究的新领域》，《开发研究》，2005 年第 4 期。

[165] 郑昭：《国内外城市营销理论综述》，《经济纵横》，2005 年第 7 期。

[166] 朱铁臻：《城市现代化研究》，红旗出版社 2002 年版。

[167] 朱至珍、杨力民：《宁波赢得未来的战略方法》，中国旅游出版社 2006 年版。

[168] 诸大建、邱寿丰：《城市营销的研究现状和未来突破方向》，《同济大学学报（社会科学版）》，2005 第 1 期。

[169] 左仁淑、崔磊：《城市营销误区剖析与城市营销实施思路》，《四川大学学报（哲学社会科学版）》，2003 年第 3 期。